日本のエリート家系　一〇〇家の系図を繋げてみました

菊地浩之

はじめに

総理大臣・安倍晋三は、外務大臣・安倍晋太郎の息子で、外祖父が総理大臣・岸信介であることはよく知られている。また、アッキーこと昭恵夫人が森永製菓のお嬢様ということも割と有名である。

換言するなら、総理大臣（岸信介）の娘婿が政治家（安倍晋太郎）で、その孫（安倍晋三）は大手菓子メーカーの令嬢（昭恵夫人）と閨閥を形成しているということだ。また、岸信介や安倍晋三、昭恵夫人にはそれぞれ兄弟もいれば、叔父・叔母もいる。そして、彼ら彼女らも同じように閨閥を形成していると考えるのが普通だ。そうなると、近現代日本のエリート家系は、果てしなく繋がっている、いや繋げることができるはずだ。やってみよう――というのが、本書の趣旨である。

総理大臣をはじめとする政治家、財閥、同族企業のオーナー、旧大名・公家、天皇家・皇族、大谷家がボツになった為出雲大社のトップ、歌舞伎役者、東京大学教授……など一〇〇家くらいの名門家系の系図を集めて、それらを繋げてみた（残念ながら、繋げられなくて落とした家系もある）。ムリヤリこじつけたところも何カ所かあるのだが、とにかく一直線

（？・）に繋げてみた。

鳩山由紀夫とブリヂストンの石橋家。麻生太郎と吉田茂＋大久保利通。細川護熙と近衛文麿のような有名な事例から、中曽根康弘と福田赳夫の上州二強や、渋沢栄一と岩崎弥太郎、三井財閥と住友財閥、朝日新聞社と読売新聞社、裏千家と小笠原流礼法というような意外な組み合わせもあるので、楽しんでいただきたい。

目　次

凡　例

- 本書の系図は横書きなので、横線は親子関係を、縦線は兄弟姉妹を表す。
- 人名の中央から縦線を引いているのは、婚姻関係を表す。
- 兄弟姉妹の順序は、原則として上から出生順に記載しているが、図を簡便にするために、一部順序を変えている場合がある。
- 余白が足りないため、兄弟姉妹のうち数人を敢えて記載しなかった場合がある。

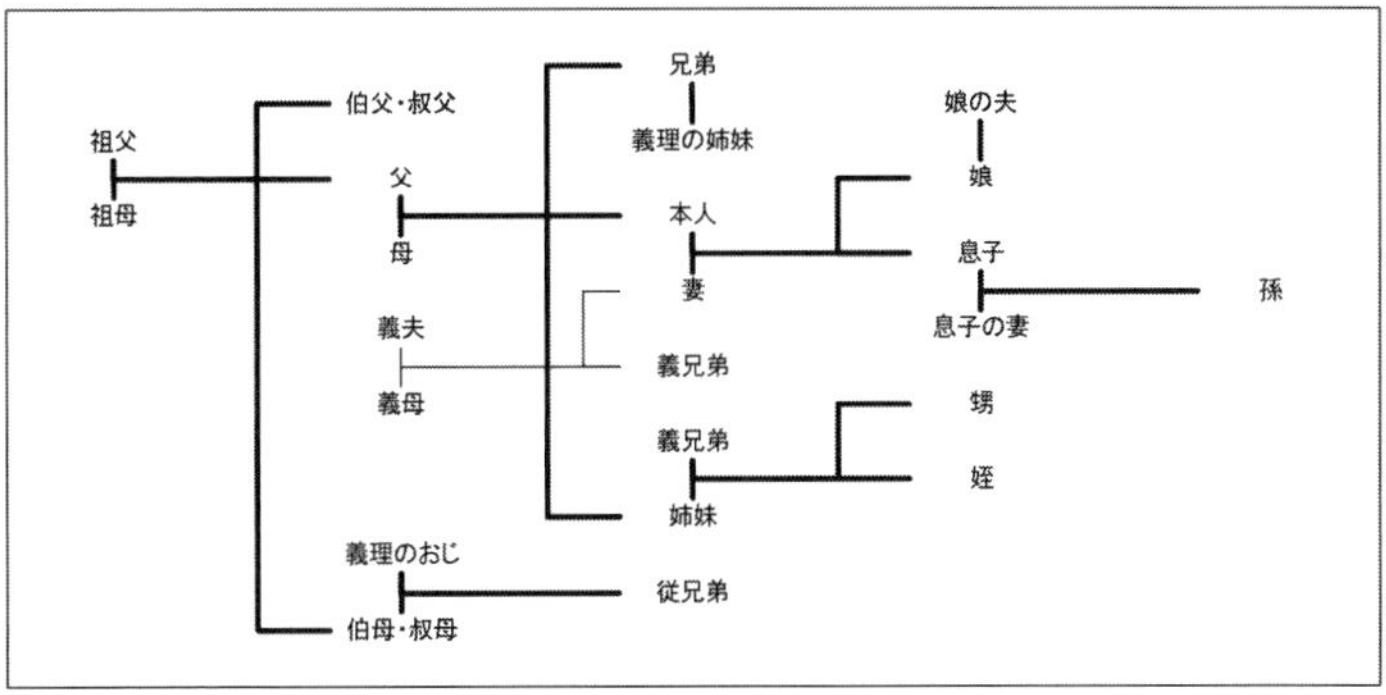

- 親子·兄弟関係を表す線は6種類あるが、二重線が養子を表すのみで、他の線は特別な意味を表していない。
- 養子縁組みには幾つかのパターンがある。

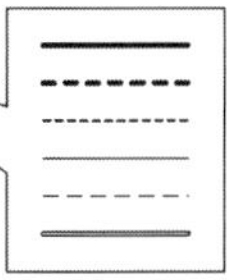

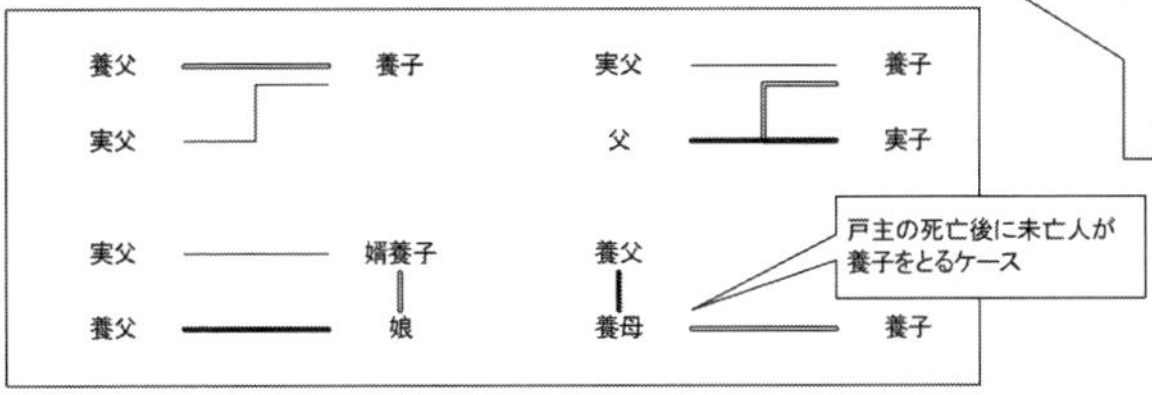

- 楕円形は関連するページを表す。なるべく当該人物の近くに記載するように心がけたが、余白が少ない場合はかなり離れた場所に記載した事例もあるので御諒承願いたい。
- 前のページ、後のページに繋がる家系は矢印で表し、当該人物を白抜きにした。これも、なるべく近くに記載するように心がけたが、難しかった場合もあった。

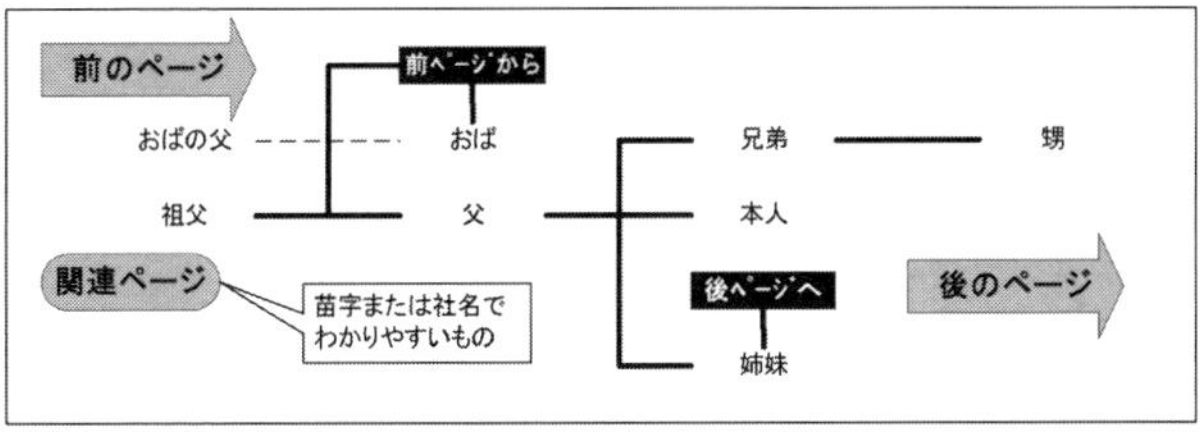

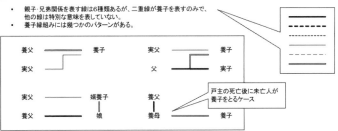

1．天皇家／日本を代表する名門家系

天皇家を「エリート家系」と言えば、何となく違和感があるだろうが、日本を代表する名門家系であることは間違いないだろう。

天皇家を含む皇族は、戦前、然るべく家系と婚姻することが決められていた。

そのため、明治天皇の皇后は五摂家の一つ・一条家、大正天皇は同じく五摂家の九条家、昭和天皇は旧皇族の久邇宮《くにのみや》家から迎えた。明治天皇の子息は、大正天皇以外はみな早世したが、大正天皇には昭和天皇を含めて四人の男子があり、次男以下は会津松平子爵家、徳川公爵家、高木子爵家から夫人を迎えている。一方、大正天皇には娘がいないが、明治天皇の娘四人はみな旧皇族に嫁いでいる（早世した娘を除く）。

昭和天皇は二男四女をもうけたが、婚姻相手は旧皇族が一人、公家（五摂家・鷹司家）が一人、大名家が三人で、明仁天皇（以下、平成の天皇と呼ぶ）の皇后のみ、旧皇族・華族以外からとなっている。平成の天皇のお子さんはいずれも旧皇族・華族以外と婚姻しており、時代の変化がうかがえる。

1．天皇家／日本を代表する名門家系

1　天皇家

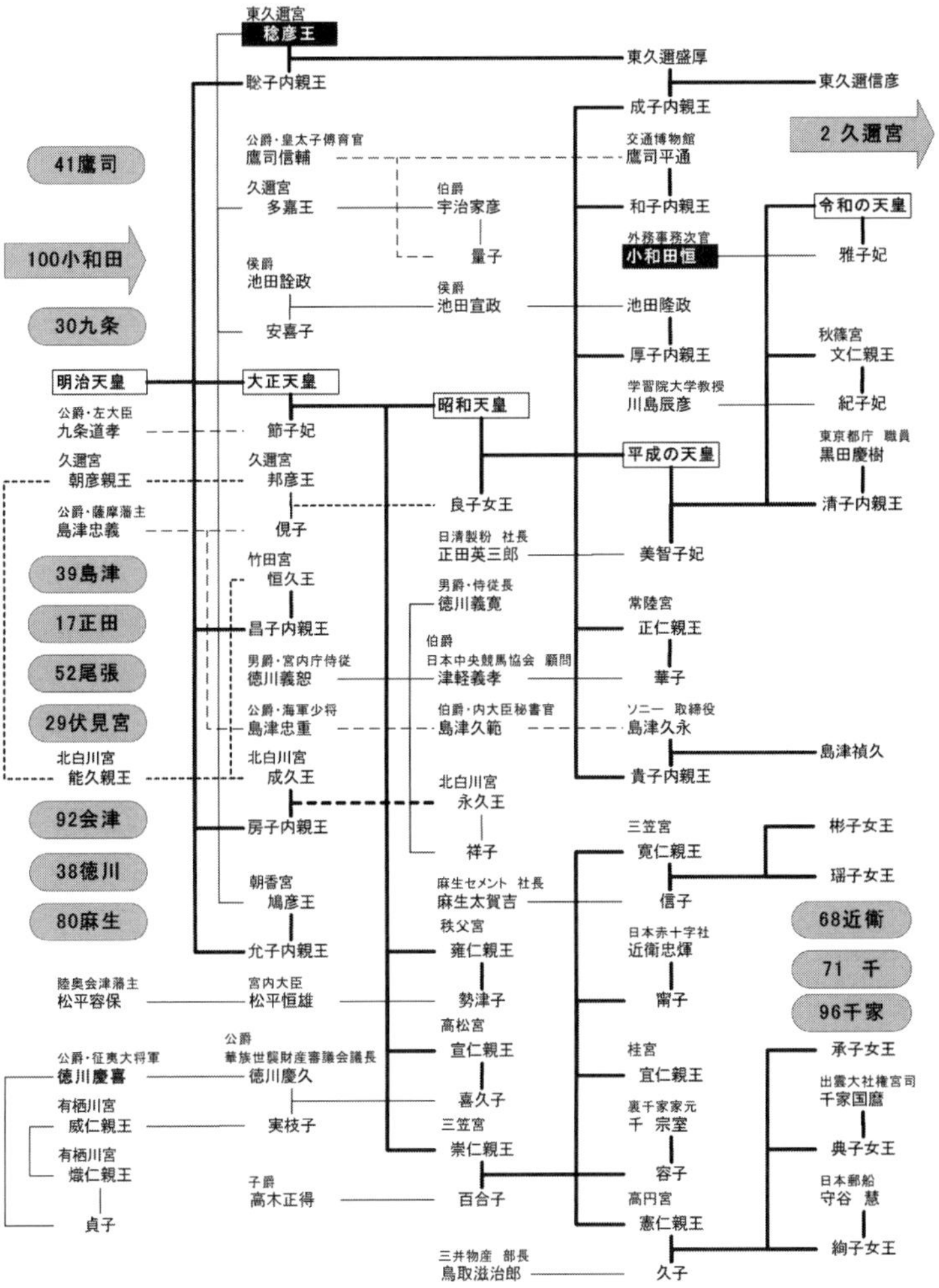

2．久邇宮家／旧皇族って何だ？

昭和天皇の皇后（香淳《こうじゅん》皇太后／良子《ながこ》）は旧皇族・久邇宮《くにのみや》家出身である。その久邇宮家の分家・東久邇宮《ひがしくにのみや》家には明治天皇、昭和天皇のご息女が嫁いでいる。東久邇宮稔彦《なるひこ》王は終戦直後の総理大臣になった。皇族を総理大臣に迎えなければ、民心が静まらないとの判断から就任したが、在任期間が最短ということでも有名だ。

では、そもそも旧皇族とはなにか。古くに天皇家から分かれ、皇族待遇を保持していた家系である。江戸時代末期には、有栖川宮《ありすがわのみや》、伏見宮《ふしみのみや》、桂宮《かつらのみや》、閑院宮《かんいんのみや》の四家（四親王家）があった。江戸時代には四親王家の後継ぎがなければ、天皇家から養子を迎えていたのだが、明治以降は養子が禁止とされ、伏見宮家以外は戦前に途絶えた。ところが、伏見宮家は子《こ》沢山《だくさん》で、数としては却って増えた。江戸時代、天皇家を含む皇族で次男以下は僧籍に入ったのだが、その風習が途絶えたため、宮家が増設されたのだ。明治天皇に兄弟がなく、維新の元勲たちが皇統の断絶を危惧して皇族を手厚く遇したのだが、これは計算外だったに違いない。

2．久邇宮家／旧皇族って何だ？

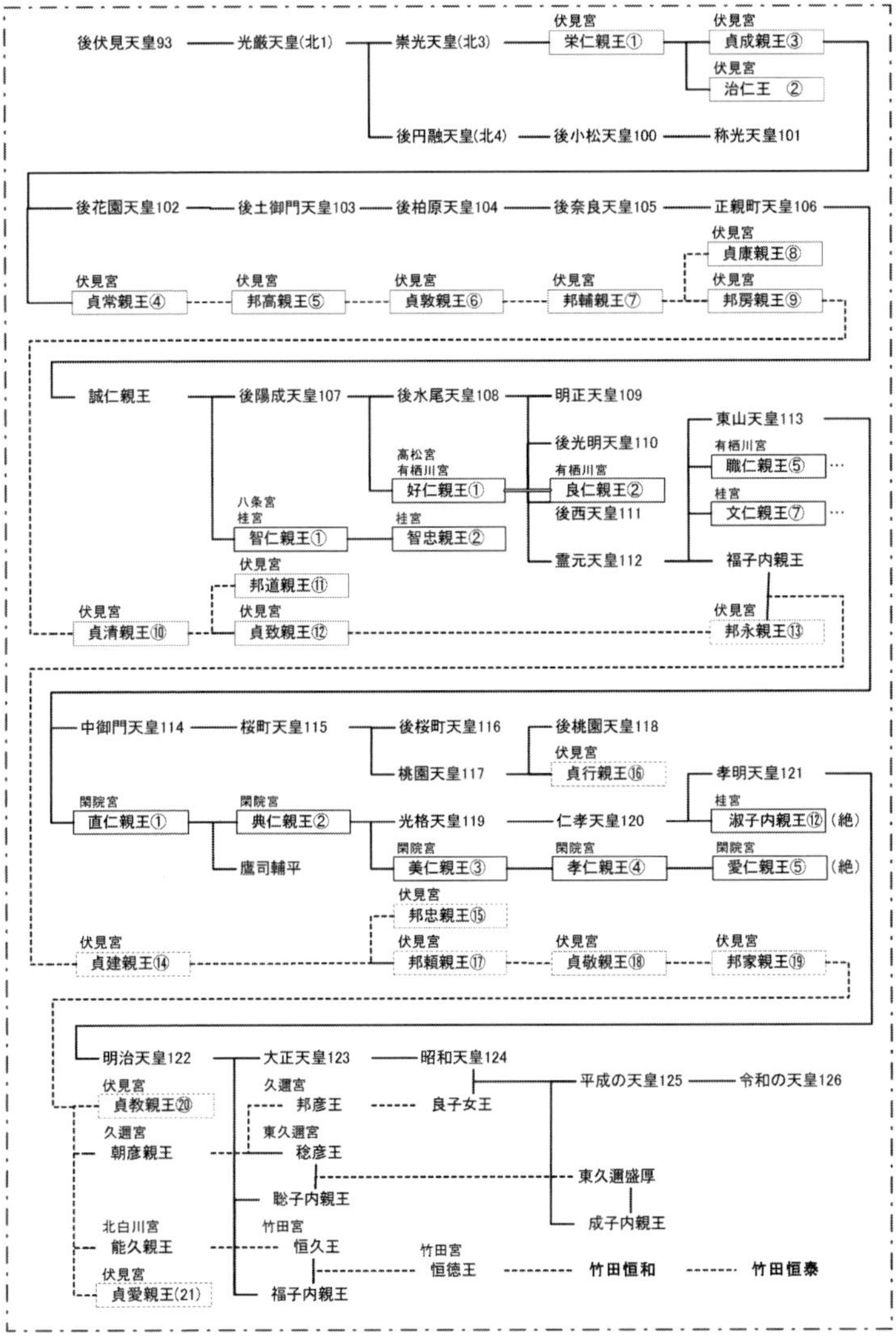

2 久邇宮家／旧皇族

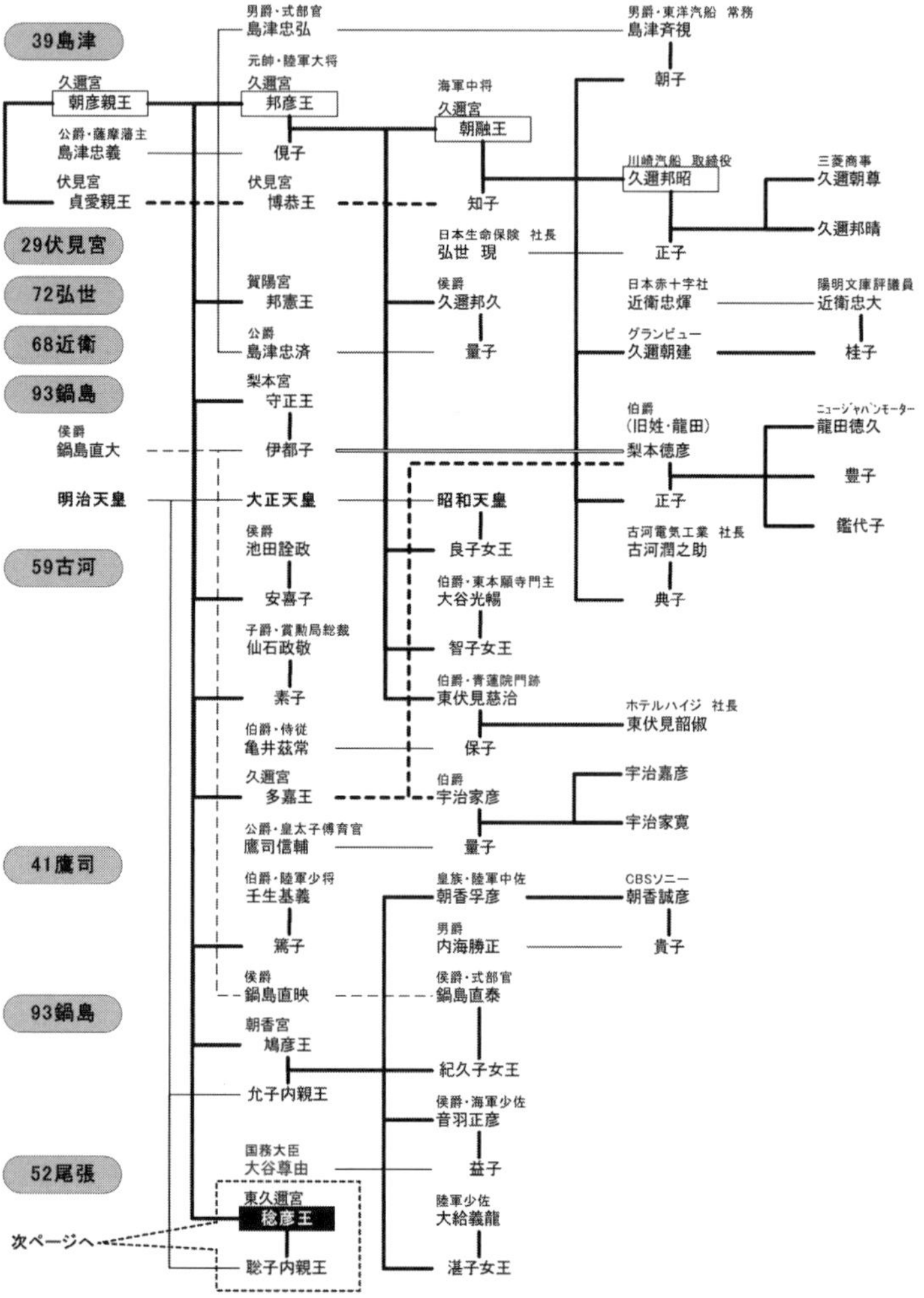
39島津
29伏見宮
72弘世
68近衛
93鍋島
59古河
41鷹司
93鍋島
52尾張
久邇宮
朝彦親王
公爵・薩摩藩主
島津忠義
伏見宮
貞愛親王
侯爵
鍋島直大
明治天皇
次ページへ
男爵・式部官
島津忠弘
元帥・陸軍大将
久邇宮
邦彦王
俔子
伏見宮
博恭王
賀陽宮
邦憲王
公爵
島津忠済
梨本宮
守正王
伊都子
大正天皇
侯爵
池田詮政
安喜子
子爵・賞勲局総裁
仙石政敬
素子
伯爵・侍従
亀井茲常
久邇宮
多嘉王
公爵・皇太子傅育官
鷹司信輔
伯爵・陸軍少将
壬生基義
篤子
侯爵
鍋島直映
朝香宮
鳩彦王
允子内親王
国務大臣
大谷尊由
東久邇宮
稔彦王
聡子内親王
海軍中将
久邇宮
朝融王
知子
日本生命保険 社長
弘世 現
侯爵
久邇邦久
量子
昭和天皇
良子女王
伯爵・東本願寺門主
大谷光暢
智子女王
伯爵・青蓮院門跡
東伏見慈洽
保子
伯爵
宇治家彦
量子
皇族・陸軍中佐
朝香孚彦
男爵
内海勝正
侯爵・式部官
鍋島直泰
紀久子女王
侯爵・海軍少佐
音羽正彦
益子
陸軍少佐
大給義龍
湛子女王
男爵・東洋汽船 常務
島津斉視
朝子
川崎汽船 取締役
久邇邦昭
正子
日本赤十字社
近衛忠輝
グランビュー
久邇朝建
伯爵
(旧姓・龍田)
梨本徳彦
正子
古河電気工業 社長
古河潤之助
典子
ホテルハイジ 社長
東伏見韶俶
宇治嘉彦
宇治家寛
CBSソニー
朝香誠彦
貴子
三菱商事
久邇朝尊
久邇邦晴
陽明文庫評議員
近衛忠大
桂子
ニュージャパンモーター
龍田徳久
豊子
鑑代子

2 東久邇宮稔彦／総理大臣／旧皇族

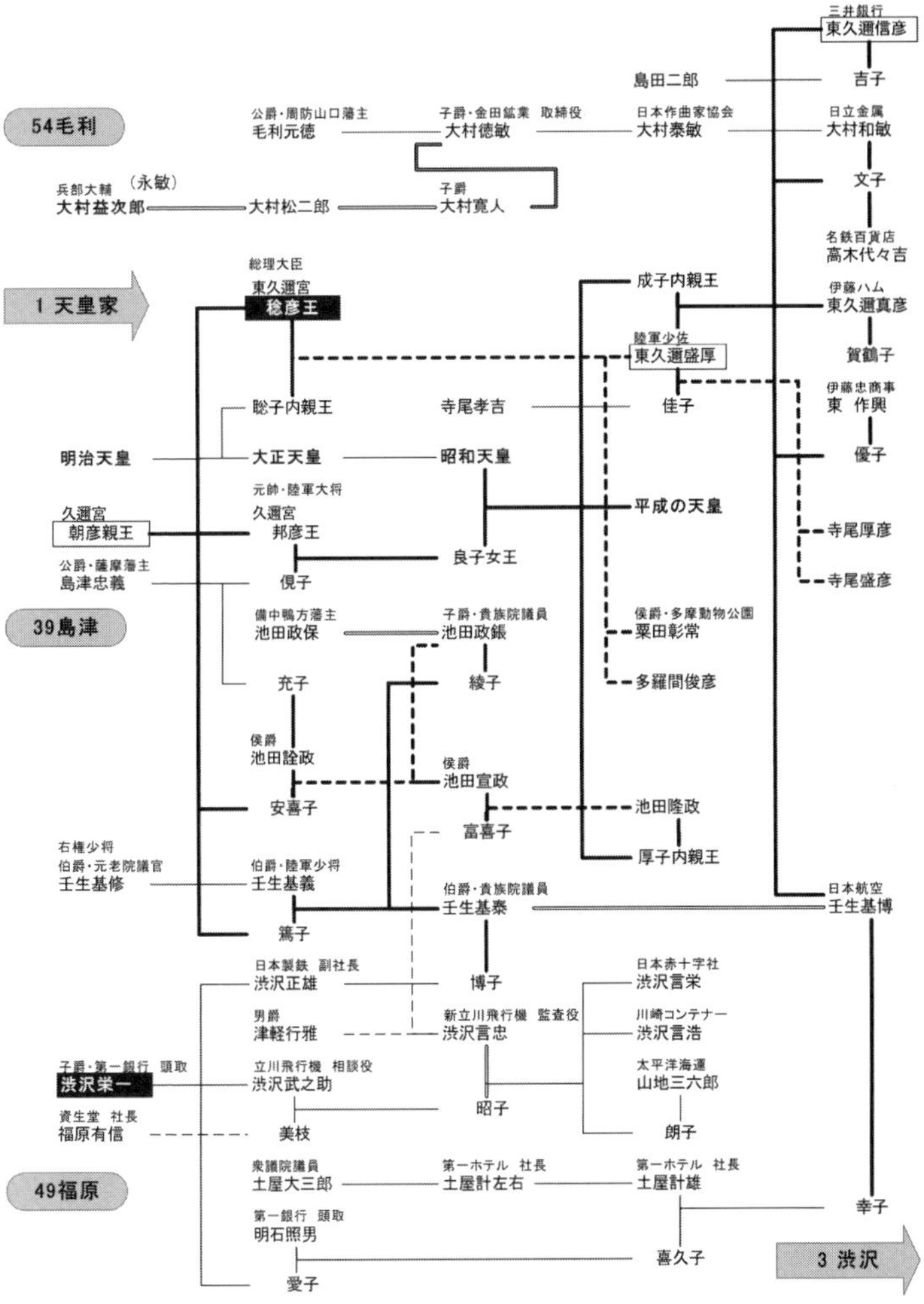

3. 渋沢栄一／日本の資本主義の父

その東久邇家の親戚筋にあたるのが、二〇二一年NHK大河ドラマ『青天を衝け』の主人公・**渋沢栄一**（一八四〇〜一九三一）だ。

栄一は武蔵国血洗島（現・埼玉県深谷市）の豪農の子として生まれ、倒幕運動に参加したが、のち一橋徳川家に仕え、徳川慶喜《よしのぶ》の将軍就任にともない幕臣となる。一八六七年に慶喜の実弟・徳川昭武の渡欧に随い、西洋文明を吸収して維新後に帰国。大蔵省に出仕し、国立銀行条例制定などに活躍した。一八七三年に井上馨の下野《げや》に従って退官。渋沢は国立銀行条例を実行し、同年に日本初の銀行である第一国立銀行（のち第一銀行、第一勧業銀行を経て、現・みずほ銀行）を設立、一八七五年にはその総監役（頭取）に就任した。

また、王子製紙（現・王子ホールディングス）、東京海上保険会社（現・東京海上日動火災保険）、横浜正金《しょうきん》銀行（のち東京銀行、現・三菱UFJ銀行）、日本鉄道会社（のち日本国有鉄道に継承、現・東日本旅客鉄道［通称・JR東日本］）、東京電燈（現・東京電力）、帝国ホテルなどの企業の他、東京株式取引所、商法講習所（現・一橋大学）など、現代日本の社会基盤ともいえるような企業・団体の設立に参画。「日本資本主義の父」と呼ばれた。

このように、渋沢栄一は数多くの企業設立に参与したが、それら企業を渋沢家の閉鎖的な所有下に置かなかった。のちに「わしがもし一身一家の富むことばかりを考えたら、三井や岩崎にも負けなかったろうよ。これは負け惜しみではないぞ」、と子どもたちに語ったという。従って、渋沢系と認知される企業は少なく、戦後、ＧＨＱ（連合国軍最高総司令部）が財閥解体を実施した際、渋沢家が株式を所有する企業群は財閥ではないと判断したくらいだ。

栄一は嫡男・**渋沢篤二**《とくじ》（一八七二〜一九四二）が放蕩息子だったので廃嫡し、嫡孫・**渋沢敬三**《けいぞう》（一八九六〜一九六三）を後継者とした。敬三は栄一の期待に応える優秀さで、第一銀行副頭取から日本銀行総裁、大蔵大臣を歴任した。結婚相手に、小学校以来の親友の妹を連れてきたのだが、これが栄一と全く意見が合わない故岩崎弥太郎の孫娘だったから、渋沢家は大騒動。しかし、良くも悪くも柔軟な栄一は「岩崎家の娘ではなく、木内家の娘だから」と言って結婚を許したという。

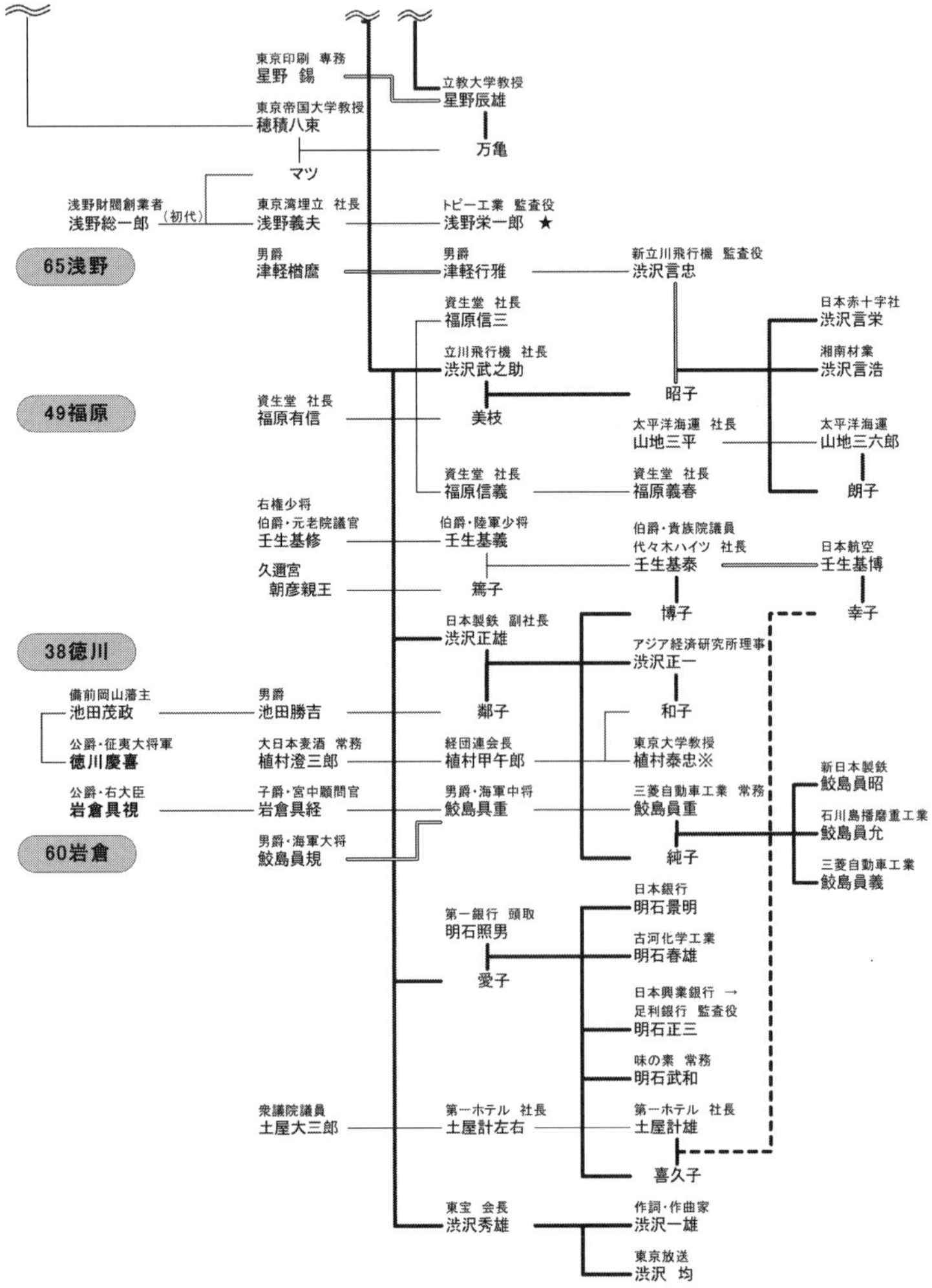

東京印刷 専務
星野 錫
立教大学教授
星野辰雄
東京帝国大学教授
穂積八束
万亀
マツ
浅野財閥創業者
浅野総一郎
（初代）
東京湾埋立 社長
浅野義夫
トピー工業 監査役
浅野栄一郎 ★
65浅野
男爵
津軽楢麿
男爵
津軽行雅
新立川飛行機 監査役
渋沢言忠
資生堂 社長
福原信三
日本赤十字社
渋沢言栄
立川飛行機 社長
渋沢武之助
湘南材業
渋沢言浩
昭子
49福原
資生堂 社長
福原有信
美枝
太平洋海運 社長
山地三平
太平洋海運
山地三六郎
資生堂 社長
福原信義
資生堂 社長
福原義春
朗子
右権少将
伯爵・元老院議官
壬生基修
伯爵・陸軍少将
壬生基義
伯爵・貴族院議員
代々木ハイツ 社長
壬生基泰
日本航空
壬生基博
久邇宮
朝彦親王
篤子
博子
幸子
38徳川
日本製鉄 副社長
渋沢正雄
アジア経済研究所理事
渋沢正一
和子
備前岡山藩主
池田茂政
男爵
池田勝吉
鄰子
公爵・征夷大将軍
徳川慶喜
大日本麦酒 常務
植村澄三郎
経団連会長
植村甲午郎
東京大学教授
植村泰忠※
新日本製鉄
鮫島員昭
公爵・右大臣
岩倉具視
子爵・宮中顧問官
岩倉具経
男爵・海軍中将
鮫島具重
三菱自動車工業 常務
鮫島員重
石川島播磨重工業
鮫島員允
60岩倉
男爵・海軍大将
鮫島員規
純子
三菱自動車工業
鮫島員義
日本銀行
明石景明
第一銀行 頭取
明石照男
古河化学工業
明石春雄
愛子
日本興業銀行 →
足利銀行 監査役
明石正三
味の素 常務
明石武和
衆議院議員
土屋大三郎
第一ホテル 社長
土屋計左右
第一ホテル 社長
土屋計雄
喜久子
東宝 会長
渋沢秀雄
作詞・作曲家
渋沢一雄
東京放送
渋沢 均

3 渋沢栄一／財界人／子爵

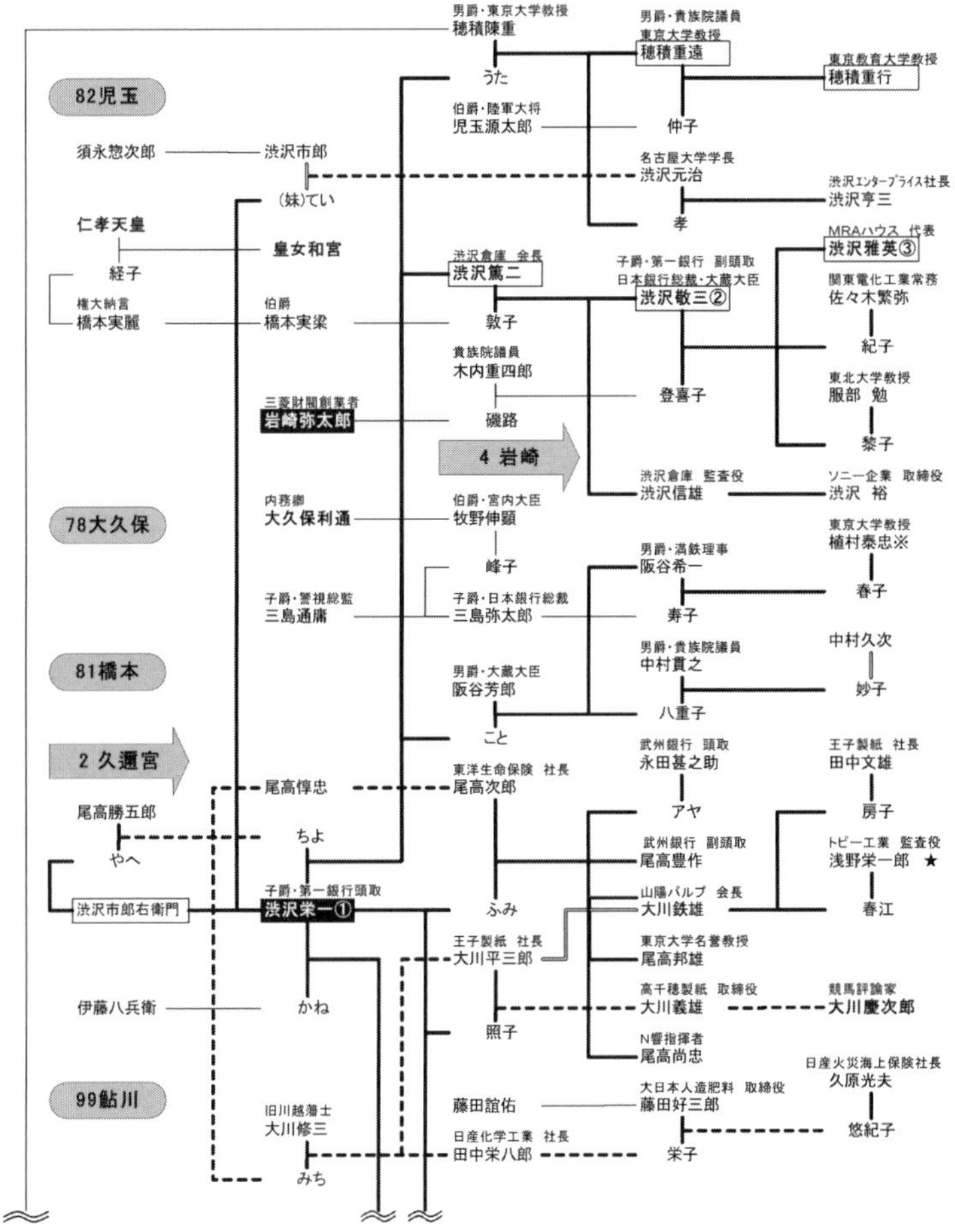
男爵・東京大学教授
穂積陳重
男爵・貴族院議員
東京大学教授
穂積重遠
東京教育大学教授
穂積重行
82児玉
うた
伯爵・陸軍大将
児玉源太郎
仲子
須永惣次郎
渋沢市郎
名古屋大学学長
渋沢元治
渋沢エンタープライズ社長
渋沢亨三
(妹)てい
仁孝天皇
孝
皇女和宮
MRAハウス 代表
渋沢雅英③
経子
渋沢倉庫 会長
渋沢篤二
子爵・第一銀行 副頭取
日本銀行総裁・大蔵大臣
渋沢敬三②
関東電化工業常務
佐々木繁弥
権大納言
橋本実麗
伯爵
橋本実梁
敦子
紀子
貴族院議員
木内重四郎
東北大学教授
服部 勉
登喜子
三菱財閥創業者
岩崎弥太郎
磯路
黎子
4 岩崎
渋沢倉庫 監査役
渋沢信雄
ソニー企業 取締役
渋沢 裕
78大久保
内務卿
大久保利通
伯爵・宮内大臣
牧野伸顕
東京大学教授
植村泰忠※
峰子
男爵・満鉄理事
阪谷希一
春子
子爵・警視総監
三島通庸
子爵・日本銀行総裁
三島弥太郎
寿子
中村久次
81橋本
男爵・貴族院議員
中村貫之
妙子
男爵・大蔵大臣
阪谷芳郎
八重子
こと
2 久邇宮
武州銀行 頭取
永田甚之助
王子製紙 社長
田中文雄
尾高惇忠
東洋生命保険 社長
尾高次郎
尾高勝五郎
アヤ
房子
ちよ
武州銀行 副頭取
尾高豊作
トピー工業 監査役
浅野栄一郎 ★
やへ
山陽パルプ 会長
大川鉄雄
渋沢市郎右衛門
子爵・第一銀行頭取
渋沢栄一①
ふみ
春江
王子製紙 社長
大川平三郎
東京大学名誉教授
尾高邦雄
伊藤八兵衛
かね
高千穂製紙 取締役
大川義雄
競馬評論家
大川慶次郎
照子
N響指揮者
尾高尚忠
日産火災海上保険社長
久原光夫
99鮎川
大日本人造肥料 取締役
藤田好三郎
藤田諠佑
旧川越藩士
大川修三
悠紀子
日産化学工業 社長
田中栄八郎
栄子
みち

4．岩崎弥太郎・弥之助／三菱グループをつくった剛腕

栄一の後継者が弥太郎の孫娘と結婚したいと言い出して、渋沢家は大騒動だったのだが、**岩崎弥太郎**（一八三四／一八三五〜一八八五）はすでに泉下の人だった（生きていたら、どうなったかわからない）。

岩崎弥太郎は渋沢栄一と並んで明治初年を代表する事業家である。しかし、両者の発想は正反対だった。栄一は幕臣として欧州外遊に参加しており、近代的な社会を目の当《ま》たりにしている。沢山の会社や組織を作って西欧列強に追いつきたいのだが、そんなにカネが無い。みんなから出資を仰いで会社を作っては、これはと思う人物に後を託して株式を売却。その利益で次に作る会社の資金にする――「みんなで一緒に栄えましょう」派である。一方の弥太郎は、これはと思う事業で商売敵を潰して独占的な利益を得る「オレだけ儲ければイイ」派である。だから、弥太郎が栄一に「一緒に組まないか」と持ちかけたものの、栄一はこれを断っている。

弥太郎の事業観は独善的で自分勝手かもしれないが、その経営手腕はすばらしく、特に学卒者を積極的に採用して強い組織を作ったのは先進的だった（三井財閥に二〇年、住友

財閥に四〇年以上も進んでいる）。その考えは岩崎家の婚姻政策にも表れている。門閥にこだわらず優秀な若手を娘の相手に選んだ。その結果、二人の総理大臣が弥太郎の婿になった。長男には華族から嫁をもらったが、次男以下には特にこだわりが無かったようだ。

弥太郎が事業をはじめた頃、まだ娘が幼かったので、優秀な人材を取り込むのに姪の縁談を利用した。慶応義塾の塾頭（三菱社管事・荘田《しょうだ》平五郎）、東京帝国大学の首席（日本勧業銀行総裁・志村源太郎）、東京高商（現・一橋大学）の首席（東京海上火災保険社長・各務鎌吉《かがみけんきち》）をそれぞれ選び、三菱財閥の勢力拡大に大いに貢献した。

三菱商事社長・**槇原稔**《まきはらみのる》は、三菱商事水産部長・槇原覚《さとる》の子として生まれ、旧制成蹊高校の学生時代に岩崎隆弥《たかや》（弥太郎の孫）の娘に英語を教えた縁で三女・喜久子と結婚した。父・覚は将来の社長候補といわれたが、海難事故に遭い死去。覚の部下だった三村庸平《みむらようへい》（のち社長）が、稔の出世を後押ししたという。稔はハーバード大学に留学、欧米流の合理的な思考の持ち主で、日本的経営にドップリ漬《つ》かった三菱商事の意識改革に努めた。そんな稔は「黒い目をした外国人」「インベーダー」と揶揄《やゆ》されたが、バックに岩崎家が付いているので、反対派も抵抗しづらかったようだ。

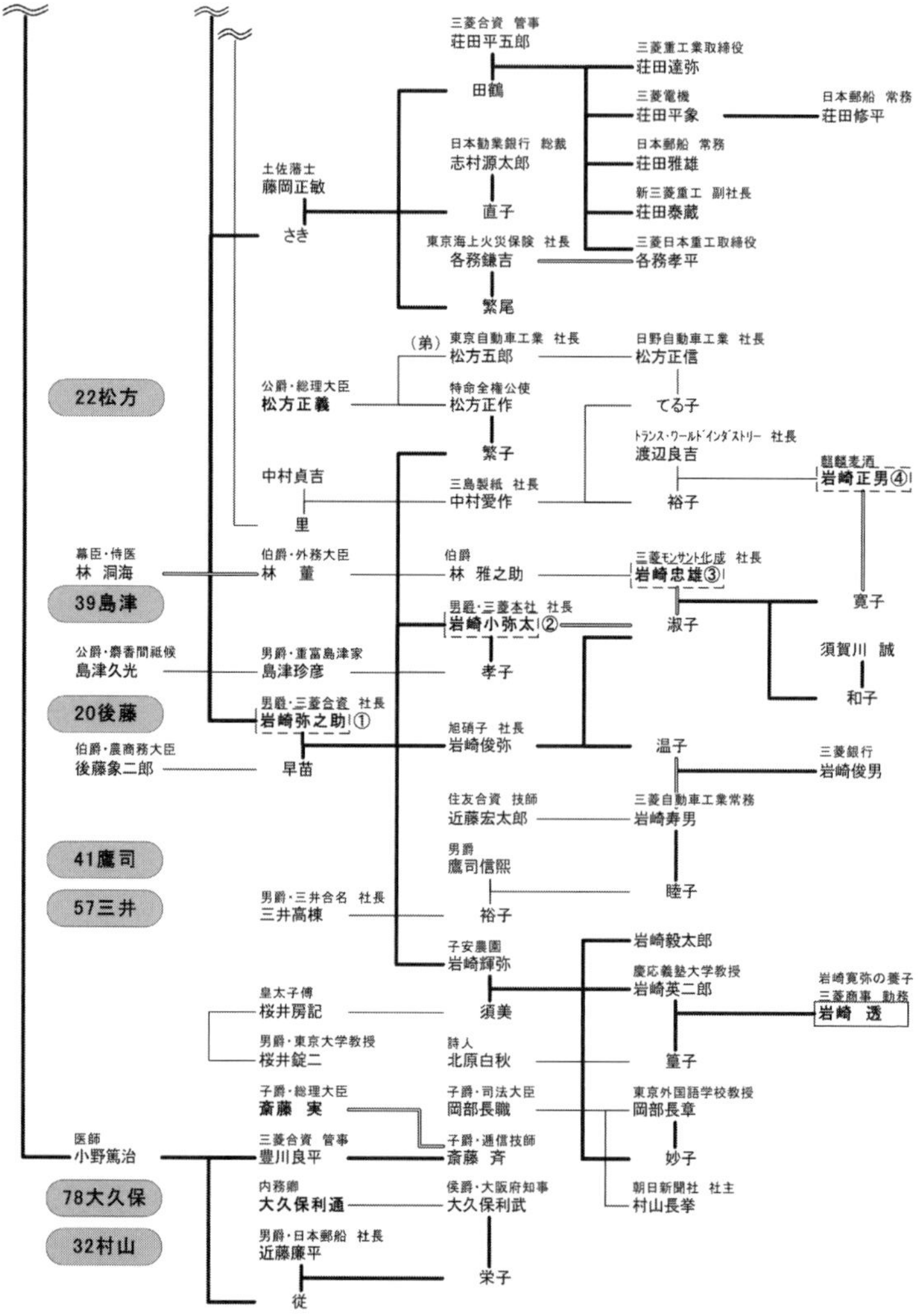
三菱合資 管事
荘田平五郎
田鶴
三菱重工業取締役
荘田達弥
三菱電機
荘田平象
日本郵船 常務
荘田修平
日本勧業銀行 総裁
志村源太郎
日本郵船 常務
荘田雅雄
土佐藩士
藤岡正敏
直子
新三菱重工 副社長
荘田泰蔵
さき
東京海上火災保険 社長
各務鎌吉
三菱日本重工取締役
各務孝平
繁尾
(弟) 東京自動車工業 社長
松方五郎
日野自動車工業 社長
松方正信
22松方
公爵・総理大臣
松方正義
特命全権公使
松方正作
てる子
繁子
トランス・ワールド・インダストリー 社長
渡辺良吉
麒麟麦酒
岩崎正男④
中村貞吉
三島製紙 社長
中村愛作
裕子
里
幕臣・侍医
林 洞海
伯爵・外務大臣
林 董
伯爵
林 雅之助
三菱モンサント化成 社長
岩崎忠雄③
39島津
寛子
男爵・三菱本社 社長
岩崎小弥太②
淑子
公爵・麝香間祗候
島津久光
男爵・重富島津家
島津珍彦
孝子
須賀川 誠
20後藤
男爵・三菱合資 社長
岩崎弥之助①
和子
旭硝子 社長
岩崎俊弥
温子
伯爵・農商務大臣
後藤象二郎
早苗
三菱銀行
岩崎俊男
住友合資 技師
近藤宏太郎
三菱自動車工業常務
岩崎寿男
41鷹司
男爵
鷹司信熙
睦子
57三井
男爵・三井合名 社長
三井高棟
裕子
子安農園
岩崎輝弥
岩崎毅太郎
慶応義塾大学教授
岩崎英二郎
岩崎寛弥の養子
三菱商事 勤務
岩崎 透
皇太子傅
桜井房記
須美
男爵・東京大学教授
桜井錠二
詩人
北原白秋
篁子
子爵・総理大臣
斎藤 実
子爵・司法大臣
岡部長職
東京外国語学校教授
岡部長章
医師
小野篤治
三菱合資 管事
豊川良平
子爵・逓信技師
斎藤 斉
妙子
78大久保
内務卿
大久保利通
侯爵・大阪府知事
大久保利武
朝日新聞社 社主
村山長挙
32村山
男爵・日本郵船 社長
近藤廉平
栄子
従

4 岩崎弥太郎／三菱財閥／男爵家

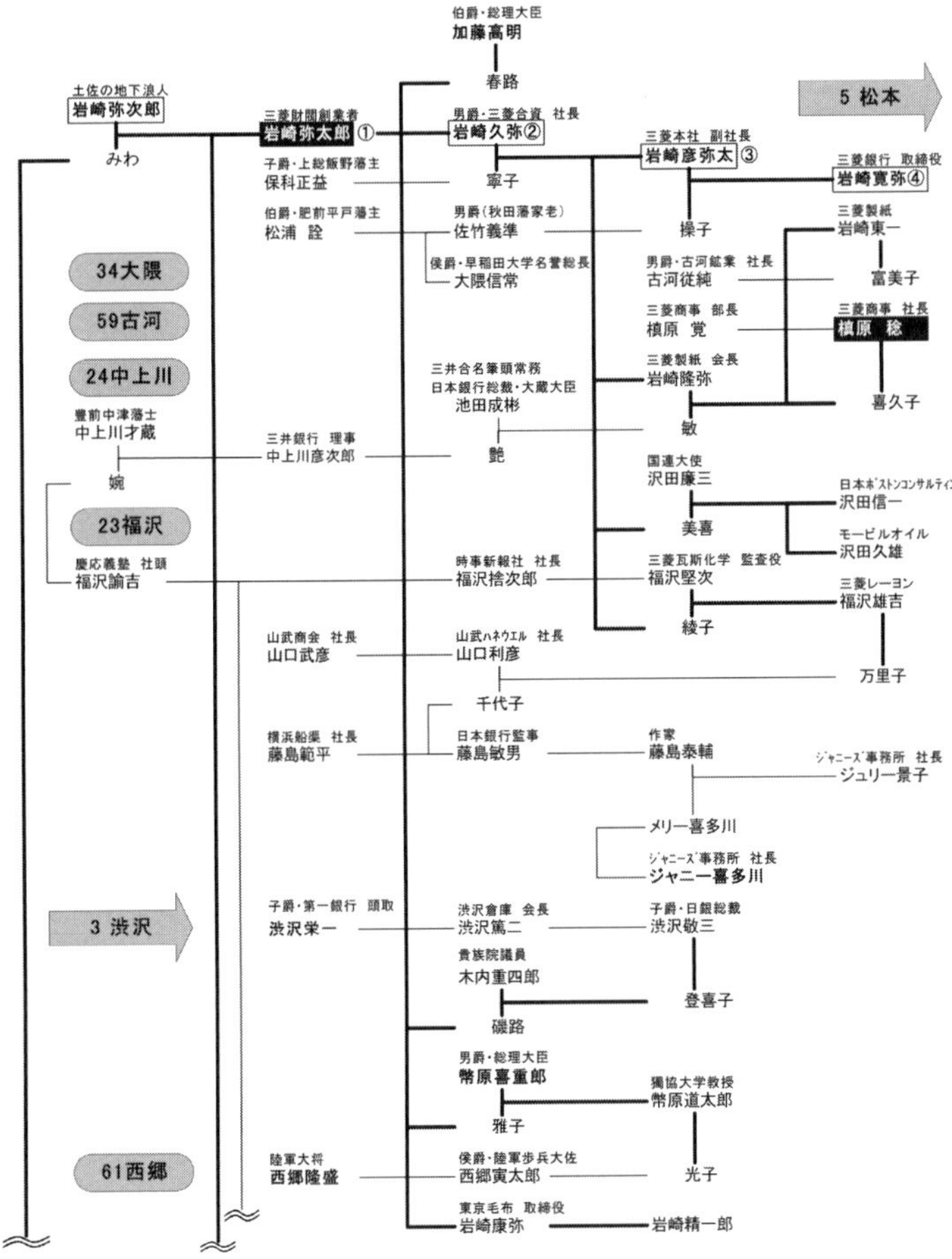
伯爵・総理大臣
加藤高明
春路
5 松本
土佐の地下浪人
岩崎弥次郎
みわ
三菱財閥創業者
岩崎弥太郎 ①
男爵・三菱合資 社長
岩崎久弥②
三菱本社 副社長
岩崎彦弥太 ③
三菱銀行 取締役
岩崎寛弥④
子爵・上総飯野藩主
保科正益
寧子
伯爵・肥前平戸藩主
松浦 詮
男爵（秋田藩家老）
佐竹義準
操子
三菱製紙
岩崎東一
34大隈
59古河
24中上川
侯爵・早稲田大学名誉総長
大隈信常
男爵・古河鉱業 社長
古河従純
富美子
三菱商事 部長
槙原 覚
三菱商事 社長
槙原 稔
三井合名筆頭常務
日本銀行総裁・大蔵大臣
池田成彬
三菱製紙 会長
岩崎隆弥
喜久子
豊前中津藩士
中上川才蔵
敏
三井銀行 理事
中上川彦次郎
艶
婉
国連大使
沢田廉三
日本ボストンコンサルティング
沢田信一
23福沢
美喜
モービルオイル
沢田久雄
慶応義塾 社頭
福沢諭吉
時事新報社 社長
福沢捨次郎
三菱瓦斯化学 監査役
福沢堅次
三菱レーヨン
福沢雄吉
綾子
山武商会 社長
山口武彦
山武ハネウエル 社長
山口利彦
万里子
千代子
横浜船渠 社長
藤島範平
日本銀行監事
藤島敏男
作家
藤島泰輔
ジャニーズ事務所 社長
ジュリー景子
メリー喜多川
ジャニーズ事務所 社長
ジャニー喜多川
3 渋沢
子爵・第一銀行 頭取
渋沢栄一
渋沢倉庫 会長
渋沢篤二
子爵・日銀総裁
渋沢敬三
貴族院議員
木内重四郎
登喜子
磯路
男爵・総理大臣
幣原喜重郎
獨協大学教授
幣原道太郎
雅子
61西郷
陸軍大将
西郷隆盛
侯爵・陸軍歩兵大佐
西郷寅太郎
光子
東京毛布 取締役
岩崎康弥
岩崎精一郎

5. 松本幸四郎／歌舞伎界の名門

槇原稔の母は、三菱商事の同僚・秦豊吉《はたとよきち》の妹であるが、この秦という人は三菱商事在籍時から作家活動を行い、やがては退社して東京宝塚劇場、江東楽天地《こうとうらくてんち》の取締役を経て、後楽園スタヂアム社長、東宝副社長、帝国劇場社長を歴任した。

実家は裕福な薬問屋というのだが、秦曰く、自分の亡父は貧乏で兄弟が多く、次弟（秦の叔父）の金太郎が藤間《ふじま》流家元・藤間勘右衛門《かんえもん》の家にもらわれて、七代・**松本幸四郎**《まつもとこうしろう》（初代・松本白鸚《はくおう》／一八七〇～一九四九）になったという。

この兄弟は「目が大きく、ぱっちりして色気のある」のが共通した特徴なのだとか。なるほど、その特徴は子孫の市川海老蔵（団十郎襲名予定）、松たか子などにも受け継がれている。

ところが、芸能一家に転じた七代・松本幸四郎の長女が、なぜか海軍少将の長男で銀行員（のちダイセル化学工業社長・昌谷忠《さかやただし》）と結婚。しかも、その叔母から高名な物理学者・長岡半太郎に行き着いてしまうのだから人生はわからない。

5 松本幸四郎／歌舞伎

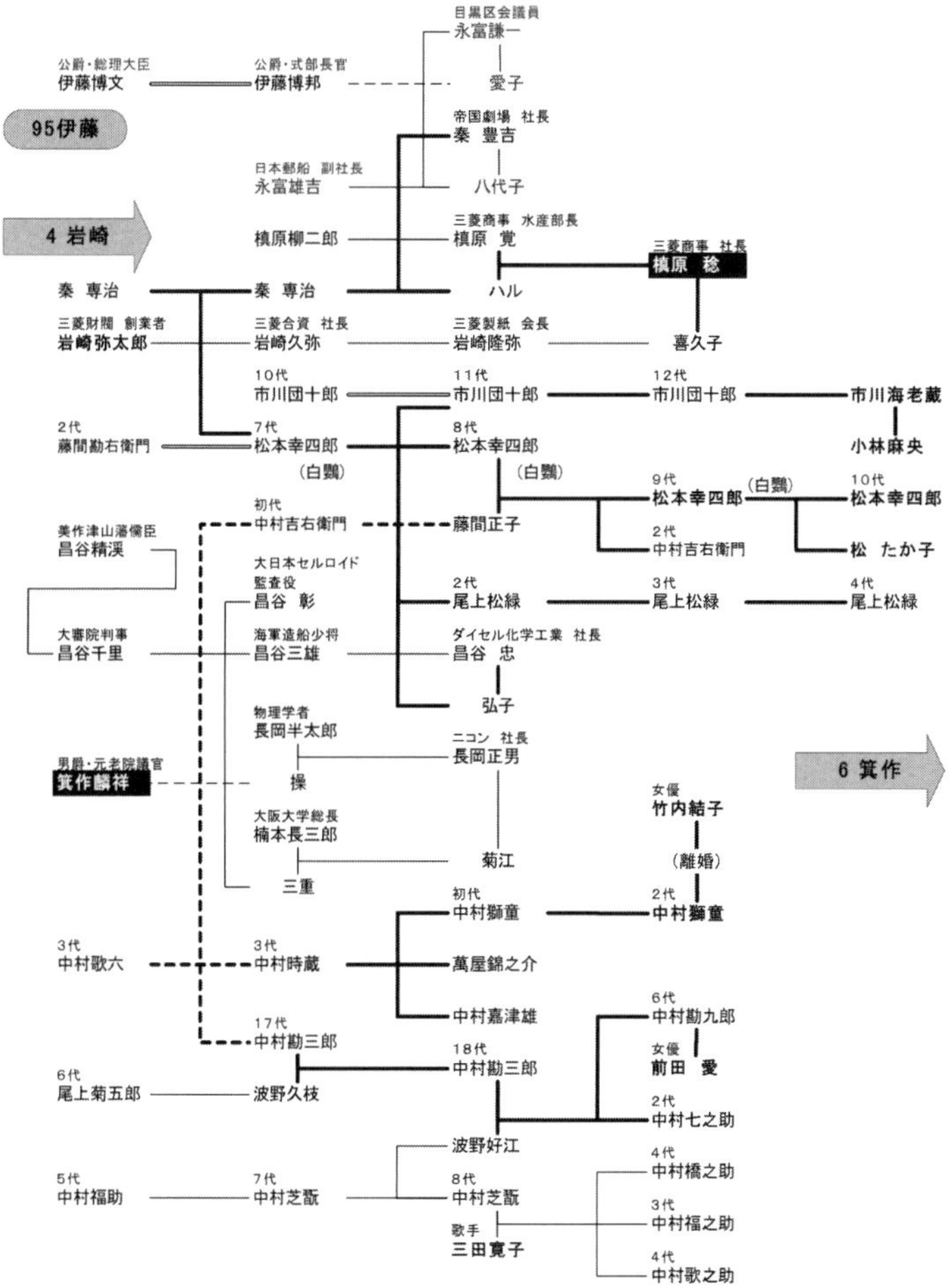

公爵・総理大臣
伊藤博文
公爵・式部長官
伊藤博邦
目黒区会議員
永富謙一
愛子
95伊藤
帝国劇場 社長
秦 豊吉
日本郵船 副社長
永富雄吉
八代子
4 岩崎
槙原柳二郎
三菱商事 水産部長
槙原 覚
三菱商事 社長
槙原 稔
秦 専治
秦 専治
ハル
三菱財閥 創業者
岩崎弥太郎
三菱合資 社長
岩崎久弥
三菱製紙 会長
岩崎隆弥
喜久子
10代
市川団十郎
11代
市川団十郎
12代
市川団十郎
市川海老蔵
2代
藤間勘右衛門
7代
松本幸四郎
(白鸚)
8代
松本幸四郎
小林麻央
(白鸚)
9代
松本幸四郎
(白鸚)
10代
松本幸四郎
初代
中村吉右衛門
藤間正子
美作津山藩儒臣
昌谷精渓
2代
中村吉右衛門
松 たか子
大日本セルロイド
監査役
昌谷 彰
2代
尾上松緑
3代
尾上松緑
4代
尾上松緑
大審院判事
昌谷千里
海軍造船少将
昌谷三雄
ダイセル化学工業 社長
昌谷 忠
弘子
物理学者
長岡半太郎
ニコン 社長
長岡正男
男爵・元老院議官
箕作麟祥
操
6 箕作
女優
竹内結子
大阪大学総長
楠本長三郎
菊江
(離婚)
三重
初代
中村獅童
2代
中村獅童
3代
中村歌六
3代
中村時蔵
萬屋錦之介
中村嘉津雄
6代
中村勘九郎
17代
中村勘三郎
18代
中村勘三郎
女優
前田 愛
6代
尾上菊五郎
波野久枝
2代
中村七之助
波野好江
4代
中村橋之助
5代
中村福助
7代
中村芝翫
8代
中村芝翫
3代
中村福之助
歌手
三田寛子
4代
中村歌之助

6. 箕作阮甫／東京大学の基礎をつくった学者

長岡半太郎には伝説がある。あまりに研究に没頭していたため、日本がロシア相手に戦争している（日露戦争）と知らなかったというのである。それはさておき、半太郎の妻は、かの**箕作阮甫**《みつくりげんぽ》（一七九九〜一八六三）の曾孫にあたる。

箕作阮甫は美作《みまさか》津山《つやま》藩・藩医の子として生まれ、町医者→藩医→洋学者→翻訳家とステップアップし、洋学者としてはじめて直参旗本に取り立てられた。いわば、学者版「渋沢栄一」である。幕府が「蕃書調所《ばんしょしらべしょ》」なる洋学研究所＆翻訳機関を設立すると、その初代教授に任じられた。この蕃書調所が開成所→官立開成学校→大学南校→南校→東京開成学校を経て東京大学になったので、阮甫は東京大学初代総長のような人物だといえる。

阮甫には男子がおらず、娘ばかり三人だったので、優秀なお婿さんを選びたい放題だよね。そんなわけで、孫の代にもなると、箕作一族は右を向いても左を向いても東京大学教授ばかり。現在では大学教授の価値もインフレ状態だが、「末は博士か大臣か」と言われた頃の東大一族だから、そりゃあ、長岡半太郎もがんばらざるを得ないだろうね。

6．箕作阮甫／東京大学の基礎をつくった学者

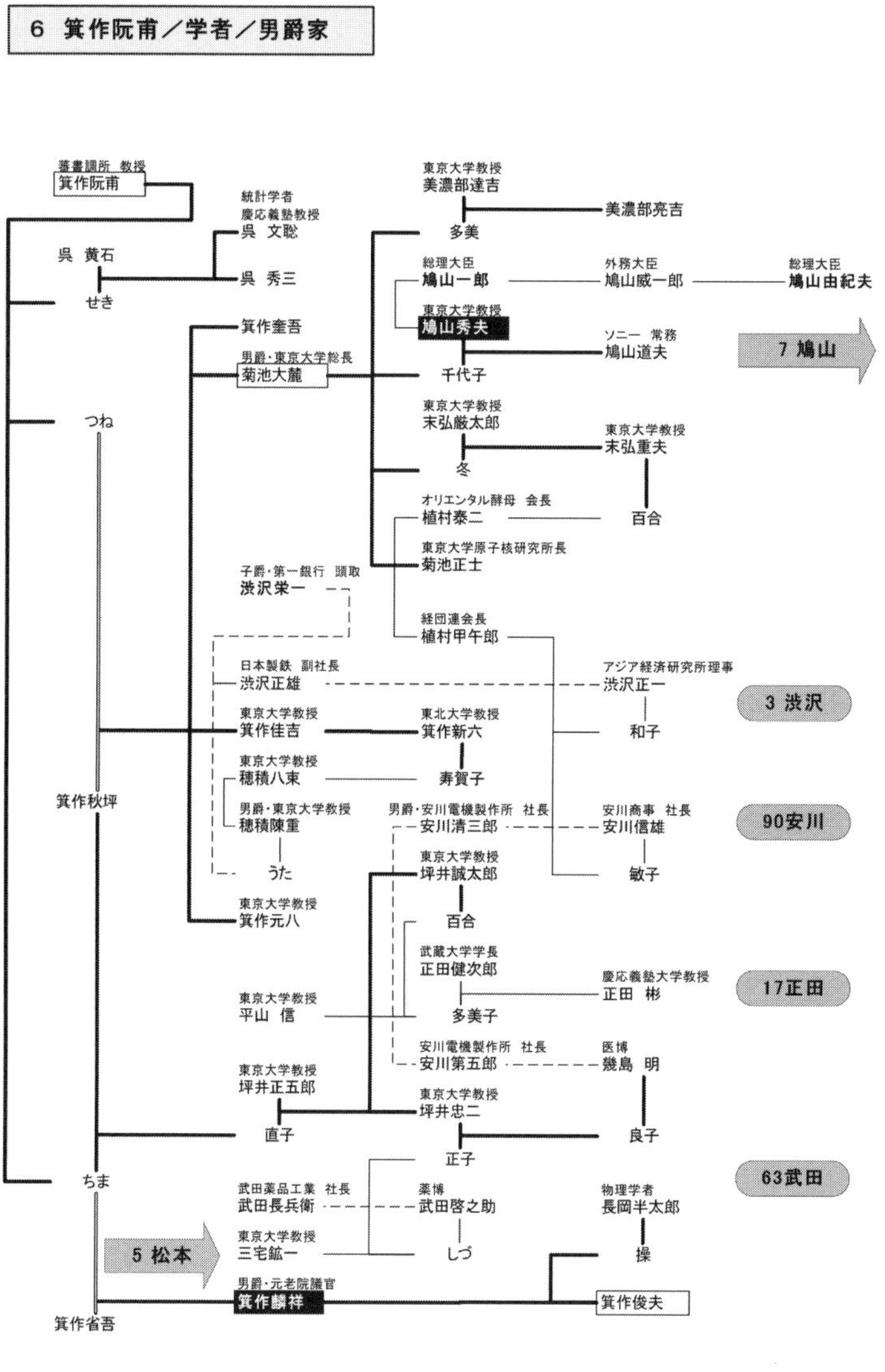

7. 鳩山一郎・由紀夫／五代続けて東大卒

箕作阮甫の孫の中でも、とりわけ優秀だったのが**菊池大麓**《きくちだいろく》である（実父の実家・菊池家を継ぐ）。大麓もまた優秀なお婿さん選びに余念がなく、次女・千代子のお相手に選ばれたのが鳩山秀夫《はとやまひでお》――もちろん東京大学教授だ。

鳩山家は美作《みまさか》勝山藩士の家柄で、美作津山藩出身の箕作・菊池家にとっては同郷で、秀夫の父・**鳩山和夫**《かずお》（一八五六～一九一一）がこれまた優秀だった。主家の三浦姓を名乗り、貢進生《こうしんせい》（藩から幕府学問所への留学生）として大学南校（のちの東京大学）に進み、常に首席を占めた。文部省留学生としてエール大学、コロンビア大学に進み、代言《だいげん》事務（弁護士）、東京府会議員、東京大学法科大学教授、衆議院議長、早稲田大学総長等を歴任した。

秀夫はその次男で、長男が総理大臣・**鳩山一郎**《いちろう》（一八八三～一九五九）。一郎の孫が総理大臣・**鳩山由紀夫**《ゆきお》（一九四七～）である。鳩山家は和夫から紀一郎《きいちろう》（由紀夫の子）まで、五代にわたって東京大学出身でも知られる。しかし、今から考えてみると、鳩山由紀夫の迷走ぶりは「残念な東大卒」の典型だったのかもしれない。

7．鳩山一郎・由紀夫／五代続けて東大卒

7 鳩山一郎・由紀夫／総理大臣

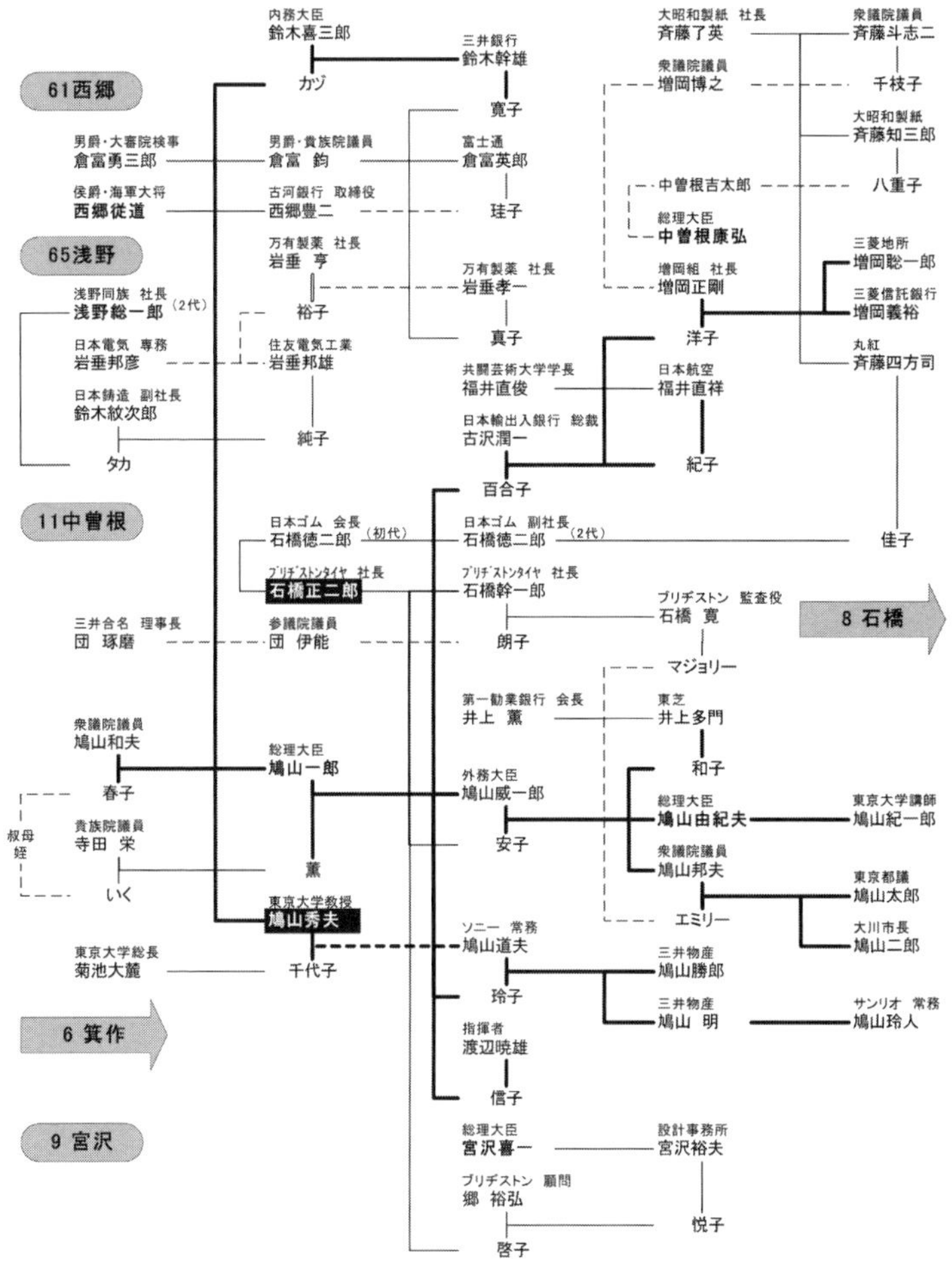

8．石橋正二郎／政界再編を演出した莫大な資産

鳩山由紀夫が政界再編を巻き起こして総理大臣になれたのは、その政治手腕よりもむしろ財力に負うところが大きかったのではないか。その莫大な財力はどこから湧いて出たのかといえば、母・安子――というより、外祖父・**石橋正二郎**《いしばししょうじろう》（一八八九～一九七六）の遺産である。

終戦直後の日本はハイパーインフレで、一年で物価がほぼ倍になる時期すらあった。こんな時期には貨幣以外の形で資産を保有しておくのが効果的だ。中でも株式。非上場株式を大量に保有して、それを然るべく時期に株式上場で換金すると大金持ちになれる。

正二郎はブリヂストンタイヤ（現・ブリヂストン）の株式を一九六一年に東証一部に上場して長者番付日本一位になった。正二郎は稀代のアイデアマンで、未成年の孫（由紀夫たちのことだ）にまで一〇〇〇万円単位の配当がつくように株式を生前贈与していた。二〇〇八年秋の世界的な恐慌で、鳩山邦夫は兄と合わせて八〇億円の株式評価損が出たと明かした。それだけ多くの株式を持つことが出来た背景には、正二郎の配慮があったのである。

8 石橋正二郎／ブリヂストン

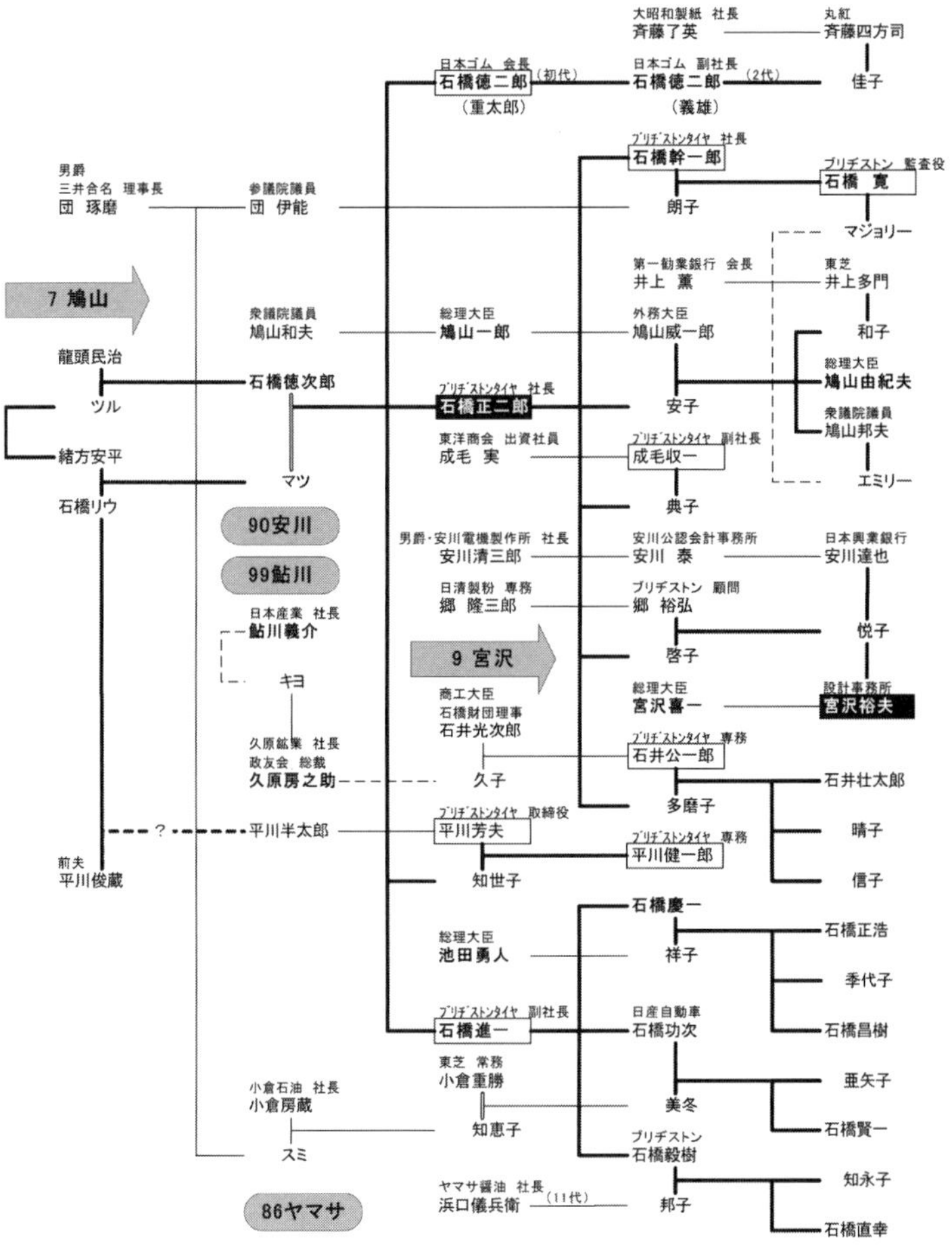

9．宮沢喜一／政治家一族の超秀才

石橋家は日本有数の資産家だったので、有力政治家との閨閥形成が進んだ。石橋正二郎の孫が**宮沢喜一**《みやざわきいち》（一九一九～二〇〇七）の長男と結婚し、正二郎の甥が池田勇人《はやと》の娘と結婚している。

宮沢喜一自身も外祖父が鉄道大臣で、叔父には文部大臣や中国大使がいるなどなかなかの閨閥ぶりで、戦前の総理大臣・林銑十郎《はやしせんじゅうろう》にも繋がっている。従姉妹《いとこ》を通じて縁戚に繋がる**鈴木善幸**《ぜんこう》は、宮沢喜一を総理大臣にしようと奔走して、「いや、アンタでいいんじゃないの？」という具合に総理大臣に祭り上げられちゃったらしい。

この逸話が物語るように、宮沢喜一には若い頃から総理待望論が大きかった。極めて優秀、アタマのよい人物として有名で、自民党きっての国際派・知性派・良識派として鳴らしていたからだ。ただ、アタマのよい人物にありがちな、傍観者的なスタンスで、押しが弱い、駆け引きに弱いところが玉に瑕《きず》。だが、それって一番政治家に必要なんじゃなかろうか。

9 宮沢喜一／総理大臣

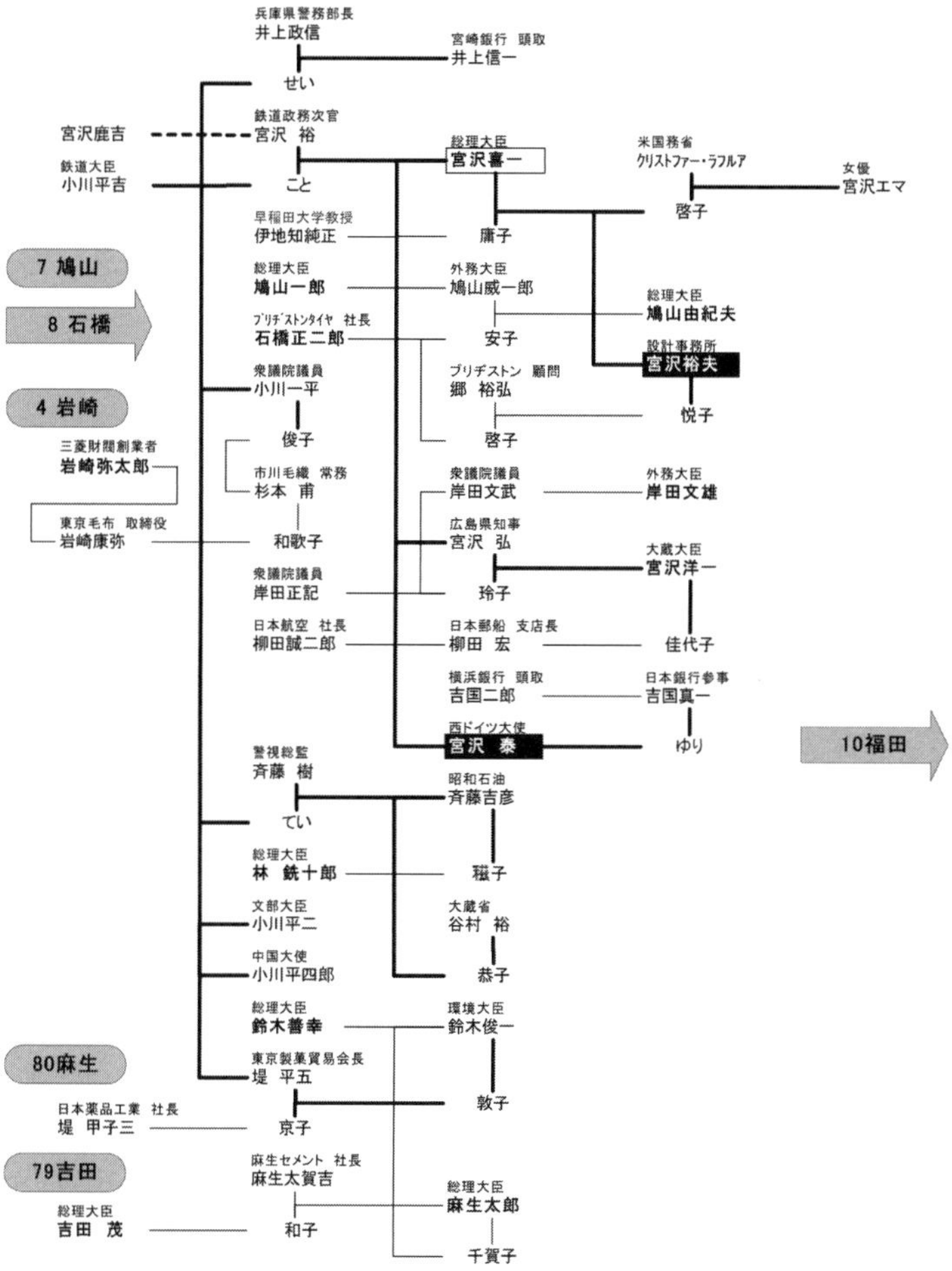
兵庫県警務部長 井上政信
宮崎銀行 頭取 井上信一
せい
宮沢鹿吉
鉄道政務次官 宮沢 裕
鉄道大臣 小川平吉
こと
総理大臣 宮沢喜一
米国務省 クリストファー・ラフルア
女優 宮沢エマ
啓子
早稲田大学教授 伊地知純正
庸子
7 鳩山
総理大臣 鳩山一郎
外務大臣 鳩山威一郎
8 石橋
総理大臣 鳩山由紀夫
ブリヂストンタイヤ 社長 石橋正二郎
安子
設計事務所 宮沢裕夫
衆議院議員 小川一平
ブリヂストン 顧問 郷 裕弘
4 岩崎
悦子
俊子
啓子
三菱財閥創業者 岩崎弥太郎
市川毛織 常務 杉本 甫
衆議院議員 岸田文武
外務大臣 岸田文雄
東京毛布 取締役 岩崎康弥
和歌子
広島県知事 宮沢 弘
大蔵大臣 宮沢洋一
衆議院議員 岸田正記
玲子
日本航空 社長 柳田誠二郎
日本郵船 支店長 柳田 宏
佳代子
横浜銀行 頭取 吉国二郎
日本銀行参事 吉国真一
西ドイツ大使 宮沢 泰
ゆり
10福田
警視総監 斉藤 樹
昭和石油 斉藤吉彦
てい
総理大臣 林 銑十郎
文部大臣 小川平二
大蔵省 谷村 裕
中国大使 小川平四郎
恭子
総理大臣 鈴木善幸
環境大臣 鈴木俊一
80麻生
東京製薬貿易会長 堤 平五
敦子
日本薬品工業 社長 堤 甲子三
京子
79吉田
麻生セメント 社長 麻生太賀吉
総理大臣 麻生太郎
総理大臣 吉田 茂
和子
千賀子

10. 福田赳夫・康夫／日本初・父子二代の総理大臣

宮沢喜一のとんでもない遠縁に第六七代総理大臣・**福田赳夫**《たけお》（一九〇五～一九九五）がいる。宮沢喜一の姪の義伯母の義姉の姪が第九一代総理大臣・**福田康夫**《ふくだやすお》（一九三六～）夫人。つまり、福田赳夫の長男の妻にあたるのだ。かなり無理があるのだが、一〇〇家の系図を繋げると銘打っちゃったのでお許しいただきたい。

その康夫夫人だが、衆議院議員・桜内義雄《さくらうちよしお》の姪にあたり、福田赳夫のところに「ＪＡＬのスチュワーデスになりたい！」と就職の斡旋を頼みに来たところ、「就職よりウチの息子の嫁にならないか？」とくどいたというエピソードがある。赳夫は東京大学卒で財務省に首席で入省したエリート中のエリートなのだが、「昭和元禄」「天の声にも変な声がある」などの福田語録の持ち主で、ユーモアセンスにあふれた人物だった。

福田赳夫の次男・横手征夫《よこてゆきお》（親戚筋の伊香保温泉旅館「横手館」の養子）の長男が、フジテレビアナウンサー・千野志麻《ちのしお》と結婚したことが有名だが、次男が中曽根康弘の姪の娘と結婚しており、上州《じょうしゅう》（群馬県）の二大巨頭が閨閥を形成していたことに驚かされる。

10 福田赳夫・康夫／総理大臣

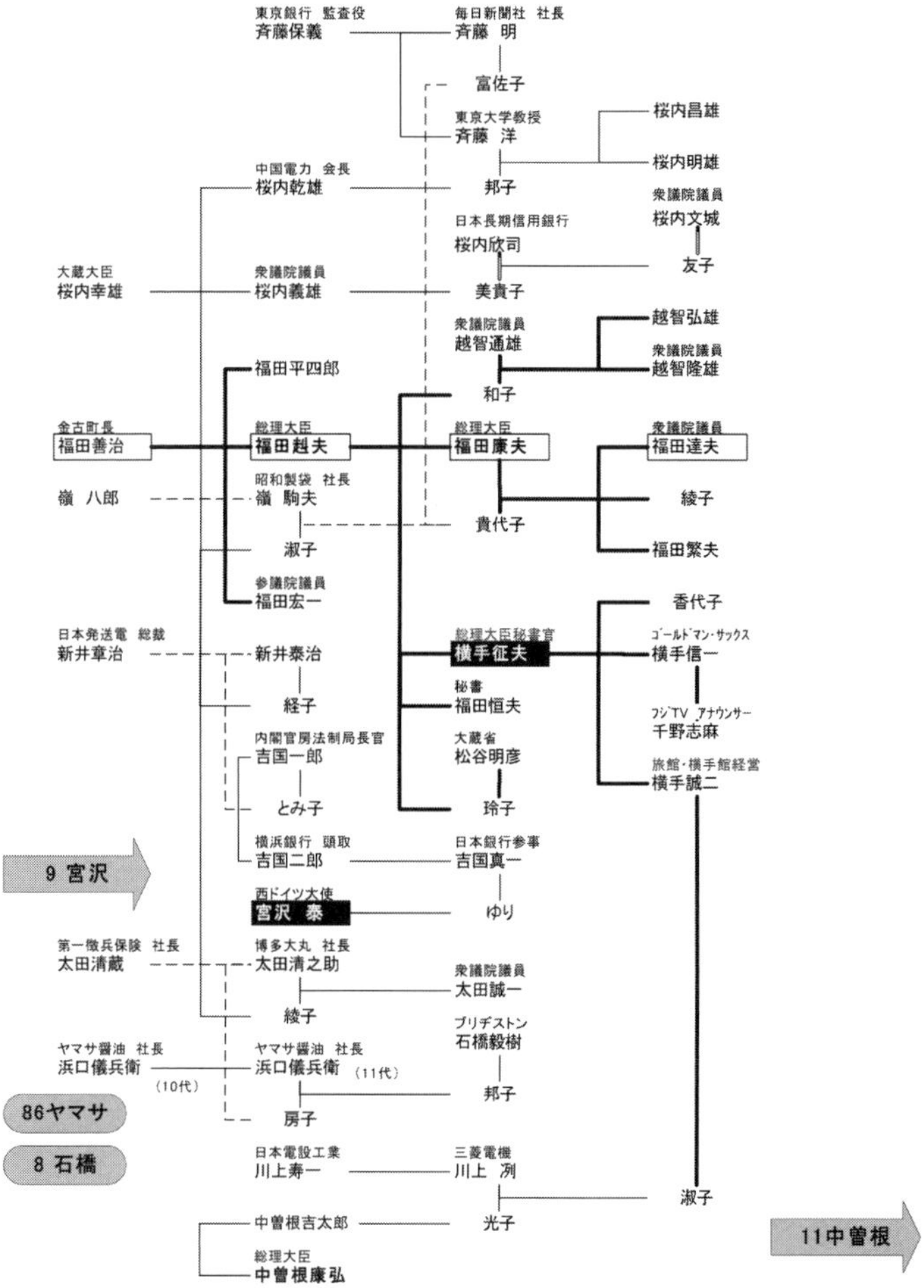

11. 中曽根康弘／ロン・ヤス時代を演出

中曽根康弘《なかそねやすひろ》（一九一八～二〇一九）は若い頃から将来総理大臣になったら何をすべきかノートに書き溜めていたという。しかし、背が高くハンサムな容姿は、政界では嫉妬の対象となり、弱小派閥ゆえにあっちへ付いたり、こっちへ付いたりの連続で「風見鶏《かざみどり》」と揶《や》揄《ゆ》された。しかし、総理になるや「戦後政治の総決算」を掲げ、強いリーダーシップで行政改革・税制改革に取り組み、ロナルド・レーガン米国大統領と「ロン・ヤス」時代を演出して積極的な外交を行うなど国内外から高評価を得た。積極的な言動には功罪相半ばするところもあるのだが、「瓢箪《ひょうたん》から駒」式に総理になるケースと、総理になるまでの準備を怠らないケースではこうも違うのかという格好の見本である。

閨閥からいうと、中曽根康弘の次女が鹿島建設社長・鹿島守之助《かじまもりのすけ》の外孫と結婚している。鳩山一郎が資産家・石橋正二郎と閨閥を形成して総裁選を勝ち抜いたように、中曽根康弘もまた国内屈指の資産家・鹿島家との閨閥を形成して、総裁選を乗り切ろうとしたのかもしれない。

11. 中曽根康弘／ロン・ヤス時代を演出

11 中曽根康弘／総理大臣

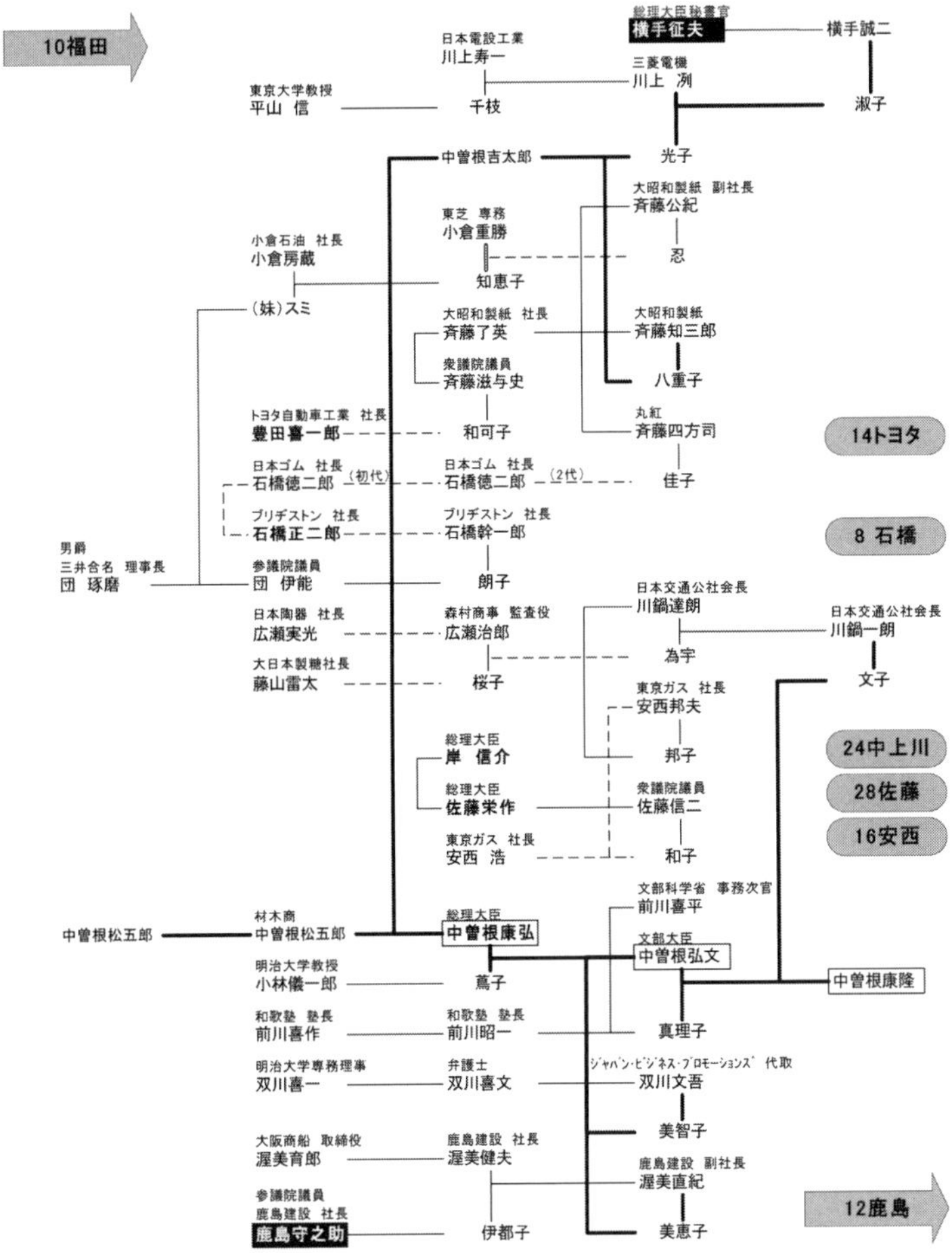
10福田
総理大臣秘書官
横手征夫
横手誠二
日本電設工業
川上寿一
三菱電機
川上 冽
東京大学教授
平山 信
千枝
淑子
中曽根吉太郎
光子
大昭和製紙 副社長
斉藤公紀
東芝 専務
小倉重勝
小倉石油 社長
小倉房蔵
忍
知恵子
(妹)スミ
大昭和製紙 社長
斉藤了英
大昭和製紙
斉藤知三郎
衆議院議員
斉藤滋与史
八重子
トヨタ自動車工業 社長
豊田喜一郎
和可子
丸紅
斉藤四方司
14トヨタ
日本ゴム 社長
石橋徳二郎
(初代)
日本ゴム 社長
石橋徳二郎
(2代)
佳子
ブリヂストン 社長
石橋正二郎
ブリヂストン 社長
石橋幹一郎
8 石橋
男爵
三井合名 理事長
団 琢磨
参議院議員
団 伊能
朗子
日本交通公社会長
川鍋達朗
日本陶器 社長
広瀬実光
森村商事 監査役
広瀬治郎
日本交通公社会長
川鍋一朗
為宇
大日本製糖社長
藤山雷太
桜子
文子
東京ガス 社長
安西邦夫
総理大臣
岸 信介
邦子
24中上川
総理大臣
佐藤栄作
衆議院議員
佐藤信二
28佐藤
東京ガス 社長
安西 浩
和子
16安西
文部科学省 事務次官
前川喜平
中曽根松五郎
材木商
中曽根松五郎
総理大臣
中曽根康弘
文部大臣
中曽根弘文
明治大学教授
小林儀一郎
蔦子
中曽根康隆
和歌塾 塾長
前川喜作
和歌塾 塾長
前川昭一
真理子
明治大学専務理事
双川喜一
弁護士
双川喜文
ｼﾞｬﾊﾟﾝ･ﾋﾞｼﾞﾈｽ･ﾌﾟﾛﾓｰｼｮﾝｽﾞ 代取
双川文吾
美智子
大阪商船 取締役
渥美育郎
鹿島建設 社長
渥美健夫
鹿島建設 副社長
渥美直紀
参議院議員
鹿島建設 社長
鹿島守之助
伊都子
美恵子
12鹿島

12. 鹿島守之助／二代にわたる婿取り戦略

それまで非上場が多かった土木・建設会社が、高度経済成長期の建設ラッシュに対応するため、資本の増強を目指して一九六〇年代に株式の公開を行い、そのオーナー一族は一躍資産家となった。鹿島《かじま》（正式名称・鹿島建設）のオーナー鹿島家はその代表例である。

鹿島家は代々優秀な婿養子を取る「婿養子戦略」で名高い。事実上の創業者である二代目・**鹿島岩蔵**《いわぞう》（?～一九一二）には（実は妾腹の男子がいたのだが）男子がなく、仙台―青森間の鉄道工事を受注した際、出張所の近所に住んでいた母子家庭の子どもが優秀だったため、その養育を買って出た。その子・**鹿島精一**《せいいち》（一八七五～一九四七）は、高校の入学試験でいきなり二年に飛び級する離れ業を演じ、東京大学に進んで鹿島に入社、婿養子となった。精一にも男子がなく、東京大学卒の外交官・**鹿島守之助**《もりのすけ》（一八九六～一九七五）を婿養子に迎えた。守之助は優秀な息子・**鹿島昭一**《しょういち》（一九三〇～二〇二〇）がいたが、娘には東京大学卒の優秀な婿を選んで鹿島の経営を担わせた。次女の夫・**石川六郎**《いしかわろくろう》（一九二五～二〇〇五）は社長を務め、日本商工会議所（略称、日商）会頭に推された。

12. 鹿島守之助／二代にわたる婿取り戦略

12 鹿島建設／鹿島守之助／参議院議員

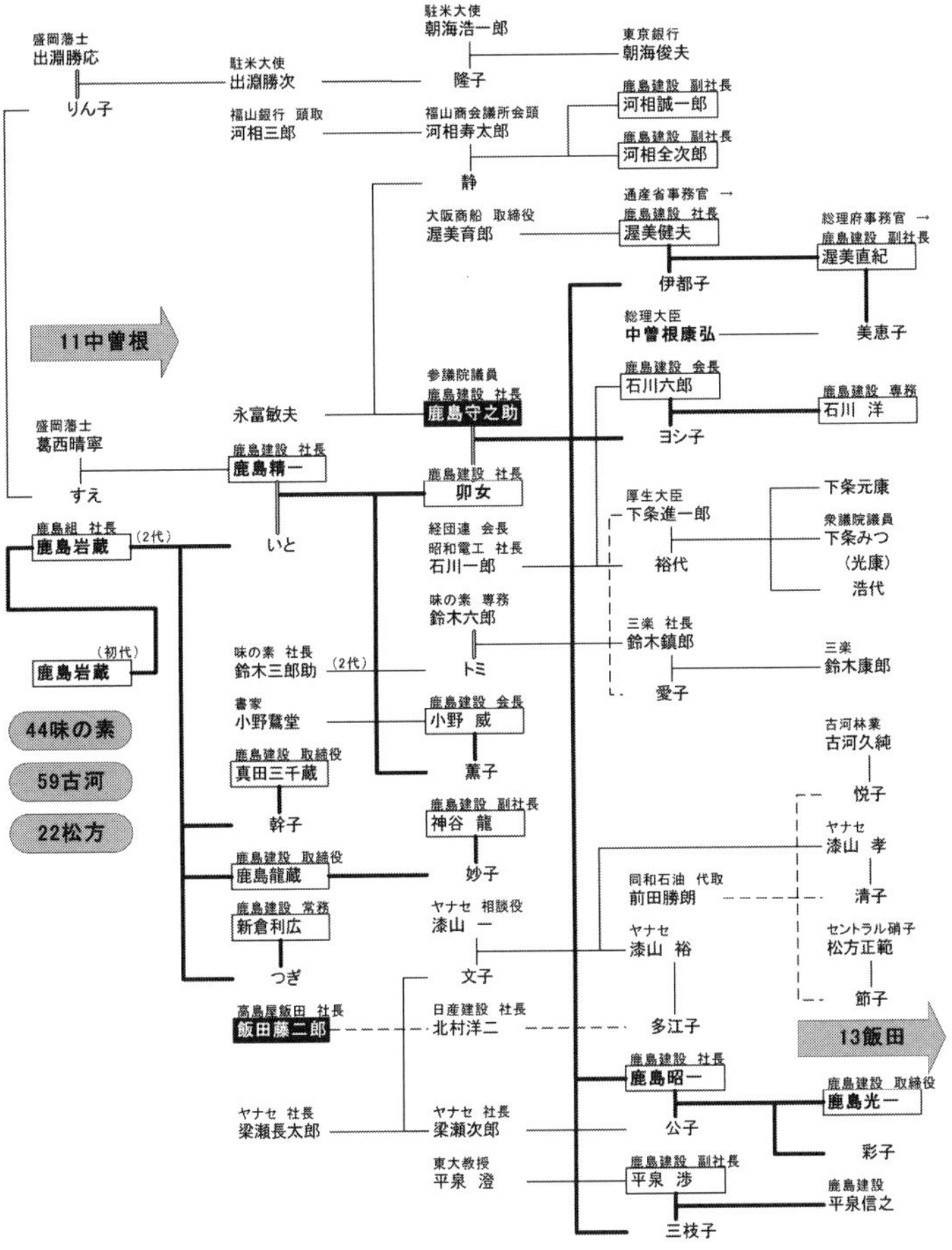

盛岡藩士
出淵勝応
りん子
駐米大使
出淵勝次
駐米大使
朝海浩一郎
隆子
東京銀行
朝海俊夫
福山銀行 頭取
河相三郎
福山商会議所会頭
河相寿太郎
静
鹿島建設 副社長
河相誠一郎
鹿島建設 副社長
河相全次郎
大阪商船 取締役
渥美育郎
通産省事務官 →
鹿島建設 社長
渥美健夫
伊都子
総理府事務官 →
鹿島建設 副社長
渥美直紀
美恵子
総理大臣
中曽根康弘
11中曽根
参議院議員
鹿島建設 社長
鹿島守之助
永富敏夫
鹿島建設 会長
石川六郎
ヨシ子
鹿島建設 専務
石川 洋
盛岡藩士
葛西晴寧
すえ
鹿島建設 社長
鹿島精一
いと
鹿島建設 社長
卯女
鹿島組 社長
鹿島岩蔵
(2代)
(初代)
鹿島岩蔵
厚生大臣
下条進一郎
裕代
下条元康
衆議院議員
下条みつ
(光康)
浩代
経団連 会長
昭和電工 社長
石川一郎
味の素 専務
鈴木六郎
トミ
味の素 社長
鈴木三郎助
(2代)
三楽 社長
鈴木鎮郎
愛子
三楽
鈴木康郎
44味の素
59古河
22松方
書家
小野鵞堂
鹿島建設 会長
小野 威
薫子
鹿島建設 取締役
真田三千蔵
幹子
鹿島建設 副社長
神谷 龍
妙子
古河林業
古河久純
悦子
ヤナセ
漆山 孝
清子
鹿島建設 取締役
鹿島龍蔵
同和石油 代取
前田勝朗
鹿島建設 常務
新倉利広
つぎ
ヤナセ 相談役
漆山 一
文子
ヤナセ
漆山 裕
セントラル硝子
松方正範
節子
高島屋飯田 社長
飯田藤二郎
日産建設 社長
北村洋二
多江子
13飯田
鹿島建設 社長
鹿島昭一
公子
鹿島建設 取締役
鹿島光一
彩子
ヤナセ 社長
梁瀬長太郎
ヤナセ 社長
梁瀬次郎
東大教授
平泉 澄
鹿島建設 副社長
平泉 渉
三枝子
鹿島建設
平泉信之

13. 飯田新七／トヨタと日産の創業者を女婿に持つ

鹿島昭一の妻の従兄弟が、高島屋の創業者一族・飯田家と繋がっている。

飯田家の祖・**飯田儀兵衛**《いいだぎへえ》は近江国高島郡（滋賀県高島市）から京都に出て米穀商を営み、「高島屋」の屋号をかかげた。儀兵衛の婿養子の初代・**飯田新七**《しんしち》（一八〇三～一八七四）は分家として古着と木綿の店を開業した。

四代目・**飯田新七**（一八五九～一九四四）は大阪、東京への出店、店舗の百貨店化を指揮し、高島屋の近代化を成し遂げたが、その成功の陰には母・歌の支えがあった。歌は女傑として知られ、新撰組の「誠」の隊旗を受注する一方、勤王派の志士とも交流があった。特に桂小五郎（のちの木戸孝允）夫人の幾松《いくまつ》と親しく、明治維新後には政府要人との交遊関係を重ね、宮内庁御用達や政府からの用務を引き受け、名門百貨店へと成長した。

政府要人との交流は、飯田家に華麗なる閨閥を形成させた。二代目・新七の孫娘が、トヨタ自動車の創業者・豊田喜一郎《とよだきいちろう》、日産自動車の創業者・鮎川義介《あいかわよしすけ》にそれぞれと継いでいる。二人は妻同士が従姉妹にあたるのだ。

13. 飯田新七／トヨタと日産の創業者を女婿に持つ

13 飯田新七／髙島屋

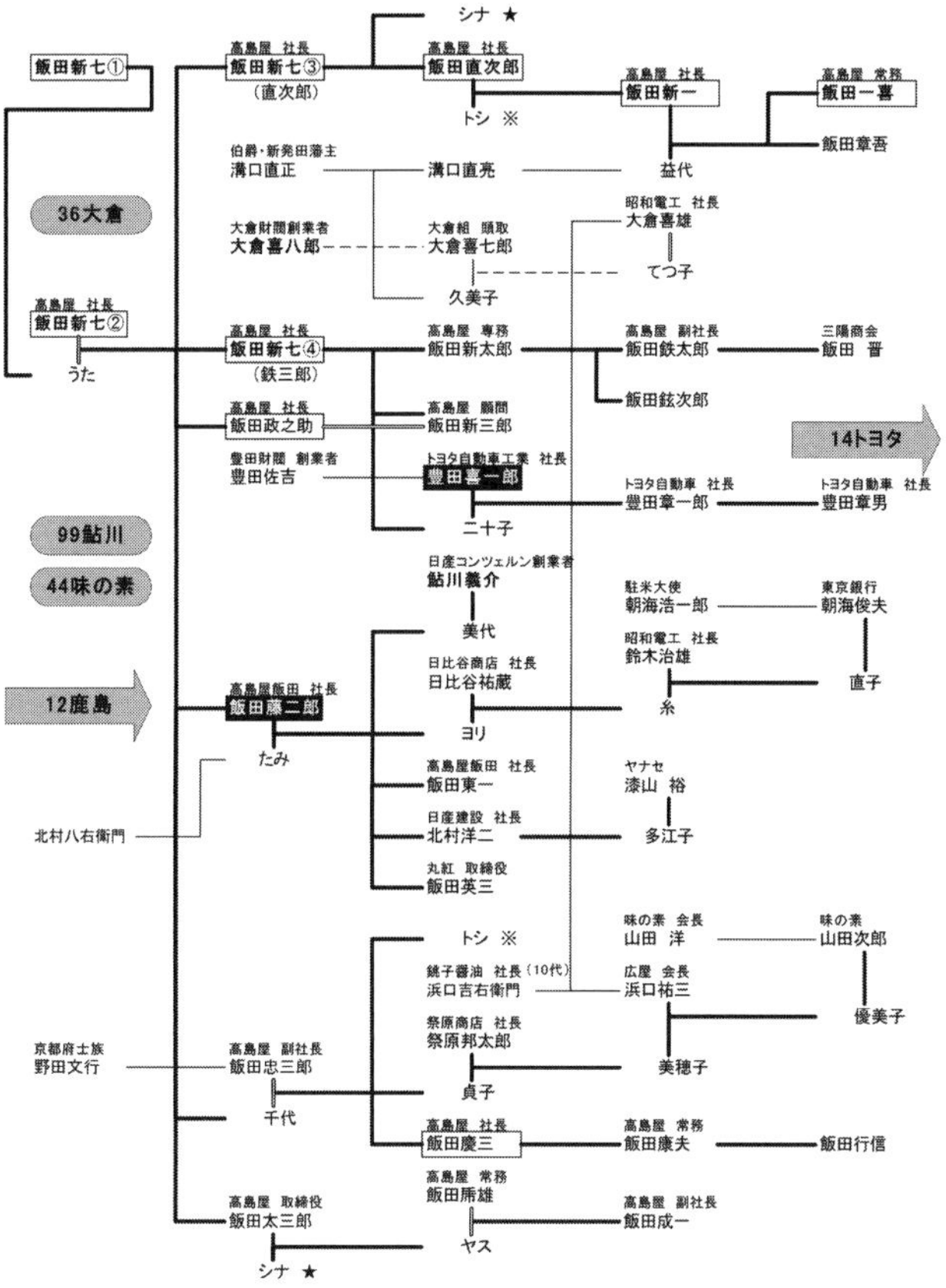

14. 豊田喜一郎／三井から婿養子、三代目・四代目の妻を迎える

トヨタ自動車工業（現・トヨタ自動車）の創業者・**豊田喜一郎**《とよだきいちろう》（一八九四〜一九五二）は、自動織機の発明で一代財を成した**豊田佐吉**《さきち》（一八六七〜一九三〇）の長男として生まれ、国産自動車製造を志して同社を設立したが、戦後の不況で社長の辞任を余儀なくされ、復帰目前に急死した。その後、サラリーマン経営者が社長を務めたが、時宜に応じて豊田家から社長を選出。喜一郎の従兄弟・**豊田英二**《えいじ》（一九一三〜二〇一三）、喜一郎の長男・**豊田章一郎**《しょういちろう》（一九二五〜）、章一郎の弟・**豊田達郎**《たつろう》（一九二九〜二〇一七）、章一郎の長男・**豊田章男**《あきお》（一九五六〜）が社長を務めている。日本を代表する企業でありながら、柔軟な世襲を実現している。

豊田佐吉が自動織機を発明した際に三井物産が支援して以来、三井財閥と親しく、佐吉は三井物産名古屋支店長の弟・**豊田利三郎**《りさぶろう》（一八八四〜一九五二）を婿養子に迎えた。豊田章一郎・章男父子も二代続けて三井関係者から妻を迎えている。一方、章一郎の弟・達郎の長男は住友銀行頭取の孫娘と結婚し、大正製薬の上原家へと繋がっている。

14. 豊田喜一郎／三井から婿養子、三代目・四代目の妻を迎える

14 豊田喜一郎・章一郎・章男／トヨタ自動車

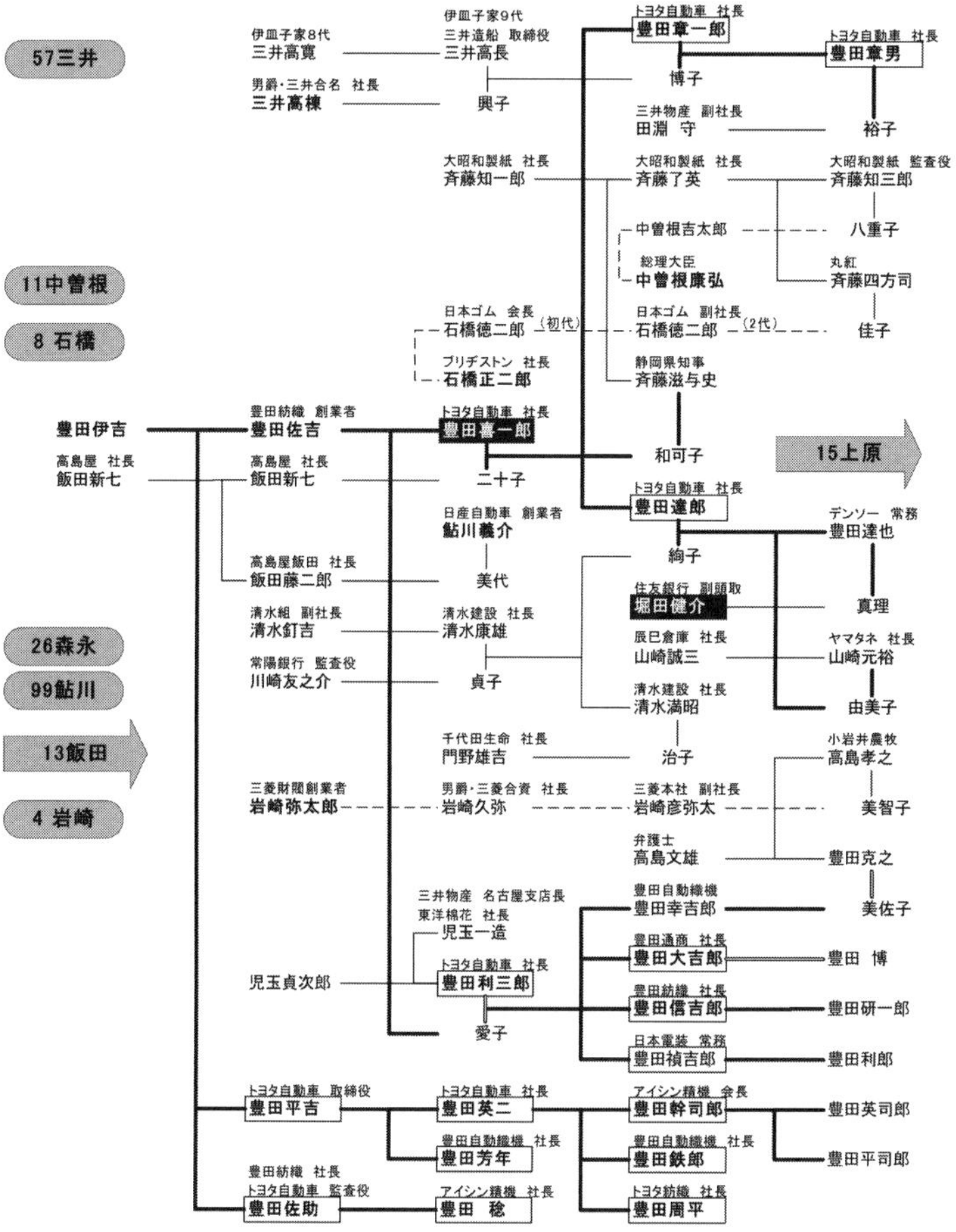

15. 上原正吉／大平総理誕生の陰に大正製薬あり

大正製薬の実質的な創業者・**上原正吉**《うえはらしょうきち》（一八九七～一九八三）は当初、大正製薬所に就職した一従業員でしかなかった。しかし、大正製薬を改組して株式を小売店に持ってもらい、販売高に応じて配当を重くする「特約株主制度」を発案し、大正製薬を全国規模の優良企業に育て上げた。

さらに戦後、役員や薬局らの株主が財産税で物納した株式を購入し、過半数の株式を所有。実質的なオーナーになった。一九六三年に大正製薬の額面五〇円株式を二〇〇〇円で公開、二〇割配当を行った。正吉は一九六四年度の長者番付のトップになり、日本有数の資産家として知られるようになった。

正吉には二人の孫娘がおり、長女・正子は住友銀行（現・三井住友銀行）頭取の堀田《ほった》庄三《しょうぞう》の次男を婿養子に迎え、次女・吉子はのちの総理大臣・大平正芳《おおひらまさよし》の三男と結婚した（二人とも明《あきら》という）。大平正芳の総理大臣就任の背景には、上原家が提供した潤沢な選挙資金があったと囁かれた。

15. 上原正吉／大平総理誕生の陰に大正製薬あり

15 上原正吉／大正製薬／参議院議員

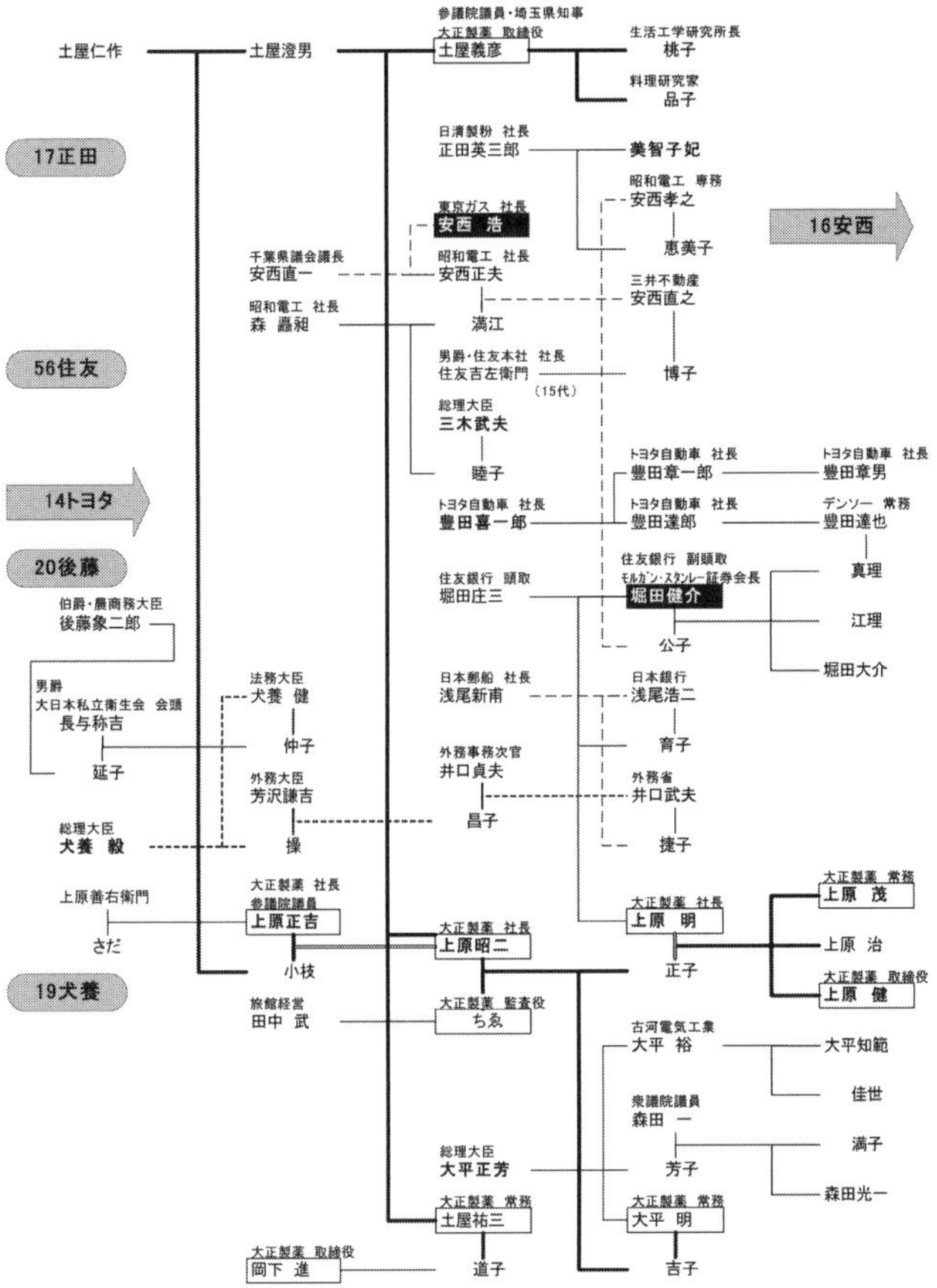

16. 安西　浩・邦夫／父子二代の公益事業トップ世襲

上原家の娘婿・上原明《うえはらあきら》（旧姓・堀田）の実兄、堀田健介《けんすけ》の妻は昭和電工社長・安西正夫《あんざいまさお》（一九〇四～一九七二）の三女である。

昭和電工は森コンツェルン（戦時中に興った新興コンツェルンの一つ）の創始者・森《もり》矗昶《のぶてる》によって設立された。安西正夫の父・安西直一《なおいち》は矗昶と同郷（千葉県出身）で、事業をともにする仲間であり、そうした関係から正夫が矗昶の娘婿になった。安西正夫は数多《あまた》いる財界人の中でも教養・良識派として知られ、長男の妻に美智子上皇妃の妹、次男の妻に住友吉左衛門の次女を迎え、これ以上ない閨閥を形成している。

正夫の兄・**安西浩**《ひろし》（一九〇一～一九九〇）は東京ガス社長を務め、後継社長を義弟・渡辺宏に譲り、さらに次男の**安西邦夫**《くにお》（一九三三～二〇一三）を後継社長に指名した。さすがに、これは公益事業の私物化と批判にさらされたが、どこ吹く風とばかりに敢行した。

安西家の閨閥には、皇太子妃（当時）から総理大臣（佐藤栄作、三木武夫）、大手銀行の頭取までを取り込んでおり、面と向かって批判できる者がいなかったという話だ。

16. 安西　浩・邦夫／父子二代の公益事業トップ世襲

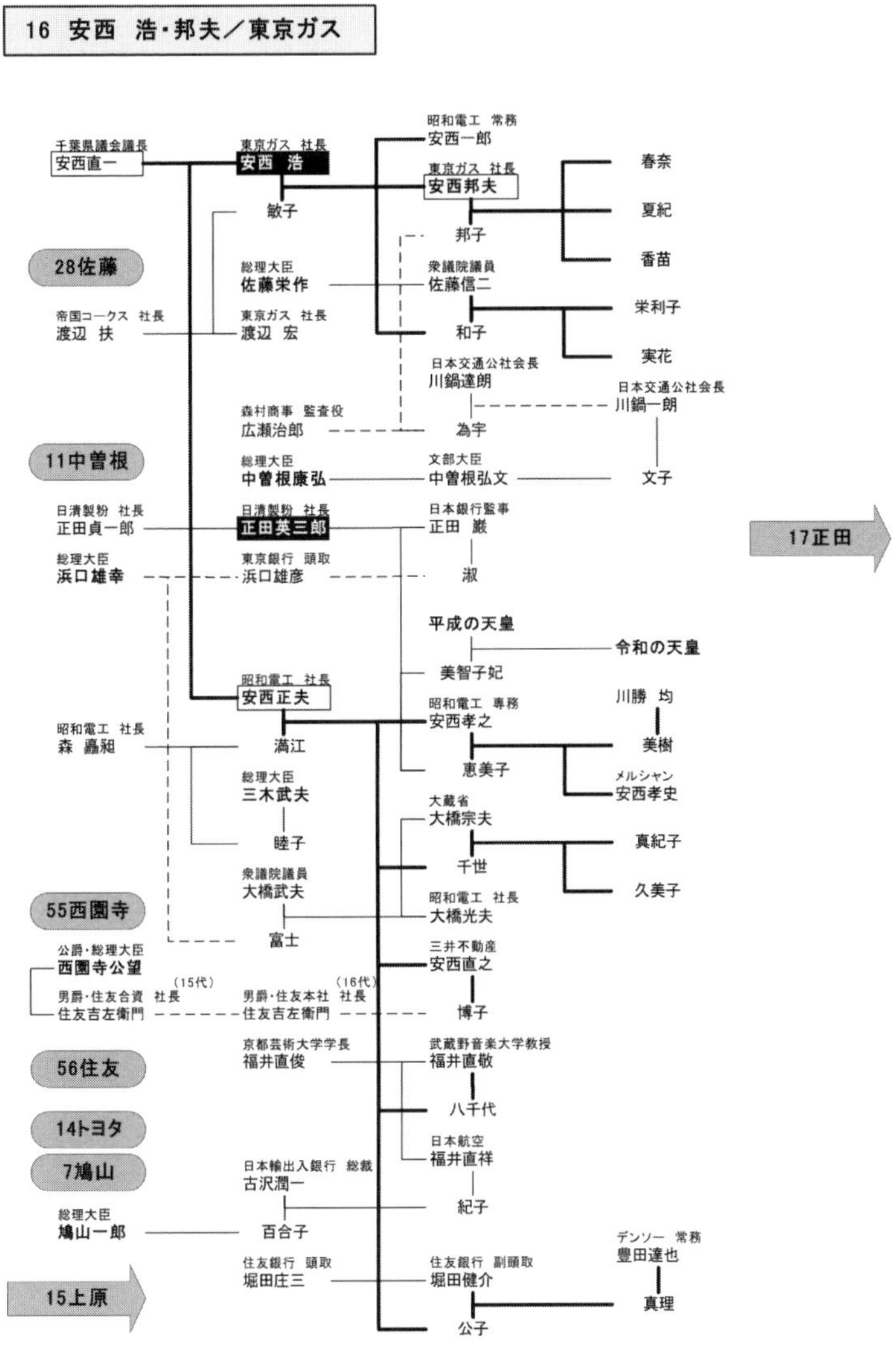

17. 正田英三郎／一躍、皇太子妃の父親に

美智子上皇妃（一九三四〜）の実家・正田《しょうだ》家はもともと群馬県館林市の米穀商で、米価の不安定さを危惧して醤油醸造業をはじめた。祖父・**正田貞一郎**《ていいちろう》（一八七〇〜一九六一）は群馬県が国内有数の小麦の産地であることに着眼し、地元・館林の産業振興のために製粉会社を興し、それが合併を経て日清製粉（現・日清製粉グループ本社）になった。

貞一郎の三男・**正田英三郎**《ひでさぶろう》（一九〇三〜一九九九）は家業を継いで、生産工程の機械化と経営の多角化を進めた。英三郎の次男・**正田修**《おさむ》（一九四二〜）も社長を務めた。長女・美智子は日本で初めて庶民階層から皇太子妃（当時）となり、日本中を「ミッチー・ブーム」で沸かせた。

正田家が天皇家と縁続きになったことで、日清製粉は積極的にリスクをとる経営が出来なくなったともいわれている。ただ、そもそも英三郎が三男でありながら家業を継いだのは、次兄が学問の道に進んだからであり（長兄は早世）、親族にも東京大学教授が多い学者一族で、大胆なリスクテイクするような家系ではないように思える。

17. 正田英三郎／一躍、皇太子妃の父親に

17 正田英三郎／日清製粉

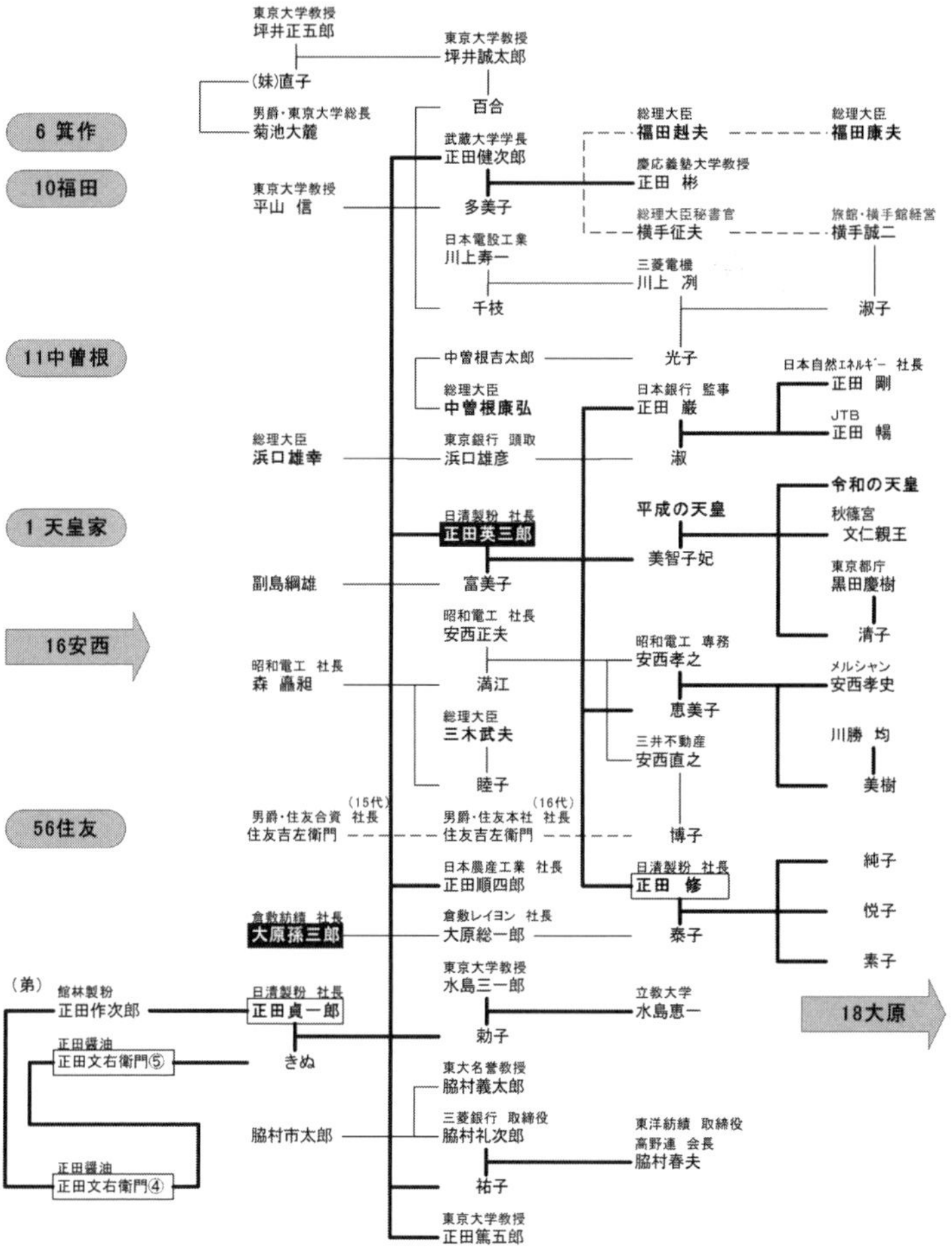

18. 大原孫三郎／倉敷で陰口を言ったら殴られる①

美智子上皇妃の実弟・正田《しょうだ》修《おさむ》夫人は、社会事業や美術にも造詣が深い財界人・**大原《おおはら》孫三郎《まごさぶろう》**（一八八〇～一九四三）の孫娘にあたる。

大原家は岡山県倉敷市の名門家系で、明治期に倉敷紡績所（倉敷紡績を経て、現・クラボウ）、倉敷銀行（現・中国銀行）が設立されると、**大原孝四郎**（一八三三～一九一〇）がそのトップに推された。孝四郎の子・大原孫三郎は、両社の経営にいそしむ傍ら、労働問題・社会問題に心を寄せ、大原美術館を設立した。孫三郎の長男・**大原総一郎**（一九〇九～一九六八）は倉敷レイヨン（現・クラレ）社長として同社躍進の基礎を築いた。

そのためもあって、地元での大原家の好感度はバツグンで、昔から「この倉敷で犬養さんや大原さんの陰口を利いたら撲《なぐ》られる」といわれるほどだった。ただ、戦後にもなれば、大原家の跡取り息子だからといって、無条件に社長に据えるわけにもいかない。総一郎の長男・**大原謙一郎**（一九四〇～）は四二歳の若さで副社長に就任したが、中国銀行副頭取へ転出。その後、大原美術館の理事長に就任している。

18. 大原孫三郎／倉敷で陰口を言ったら殴られる①

18 大原孫三郎・総一郎／クラレ

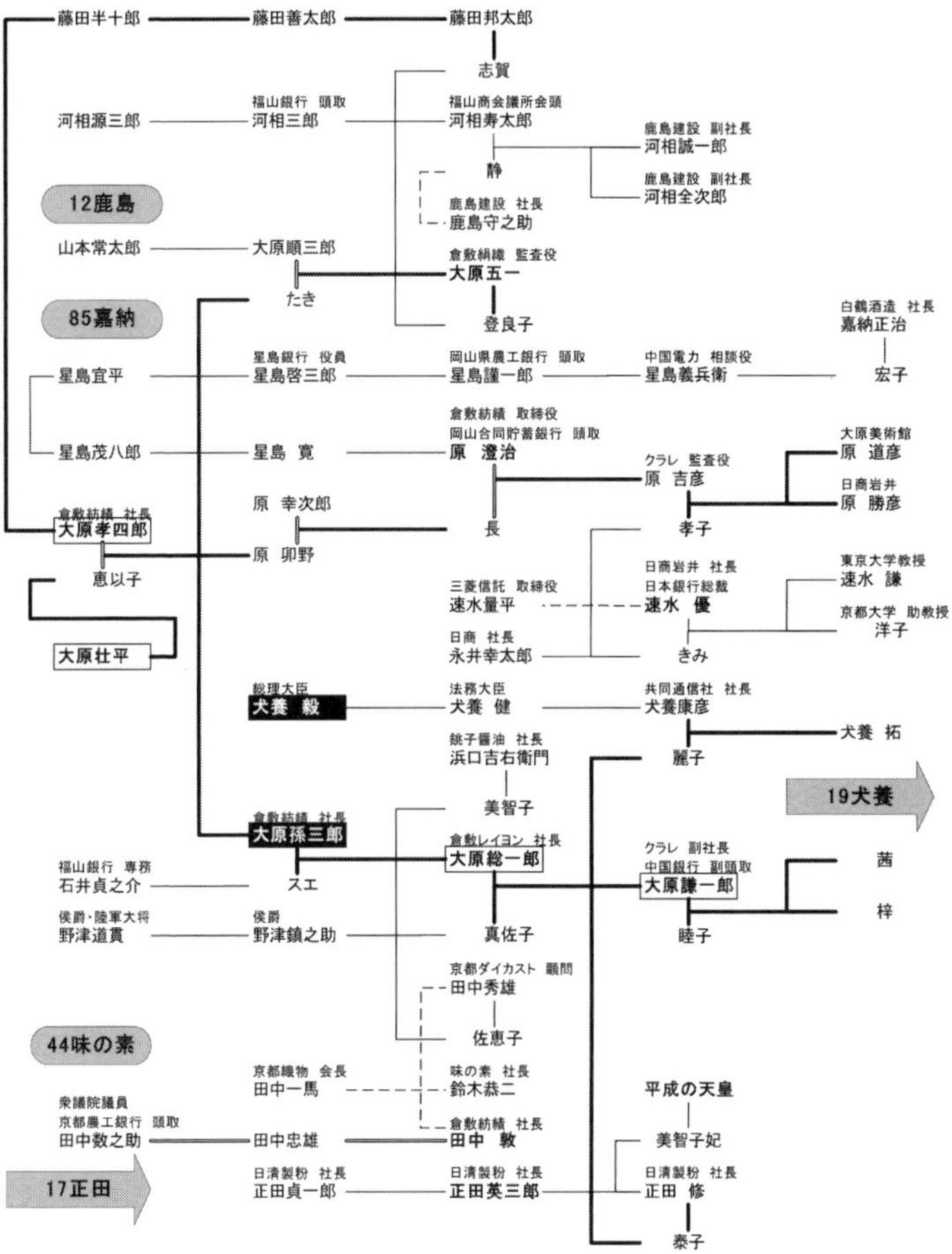

19. 犬養　毅／倉敷で陰口を言ったら殴られる②

「この倉敷で犬養さんや大原さんの陰口を利いたら撲《なぐ》られる」といわれるほどだから、この両家が姻戚関係を結ぶのは自然の成り行きだろう。大原孫三郎の孫娘が総理大臣・**犬養《いぬかい》毅《つよし》**（一八五五〜一九三二）の孫と結婚している。

犬養毅は備中庭瀬《びっちゅうにわせ》（岡山市北区）藩士の子として生まれ、新聞社に入社し、自由民権運動に身を投じて少数野党を転々として政界を引退。政友党総裁の急死によって、急遽後継首班に指名され、岡山県人初の総理大臣となり、五・一五事件で暗殺された。

明治の元勲の二世は意外に政界に身を置かなかったが、政党出身者の総理大臣の子は議員を世襲するものが多い。犬養毅の子・**犬養健《たける》**（一八九六〜一九六〇）も衆議院議員に当選し、吉田茂内閣で法務大臣となり、指揮権発動で辞任。政界からの引退を余儀なくされた。妾腹の子・安藤和津《あんどうかづ》のタレント活動で有名になっちゃった側面もある。犬養一族は文学・芸能関係で名を成した人物が多い。意外なところでは、日本初の国連難民高等弁務官・緒方貞子が犬養毅の曾孫にあたる。

19 犬養 毅／総理大臣

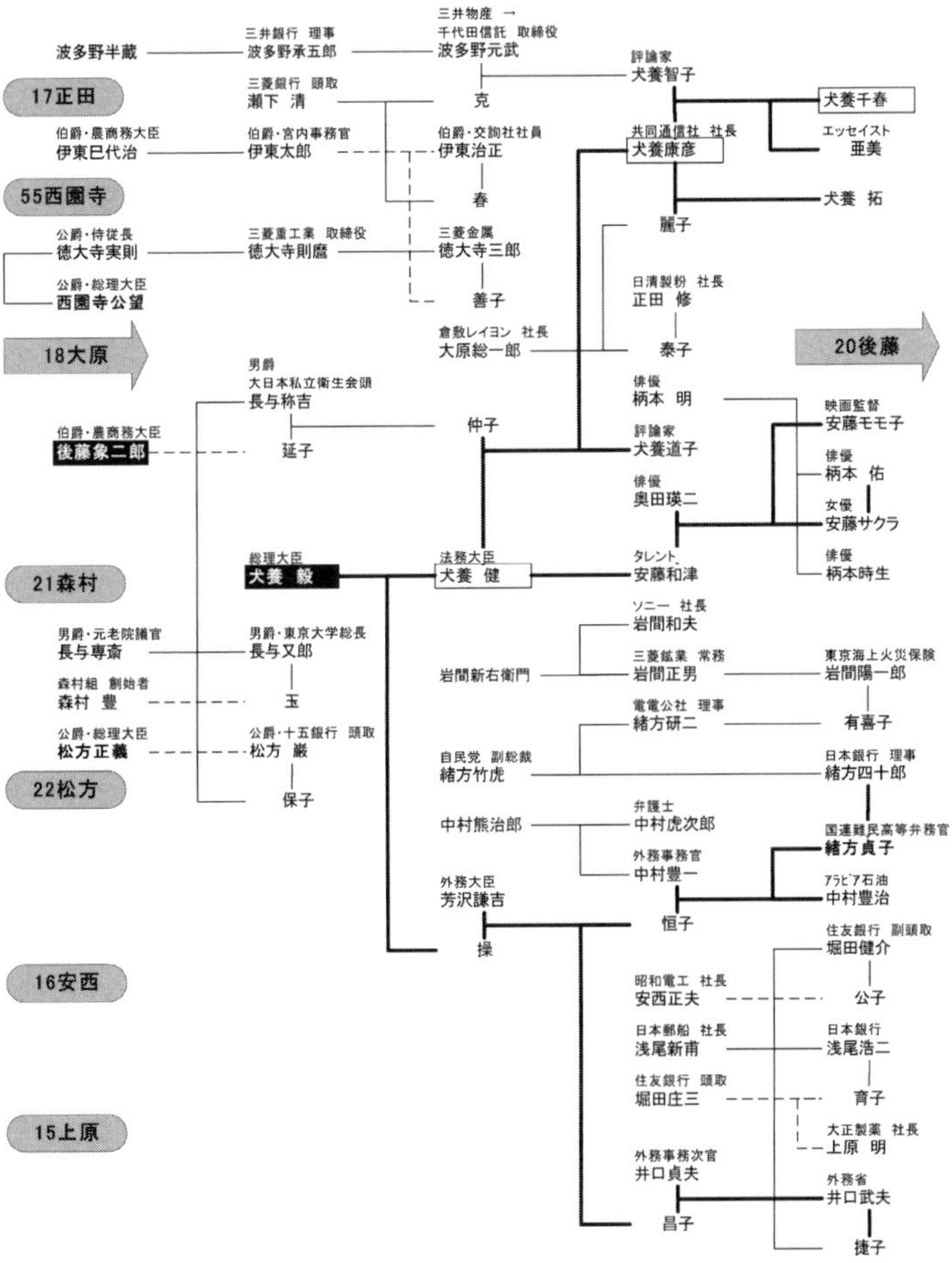

波多野半蔵
三井銀行 理事
波多野承五郎
三井物産 →
千代田信託 取締役
波多野元武
評論家
犬養智子
17正田
三菱銀行 頭取
瀬下 清
克
犬養千春
エッセイスト
亜美
伯爵・農商務大臣
伊東巳代治
伯爵・宮内事務官
伊東太郎
伯爵・交詢社社員
伊東治正
共同通信社 社長
犬養康彦
55西園寺
春
犬養 拓
麗子
公爵・侍従長
徳大寺実則
三菱重工業 取締役
徳大寺則麿
三菱金属
徳大寺三郎
公爵・総理大臣
西園寺公望
善子
日清製粉 社長
正田 修
18大原
倉敷レイヨン 社長
大原総一郎
泰子
20後藤
男爵
大日本私立衛生会頭
長与称吉
俳優
柄本 明
伯爵・農商務大臣
後藤象二郎
仲子
延子
映画監督
安藤モモ子
評論家
犬養道子
俳優
柄本 佑
俳優
奥田瑛二
女優
安藤サクラ
総理大臣
犬養 毅
法務大臣
犬養 健
タレント
安藤和津
21森村
俳優
柄本時生
ソニー 社長
岩間和夫
男爵・元老院議官
長与専斎
男爵・東京大学総長
長与又郎
岩間新右衛門
三菱鉱業 常務
岩間正男
東京海上火災保険
岩間陽一郎
森村組 創始者
森村 豊
玉
電電公社 理事
緒方研二
有喜子
公爵・総理大臣
松方正義
公爵・十五銀行 頭取
松方 巌
自民党 副総裁
緒方竹虎
日本銀行 理事
緒方四十郎
22松方
保子
中村熊治郎
弁護士
中村虎次郎
国連難民高等弁務官
緒方貞子
外務事務官
中村豊一
外務大臣
芳沢謙吉
アラビア石油
中村豊治
恒子
操
住友銀行 副頭取
堀田健介
16安西
昭和電工 社長
安西正夫
公子
日本郵船 社長
浅尾新甫
日本銀行
浅尾浩二
住友銀行 頭取
堀田庄三
育子
15上原
大正製薬 社長
上原 明
外務事務次官
井口貞夫
外務省
井口武夫
昌子
捷子

20. 後藤象二郎／スケールが大きすぎて現実に合わず

その犬養健の正妻が、明治維新で土佐藩を代表する**後藤象二郎**《しょうじろう》（一八三八～一八九七）の孫娘なのだ。

後藤象二郎は土佐藩の上級藩士に生まれ、叔父の土佐藩家老・吉田東洋《とうよう》が攘夷志士に暗殺されると、その遺志を継いで土佐藩の富国強兵を推進。長崎に出張して海外貿易を指揮（その放漫経営の尻ぬぐいに三菱財閥の創業者・岩崎弥太郎が派遣された）。脱藩浪人・坂本龍馬と交流を深め、龍馬が論ずる大政奉還論を容堂に吹き込み、その実現に尽力した。

象二郎は幕末維新では大物ぶりを発揮したが、明治維新後は高島炭鉱の経営に失敗するなど、豪快すぎる性格が仇となった。象二郎の娘が岩崎弥太郎の弟・弥之助に嫁いでいたが、弥太郎は象二郎への支援に消極的だったという。

孫の川添紫郎《かわぞえしろう》は渋谷でイタリア料理店「キャンティ」を経営して成功をおさめた。その子・川添象郎《しょうろう》は音楽プロデューサーとして、ＹＭＯや荒井由実（松任谷由実）、青山テルマなどのアーティストを手がけた。元妻は女優の風吹ジュンである。

20 後藤象二郎／土佐藩士・農商務大臣／伯爵

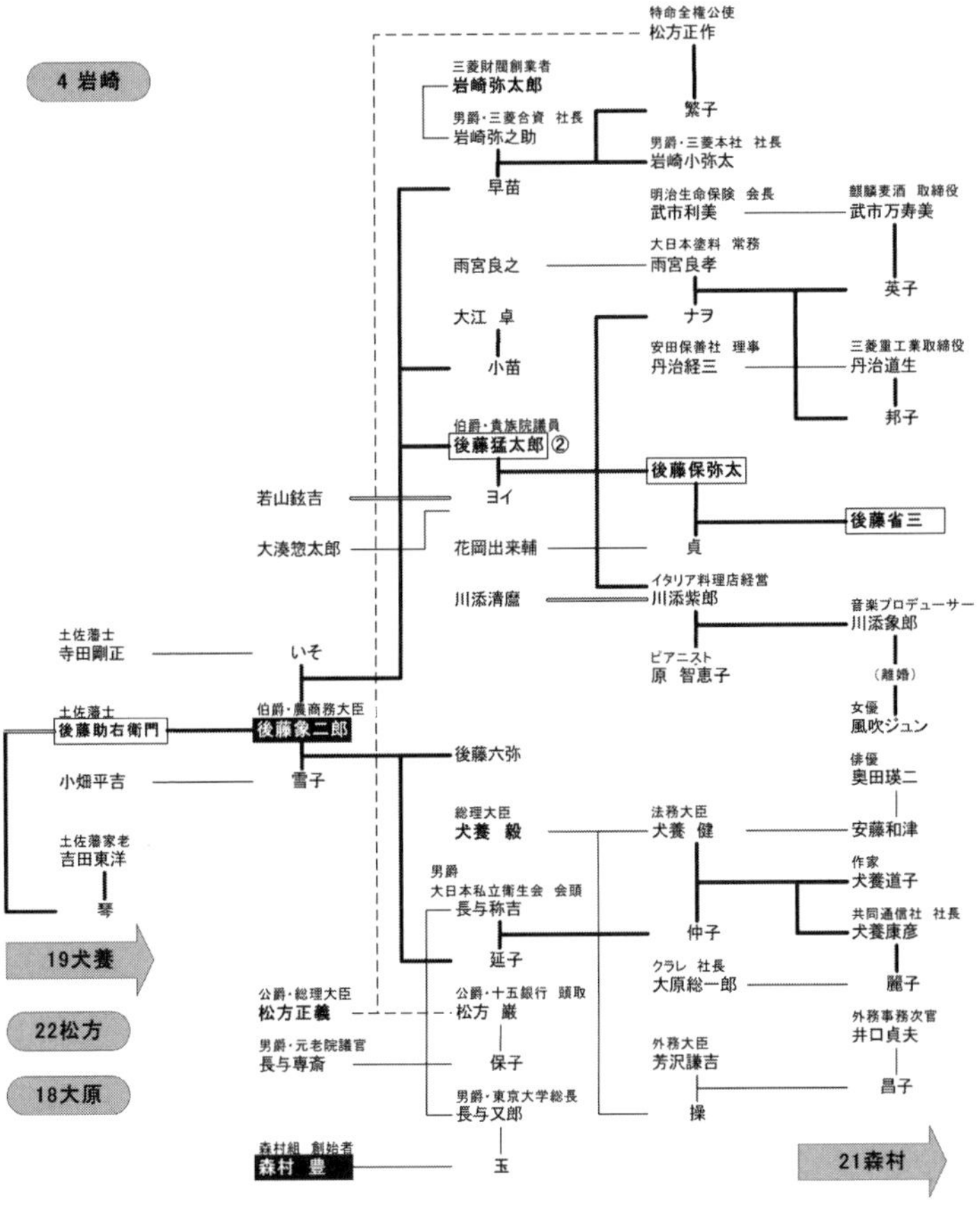
4 岩崎
特命全権公使
松方正作
三菱財閥創業者
岩崎弥太郎
男爵・三菱合資 社長
岩崎弥之助
繁子
男爵・三菱本社 社長
岩崎小弥太
早苗
明治生命保険 会長
武市利美
麒麟麦酒 取締役
武市万寿美
雨宮良之
大日本塗料 常務
雨宮良孝
英子
大江 卓
ナヲ
小苗
安田保善社 理事
丹治経三
三菱重工業取締役
丹治道生
邦子
伯爵・貴族院議員
後藤猛太郎 ②
後藤保弥太
若山鉉吉
ヨイ
後藤省三
大湊惣太郎
花岡出来輔
貞
イタリア料理店経営
川添清麿
川添紫郎
音楽プロデューサー
川添象郎
土佐藩士
寺田剛正
いそ
ピアニスト
原 智恵子
（離婚）
土佐藩士
後藤助右衛門
伯爵・農商務大臣
後藤象二郎
女優
風吹ジュン
後藤六弥
俳優
奥田瑛二
小畑平吉
雪子
総理大臣
犬養 毅
法務大臣
犬養 健
安藤和津
土佐藩家老
吉田東洋
作家
犬養道子
男爵
大日本私立衛生会 会頭
長与称吉
琴
共同通信社 社長
犬養康彦
仲子
19犬養
延子
麗子
クラレ 社長
大原総一郎
公爵・総理大臣
松方正義
公爵・十五銀行 頭取
松方 巌
外務事務次官
井口貞夫
22松方
外務大臣
芳沢謙吉
男爵・元老院議官
長与専斎
保子
昌子
18大原
男爵・東京大学総長
長与又郎
操
森村組 創始者
森村 豊
玉
21森村

21. 森村市左衛門／貿易商から陶器製造へ

後藤象二郎の四女は男爵・長与称吉《ながよしょうきち》夫人で、その弟・長与又郎《またろう》夫人が**森村豊**《とよ》（一八五四〜一八九九）の次女にあたる。

森村家は江戸京橋で代々続く馬具商で、四代目が土佐藩の御用商人になり、六代目・**森村市左衛門**（初名・市太郎、一八三九〜一九一九）の頃、土佐藩士の江戸潜伏に自邸を提供していた。その中の一人・板垣退助は洋式武具の国産化を提案。森村家は洋式馬具製造で巨利を儲けたが、贈賄を要求してくる陸軍省役人に嫌気がさし、貿易商に転身。異母弟の森村豊をニューヨークに派遣した。

豊は陶磁器に目を付け、アメリカ人の嗜好に合わせて国産品を製造・輸出することを思い立った。森村組は名古屋近郊に生産拠点を集約して生産効率を高め、愛知県愛知郡鷹場村大字則武《のりたけ》（現・名古屋市西区則武新町）に日本陶器《にほんとうき》合名会社（現・ノリタケカンパニーリミテド）を設立した。

市左衛門には男子がなく、総理大臣・松方正義の一二男・**森村義行**を婿養子に迎えた。

21 森村市左衛門／森村組／男爵

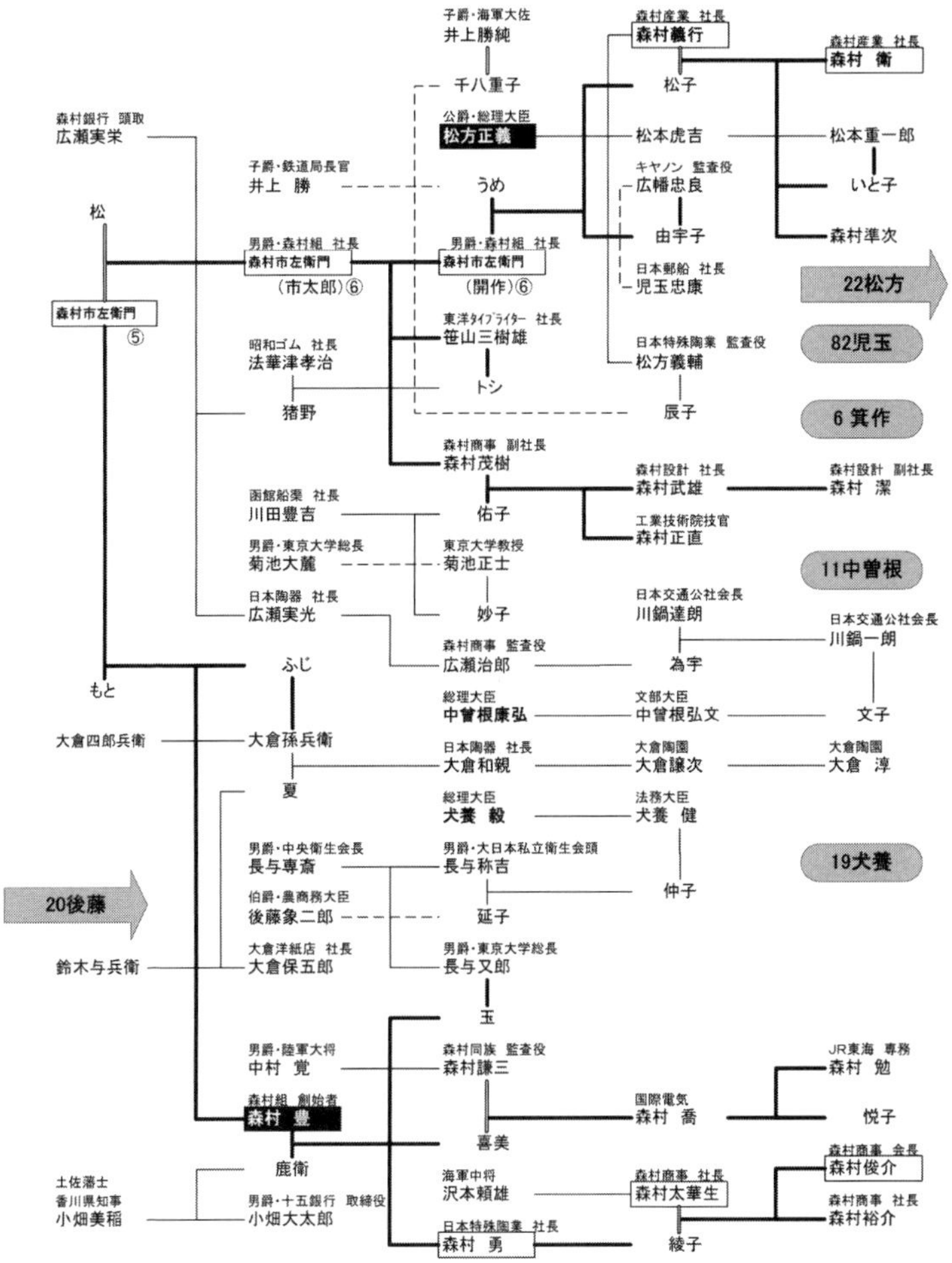

22. 松方正義／子どもが何人いたのか即答できない子沢山

松方正義（一八三五〜一九二四）は薩摩藩の下級藩士出身で、島津久光の側近として出世し、幕末は長崎で軍艦の買い付けなどにあたり、経済方面に詳しかった。明治政府では租税頭《そぜいのかみ》、大蔵大輔を歴任。地租改正・殖産興業政策を進め、大蔵卿として松方財政・松方デフレ政策を推進した。以後もたびたび蔵相を務めた。枢密顧問官、内大臣、総理大臣を務め、晩年は元老。薩閥の巨頭といわれた。

子沢山《こだくさん》で有名で、明治天皇から「子どもが何人いるのか」と訊かれて即答できず、「後日、調べた後、申し上げます」と回答した。そして、子どもたちはみんな優秀だった。

長男・松方巌は十五《じゅうご》銀行頭取。

四男・松方正雄は浪速《なにわ》銀行頭取、福徳生命保険・大福海上火災保険の社長等を歴任。

五男・松方五郎は川崎造船所を経て、東京自動車工業社長、日本エヤーブレーキ監査役。

八男・松方正熊《まさくま》は帝国製糖常務、北海道製糖社長等を務めた。

一〇男・松本虎吉は関西財界の大物・松本重太郎の養子。

一一男・森村義行は日本陶器の創業者・森村市左衛門の養子。

特に優秀だったのが、三男の**松方幸次郎**（一八六五～一九五〇）だ。幸次郎はエール大学、ソルボンヌ大学などで学び、一八九六年に川崎造船所（現・川崎重工業）社長に就任。川崎汽船を設立するなど、経営手腕を発揮した。また、美術品蒐集家としても有名で、一九一六年以来、渡欧して集めたヨーロッパ絵画、彫刻、浮世絵など膨大な美術品は「松方コレクション」と呼ばれ、それらを展示する国立西洋美術館が開設された。実兄の**松方巌**《いわお》（一八六二～一九四二）が十五銀行（現・三井住友銀行）頭取だったので、同行から多額の融資を引き出して事業拡大に努めたが、一九二〇年代後半の昭和恐慌で川崎造船所が経営不振に陥り、十五銀行が破綻してしまう。

旧主・島津家はかなりの資産を川崎造船所グループと十五銀行の株式投資に振り当てていたため、両社の破綻は島津家の財政をも揺るがし、不動産や書画骨董の売却を余儀なくされた。松方巌は旧主・島津家に迷惑をかけたことを恥じ、公爵を返上した。

なお、巌の養子・**松方三郎**（一八九九～一九七三）は松方正義の一三男で、登山家、ジャーナリストとしても知られる。

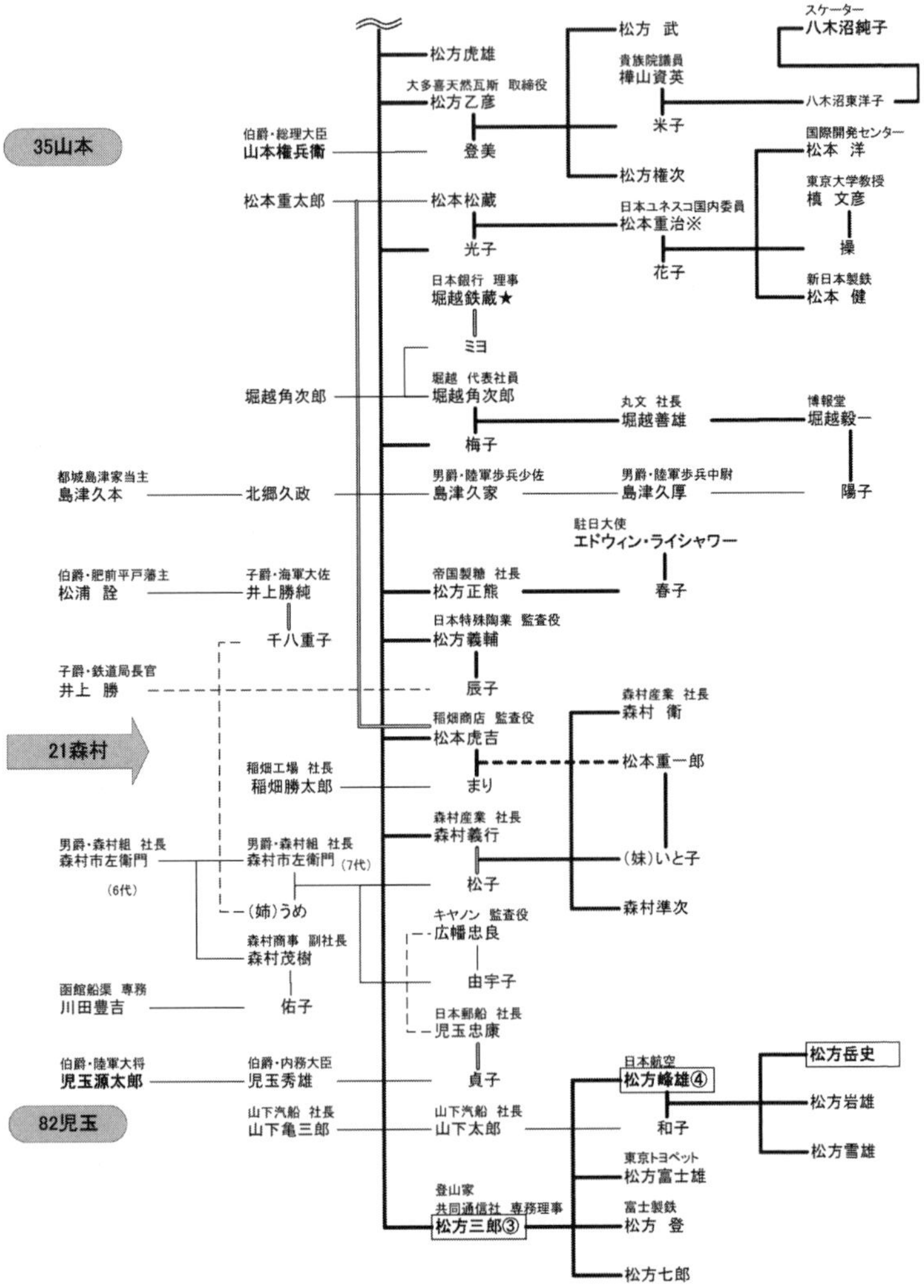
35山本
21森村
82児玉
松方虎雄
大多喜天然瓦斯 取締役
松方乙彦
伯爵・総理大臣
山本權兵衛
登美
松方 武
貴族院議員
樺山資英
米子
松方権次
スケーター
八木沼純子
八木沼東洋子
国際開発センター
松本 洋
東京大学教授
槇 文彦
操
新日本製鉄
松本 健
松本重太郎
松本松蔵
光子
日本ユネスコ国内委員
松本重治※
花子
日本銀行 理事
堀越鉄蔵★
ミヨ
堀越角次郎
堀越 代表社員
堀越角次郎
梅子
丸文 社長
堀越善雄
博報堂
堀越毅一
陽子
都城島津家当主
島津久本
北郷久政
男爵・陸軍歩兵少佐
島津久家
男爵・陸軍歩兵中尉
島津久厚
駐日大使
エドウィン・ライシャワー
春子
伯爵・肥前平戸藩主
松浦 詮
子爵・海軍大佐
井上勝純
千八重子
帝国製糖 社長
松方正熊
日本特殊陶業 監査役
松方義輔
辰子
子爵・鉄道局長官
井上 勝
稲畑商店 監査役
松本虎吉
まり
稲畑工場 社長
稲畑勝太郎
森村産業 社長
森村 衛
松本重一郎
森村産業 社長
森村義行
松子
(妹)いと子
森村準次
男爵・森村組 社長
森村市左衛門
(6代)
男爵・森村組 社長
森村市左衛門
(7代)
(姉)うめ
森村商事 副社長
森村茂樹
キヤノン 監査役
広幡忠良
由宇子
函館船渠 専務
川田豊吉
佑子
日本郵船 社長
児玉忠康
伯爵・陸軍大将
児玉源太郎
伯爵・内務大臣
児玉秀雄
貞子
山下汽船 社長
山下亀三郎
山下汽船 社長
山下太郎
日本航空
松方峰雄④
和子
松方岳史
松方岩雄
松方雪雄
東京トヨペット
松方富士雄
登山家
共同通信社 専務理事
松方三郎③
富士製鉄
松方 登
松方七郎

22. 松方正義／子どもが何人いたのか即答できない子沢山

22 松方正義／総理大臣・薩摩藩士／公爵

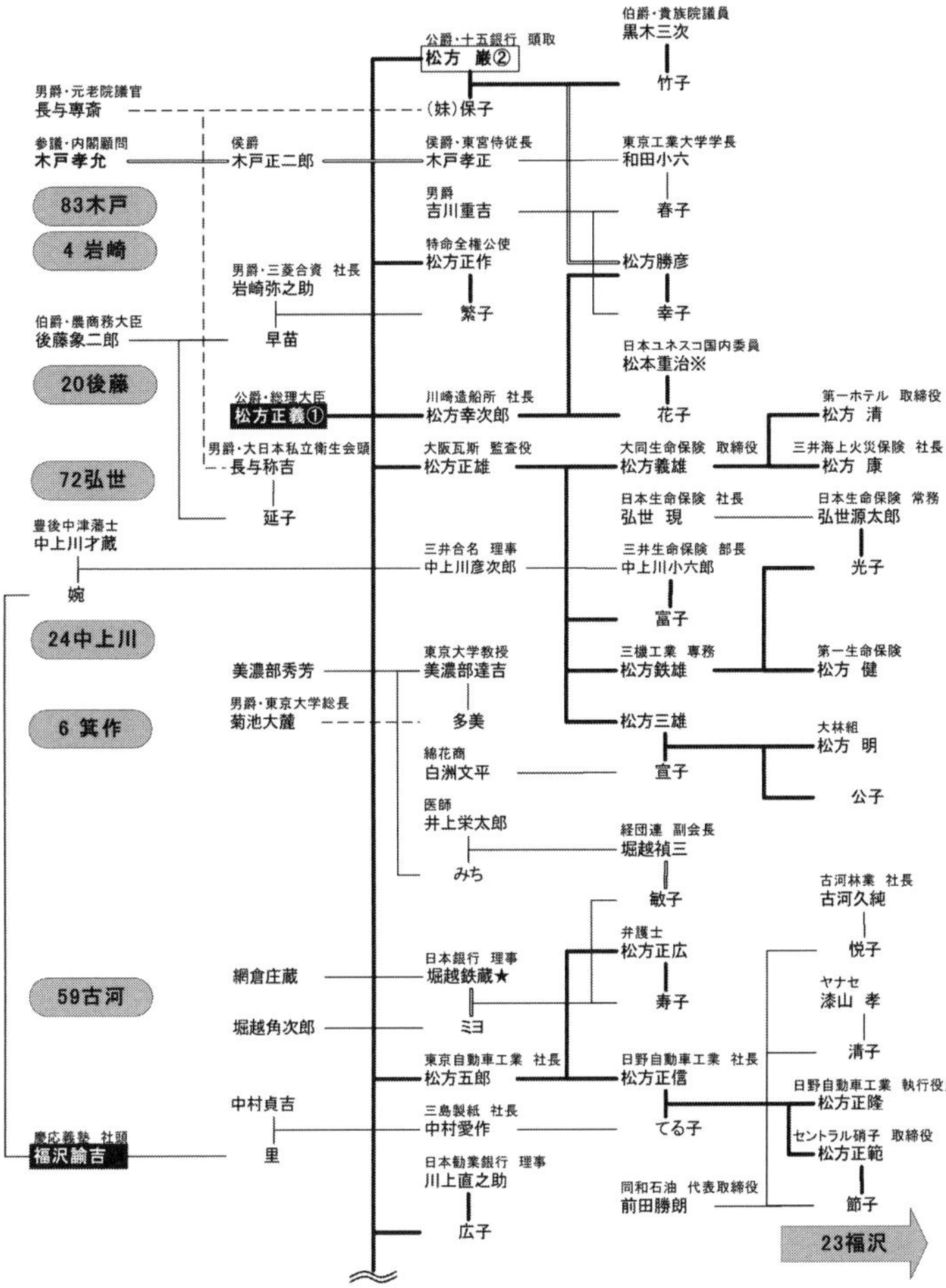

23・福沢諭吉／福沢一族は三菱系が多い。ただし、甥は三井の重役

松方正義の孫が**福沢諭吉**《ふくざわゆきち》（一八三五〜一九〇一）の曾孫と結婚している。両人は子沢山《こだくさん》で、みな優秀なので、閨閥を作っていたら、たまたまこの組み合わせになったという感じである。

福沢諭吉は豊後《ぶんご》中津藩大坂藩邸で生まれた。長崎および大坂の適塾《てきじゅく》で学問を学び、適塾塾頭ののち、築地の中津藩中屋敷で蘭学塾（現・慶応義塾大学）を開く。咸臨丸による渡米に随行。幕府翻訳方、遣欧使節随員、外国奉行翻訳御用頭取を歴任し、一八六八（慶応四）年に塾を慶応義塾と改称。時事新報社《じじしんぽうしゃ》、交詢社《こうじゅんしゃ》を創設。東京府会議員、東京学士会院初代会長。著書に『学問のすすめ』『福翁自伝』『西洋事情』等がある。

四男五女にめぐまれ、長男・**福沢一太郎**《いちたろう》は慶応義塾塾頭、次男・**福沢捨次郎**《すてじろう》は時事新報社社長と父の跡を継いだ。福沢諭吉は三菱を高く評価していたせいか、一族には三菱グループ企業に就職するものが多く、曾孫・**福沢武**《たけし》は三菱地所社長を務めている。ただし、甥の中上川彦次郎《なかみがわひこじろう》が三井財閥に招聘され、その一族は三井関係者が多い。

23. 福沢諭吉／福沢一族は三菱系が多い。ただし、甥は三井の重役

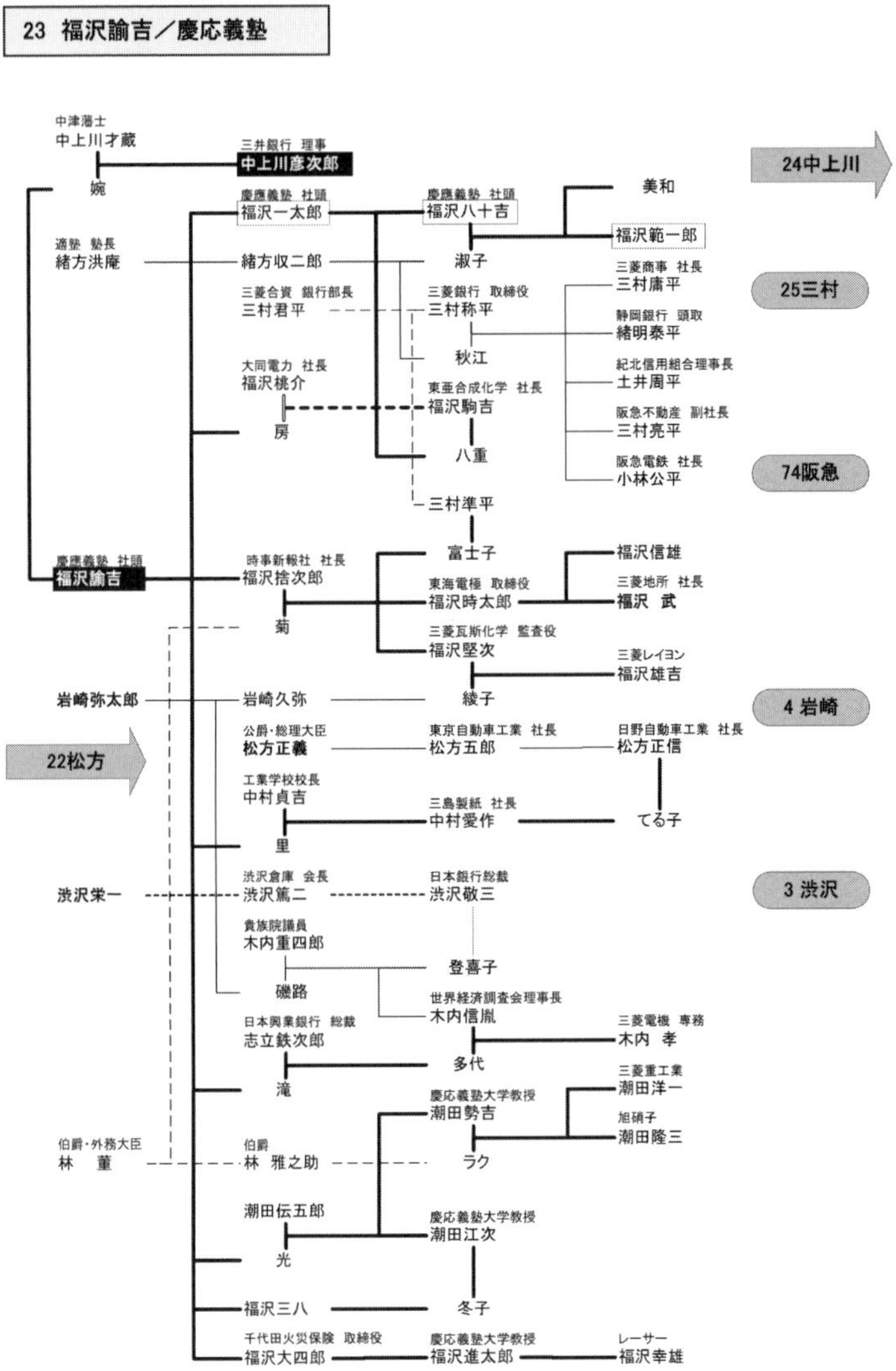
23 福沢諭吉／慶応義塾
中津藩士
中上川才蔵
三井銀行 理事
中上川彦次郎
24中上川
婉
慶應義塾 社頭
福沢一太郎
慶應義塾 社頭
福沢八十吉
美和
福沢範一郎
適塾 塾長
緒方洪庵
緒方収二郎
淑子
三菱商事 社長
三村庸平
25三村
三菱合資 銀行部長
三村君平
三菱銀行 取締役
三村称平
静岡銀行 頭取
緒明泰平
秋江
紀北信用組合理事長
土井周平
大同電力 社長
福沢桃介
東亜合成化学 社長
福沢駒吉
阪急不動産 副社長
三村亮平
房
八重
阪急電鉄 社長
小林公平
74阪急
三村準平
富士子
福沢信雄
慶應義塾 社頭
福沢諭吉
時事新報社 社長
福沢捨次郎
東海電極 取締役
福沢時太郎
三菱地所 社長
福沢 武
菊
三菱瓦斯化学 監査役
福沢堅次
三菱レイヨン
福沢雄吉
岩崎弥太郎
岩崎久弥
綾子
4 岩崎
公爵・総理大臣
松方正義
東京自動車工業 社長
松方五郎
日野自動車工業 社長
松方正信
22松方
工業学校校長
中村貞吉
三島製紙 社長
中村愛作
てる子
里
渋沢倉庫 会長
渋沢篤二
日本銀行総裁
渋沢敬三
渋沢栄一
3 渋沢
貴族院議員
木内重四郎
登喜子
磯路
世界経済調査会理事長
木内信胤
日本興業銀行 総裁
志立鉄次郎
三菱電機 専務
木内 孝
多代
三菱重工業
潮田洋一
滝
慶応義塾大学教授
潮田勢吉
旭硝子
潮田隆三
伯爵・外務大臣
林 董
伯爵
林 雅之助
ラク
潮田伝五郎
慶応義塾大学教授
潮田江次
光
福沢三八
冬子
千代田火災保険 取締役
福沢大四郎
慶応義塾大学教授
福沢進太郎
レーサー
福沢幸雄

24. 中上川彦次郎／福沢諭吉の甥。経営不振の三井財閥を再建

中上川彦次郎《なかみがわひこじろう》（一八五四〜一九〇一）は福沢諭吉の甥にあたる。イギリスに留学中に井上馨に認められ、その推挙で官界に入ったが、のち退官し、時事新報社（現・毎日新聞社）社長、山陽鉄道（現・JR西日本）社長を経て、再び井上の推挙で三井銀行（現・三井住友銀行）副長（三井財閥の職制は解りづらいが、当時の三井財閥の事実上のトップ）として招聘された。彦次郎は、不況で経営不振に陥った三井銀行の再建を任されると、学卒者を大量に採用して、政官界との癒着で発生した債権の回収と事業改革を断行。三井の工業化を推し進めたが、三井同族の反感が強く、不遇のうちに死去した。

彦次郎の長女は、三井銀行に勤める**池田成彬**《せいひん》（一八六七〜一九五〇）と結婚。池田は三井銀行筆頭常務（銀行の事実上のトップ）から三井合名会社筆頭常務（三井財閥の事実上のトップ）に選出され、退社後に日本銀行総裁、大蔵大臣を務めた。また、彦次郎の右腕として活躍した**藤山雷太**《ふじやまらいた》（一八六三〜一九三八）は妻の義弟、**朝吹英二**《あさぶきえいじ》（一八四九〜一九一八）は妹の夫である。

24. 中上川彦次郎／福沢諭吉の甥。経営不振の三井財閥を再建

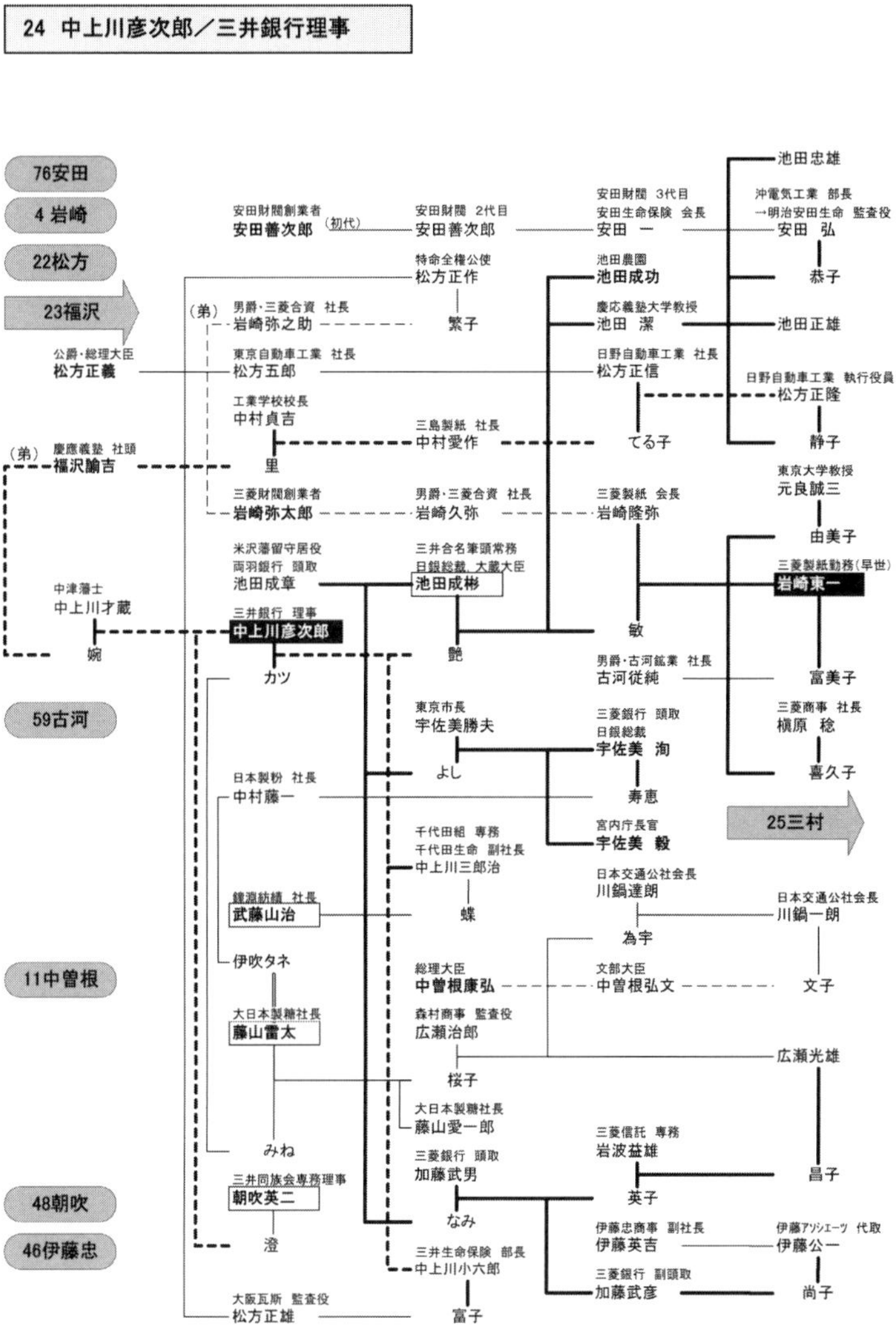

25. 三村庸平／四代にわたる三菱マン

例によって（本書では説明するのが難しいくらいの遠縁を紹介する時にこの表現を使う）、中上川彦次郎の遠縁に三菱商事社長・**三村庸平**《みむらようへい》（一九一七～二〇〇六）がいる。

三菱銀行（現・三菱ＵＦＪ銀行）の母体は豊後臼杵《うすき》藩士が設立した第百十九国立銀行である。この銀行が経営難に陥ったので、旧臼杵藩士で三菱重役だった荘田平五郎《しょうだへいごろう》を介して三菱財閥で引き取ってもらったのだ。旧臼杵藩士で庸平の祖父の**三村君平**《みむらくんぺい》（一八五五～一九二〇）が三菱合資会社の初代銀行部長に就任。君平の長男・**三村称平**《みむらしょうへい》（一八八七～？）も三菱銀行取締役、麒麟麦酒《キリンビール》の監査役・常務を務めた。

三村称平は五男をもうけたが、その閨閥と出世ぶりがすごい。長男の三村庸平は三菱商事社長で、息子二人も三菱系企業に勤め、次男の妻から森永製菓の松崎家に繋がる。次男・緒明泰平《おあきたいへい》は静岡銀行頭取で、夫人は西郷隆盛の曾孫。女婿から古河財閥に繋がる。三男・土井周平は女婿から福岡の安川・松本財閥に繋がる。四男・三村亮平は阪急不動産副社長、五男・小林公平は小林一三の養孫となり、阪急電鉄社長を務めた。

25 三村庸平／三菱商事

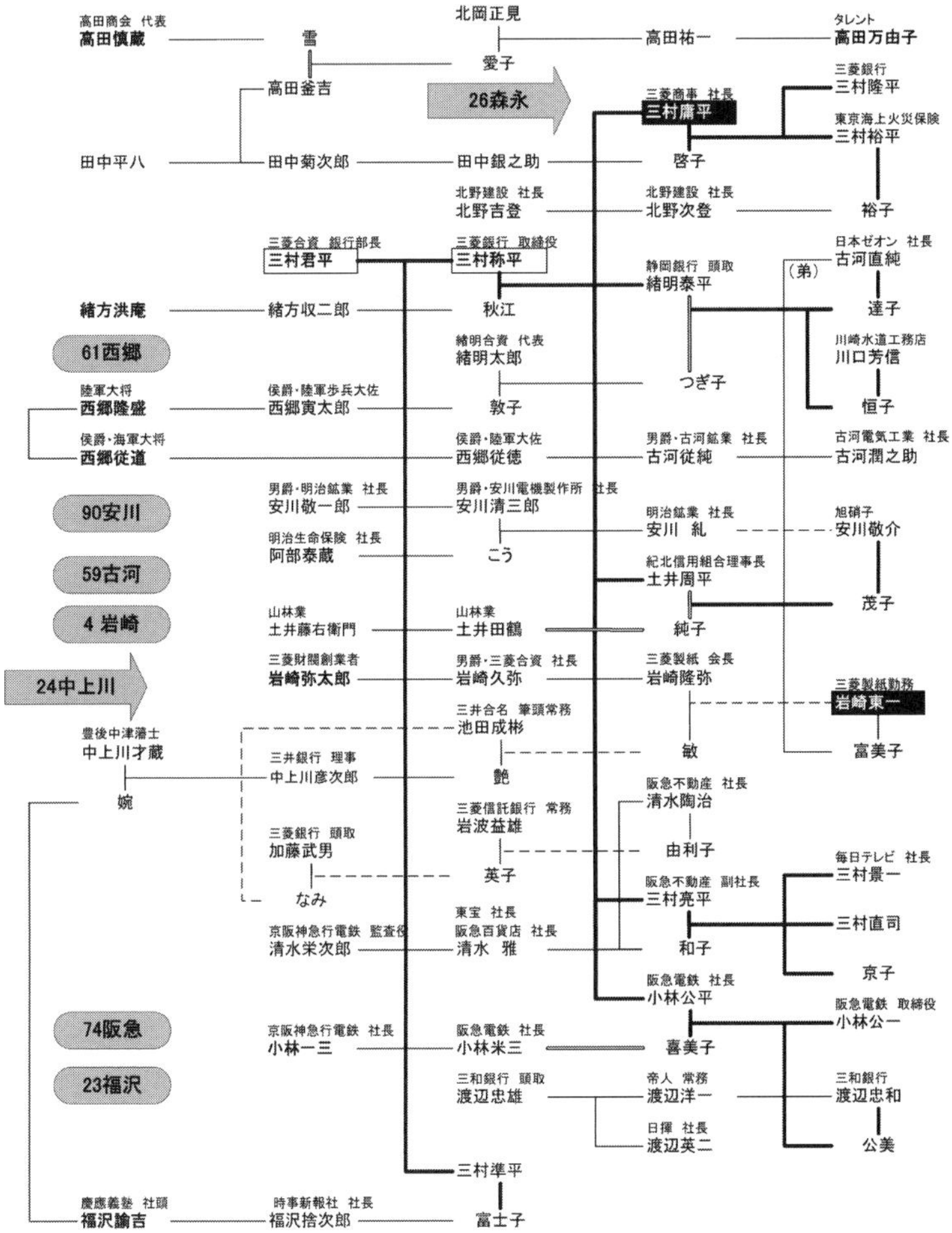

高田商会 代表
高田慎蔵
雪
高田釜吉
北岡正見
愛子
高田祐一
タレント
高田万由子
26森永
三菱商事 社長
三村庸平
三菱銀行
三村隆平
東京海上火災保険
三村裕平
田中平八
田中菊次郎
田中銀之助
啓子
北野建設 社長
北野吉登
北野建設 社長
北野次登
裕子
三菱合資 銀行部長
三村君平
三菱銀行 取締役
三村称平
静岡銀行 頭取
緒明泰平
日本ゼオン 社長
古河直純
（弟）
緒方洪庵
緒方収二郎
秋江
達子
61西郷
緒明合資 代表
緒明太郎
つぎ子
川崎水道工務店
川口芳信
陸軍大将
西郷隆盛
侯爵・陸軍歩兵大佐
西郷寅太郎
敦子
恒子
侯爵・海軍大将
西郷従道
侯爵・陸軍大佐
西郷従徳
男爵・古河鉱業 社長
古河従純
古河電気工業 社長
古河潤之助
90安川
男爵・明治鉱業 社長
安川敬一郎
男爵・安川電機製作所 社長
安川清三郎
明治鉱業 社長
安川 糺
旭硝子
安川敬介
明治生命保険 社長
阿部泰蔵
こう
59古河
紀北信用組合理事長
土井周平
茂子
4 岩崎
山林業
土井藤右衛門
山林業
土井田鶴
純子
24中上川
三菱財閥創業者
岩崎弥太郎
男爵・三菱合資 社長
岩崎久弥
三菱製紙 会長
岩崎隆弥
三菱製紙勤務
岩崎東一
三井合名 筆頭常務
池田成彬
豊後中津藩士
中上川才蔵
敏
富美子
三井銀行 理事
中上川彦次郎
艶
婉
阪急不動産 社長
清水陶治
三菱信託銀行 常務
岩波益雄
三菱銀行 頭取
加藤武男
由利子
英子
毎日テレビ 社長
三村景一
阪急不動産 副社長
三村亮平
なみ
東宝 社長
阪急百貨店 社長
清水 雅
京阪神急行電鉄 監査役
清水栄次郎
三村直司
和子
京子
阪急電鉄 社長
小林公平
阪急電鉄 取締役
小林公一
74阪急
京阪神急行電鉄 社長
小林一三
阪急電鉄 社長
小林米三
喜美子
23福沢
三和銀行 頭取
渡辺忠雄
帝人 常務
渡辺洋一
三和銀行
渡辺忠和
日揮 社長
渡辺英二
公美
三村準平
慶應義塾 社頭
福沢諭吉
時事新報社 社長
福沢捨次郎
富士子

26・森永太一郎／アッキー総理夫人の実家

三村庸平の次男の義叔父・北野袈裟造《けさぞう》が、森永製菓社長・**松崎《まつざき》昭雄《あきお》**（一九三一〜）の義弟にあたり、そこから同社を創業した森永家へと繋がっていく。

森永製菓の創業者・**森永《もりなが》太《た》一郎《いちろう》**（一八六五〜一九三七）は佐賀県の陶器問屋に生まれ、西洋菓子職人の修業のため渡米、帰国後、森永西洋菓子製造所（現・森永製菓）を設立し、マシュマロ・キャラメルの製造販売を開始した。

経営面から太一郎を助け、同社の二代目社長に就任したのが、昭雄の祖父・**松崎半三郎《はんざぶろう》**（一八七四〜一九六二）である。その縁で半三郎の孫・松崎昭雄と森永太一郎の孫娘が結婚したようだ。二人の間に生まれた長女・昭恵《あきえ》は、総理大臣・安倍晋三夫人として有名である。

電通に勤めていた昭恵の上司が晋三を紹介したのだが、昭恵は待ち合わせ場所に三〇分以上も遅刻した。「そんな女性はやめておけ」と忠告する人がいたが、晋三は以前良家の子女の会合で昭恵を見初《みそ》めており、「ボクの憧れの人なんです」と結婚に猛ダッシュしたという。電通上司の紹介は、安倍家の周到な根回しではないかと疑う次第である。

26 森永太一郎／森永製菓

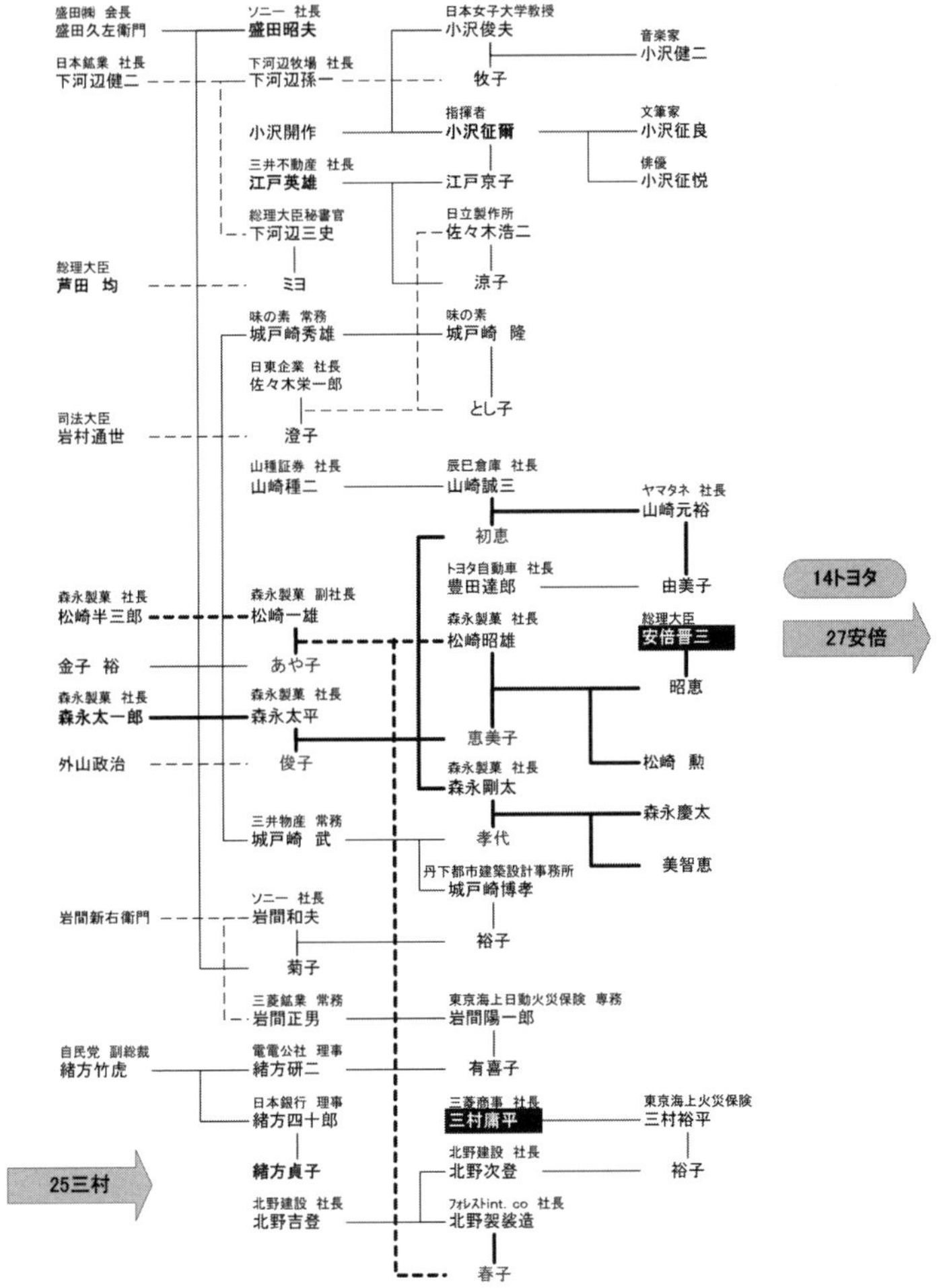

27. 安倍晋三／兄は岸信介の政敵の孫との結婚を阻止される

安倍晋三《あべしんぞう》（一九五四〜）は外務大臣・**安倍晋太郎**《あべしんたろう》の次男に生まれ、成蹊大学卒業後、神戸製鋼所に勤務。父の秘書官を務め、その選挙基盤を引き継いで衆議院議員に当選。自民党幹事長を経て、小泉純一郎《こいずみじゅんいちろう》の事実上の後継首班指名を受け、戦後最年少の五二歳で総理大臣に就任。母は総理大臣だった**岸信介**《きしのぶすけ》の長女・洋子。父よりも外祖父の影響を強く受けているといわれ、憲法改正に強い思いを抱くが、第一次内閣では持病の機能性胃腸障害の悪化により辞任を余儀なくされる。その五年後、民主党政権の瓦解によって自民党が政権復帰し、安倍晋三が総理大臣に再任され、第二次内閣を組閣。アベノミクスと呼ばれる経済政策の成功により、在任期間は歴代最長記録を記録した。新型コロナウイルスの世界的な流行の中、持病が再発して降板した。

晋三の長兄・安倍寛信《ひろのぶ》は三菱商事勤務で、社内恋愛の相手と結婚したいと母に打診したが、岸信介の政敵の孫だったため、「それだけはやめておくれ」といわれて断念。著名財界人・牛尾治朗《うしおじろう》の娘と結婚したという。なお、晋三の実弟・岸信夫《のぶお》が岸家を継いでいる。

27. 安倍晋三／兄は岸信介の政敵の孫との結婚を阻止される

27 安倍晋三／総理大臣

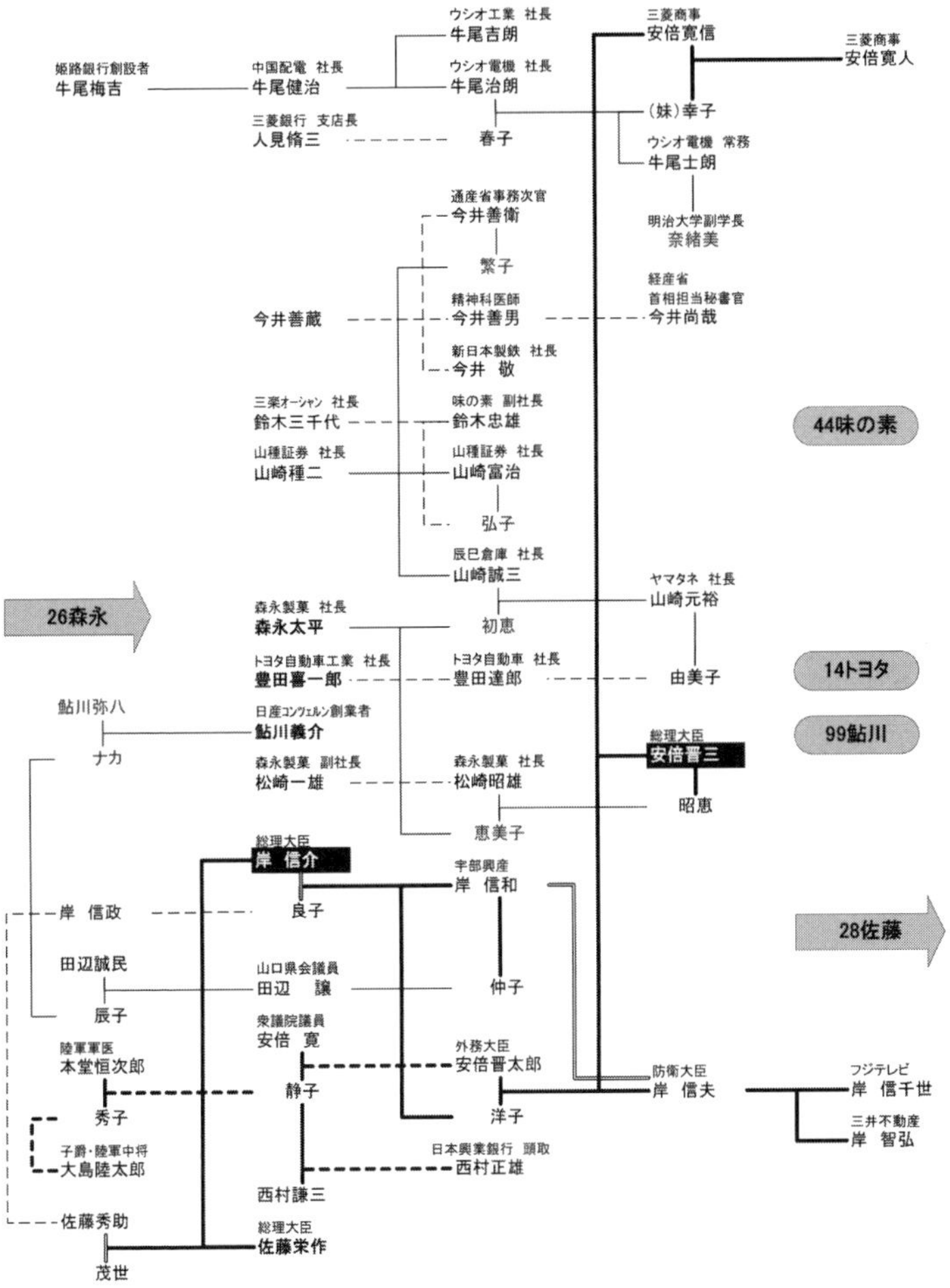

28. 岸 信介・佐藤栄作／苗字は違うが兄弟

岸信介《きしのぶすけ》（一八九六〜一九八七）と**佐藤栄作**《さとうえいさく》（一九〇一〜一九七五）。この二人、苗字は違うが兄弟だ。そしてともに婿養子だ。父・佐藤秀助は岸家から佐藤家に婿入りし、兄の信介が岸家を継ぎ、弟の栄作が佐藤家の本家を継いだ。

そして、ともに東京帝国大学卒のエリート官僚だ。兄・岸は農商務省（商工省、通産省を経て、現・経産省）に入省。商工省工務局長、商工事務次官をへて商工大臣に就任。満州支配に影響力があった「弐《に》キ参《さん》スケ」（東条英機、星野直樹、鮎川義介《あいかわよしすけ》、松岡洋右《ようすけ》、岸信介）の一人。A級戦犯となるが、解除後に衆議院議員に当選。総理大臣に就任し、日米安保条約を締結した。弟・佐藤は鉄道省（運輸省を経て、現・国交省）に入省。吉田茂にかわいがられ、運輸事務次官、官房長官を経て、総理大臣に就任。沖縄返還を実現し、ノーベル平和賞を受賞した。

「弐キ参スケ」の一人・松岡洋右は、佐藤栄作夫人の伯父にあたる。その子・松岡震三《しんぞう》の妻は旧皇族・伏見宮《ふしみのみや》家の血を引く華頂《かちょう》家から来ている。

28. 岸　信介・佐藤栄作／苗字は違うが兄弟

28 岸信介・佐藤栄作／総理大臣

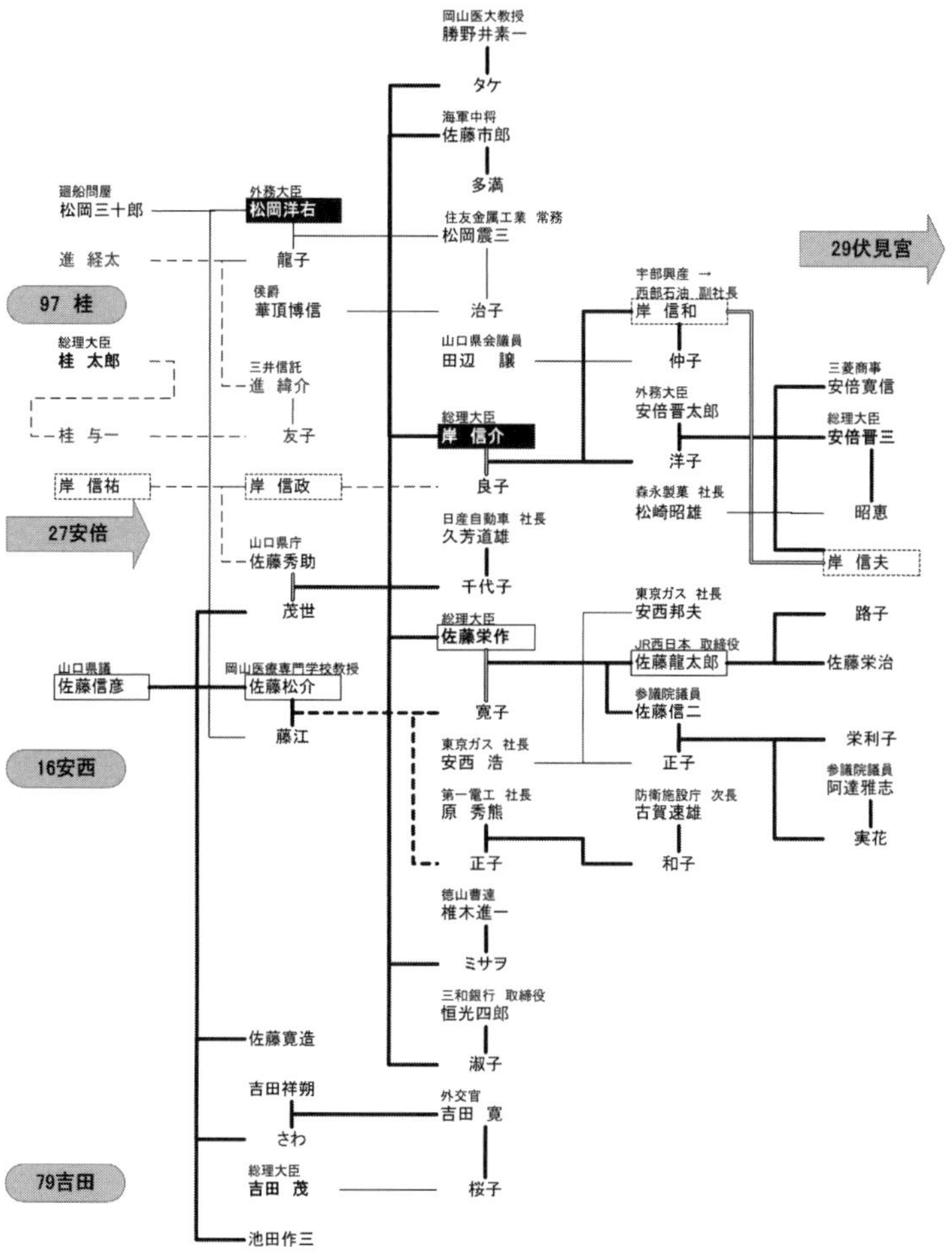

29. 伏見宮／現在まで残っている旧皇族はすべて伏見宮系

伏見宮家は北朝の三代目・崇光《すこう》天皇の第一皇子、**栄仁《よしひと》親王**（一三五一～一四一六）を祖とする。

幕末・明治期の一九代目・**伏見宮邦家《くにいえ》親王**（一八〇二～一八七二）は一七男一五女という子沢山《こだくさん》だった。伏見宮を名乗るのは継嗣だけなので、次男以下は久邇宮《くにのみや》、山階宮《やましなのみや》等の分家を立て、旧皇族を一躍激増させた張本人である（もちろん正室のみならず、側室が複数いたのだが）。

皇族といっても「親王」を名乗っているのは邦家親王の息子までで、孫以降は「王」である（例／伏見宮博恭王《ふしみのみやひろやす》）。余りに多いので、次男・三男以下は臣籍降下（皇族離脱）して、侯爵・伯爵に列している。旧皇族として有名な**竹田恒泰《たけだつねやす》**は、邦家親王の九男・北白川宮能久《きたしらかわのみやよしひさ》親王の庶長子である竹田宮恒久王《たけだのみやつねひさ》の曾孫にあたる。傍流の傍流だ。しかも、父・竹田恒和《つねかず》が三男なので、竹田宮家の嫡流ではない。ただし、明治天皇の血を引く四家の一つなので、その意味では希少性が高い名家と言えるだろう。

29. 伏見宮／現在まで残っている旧皇族はすべて伏見宮系

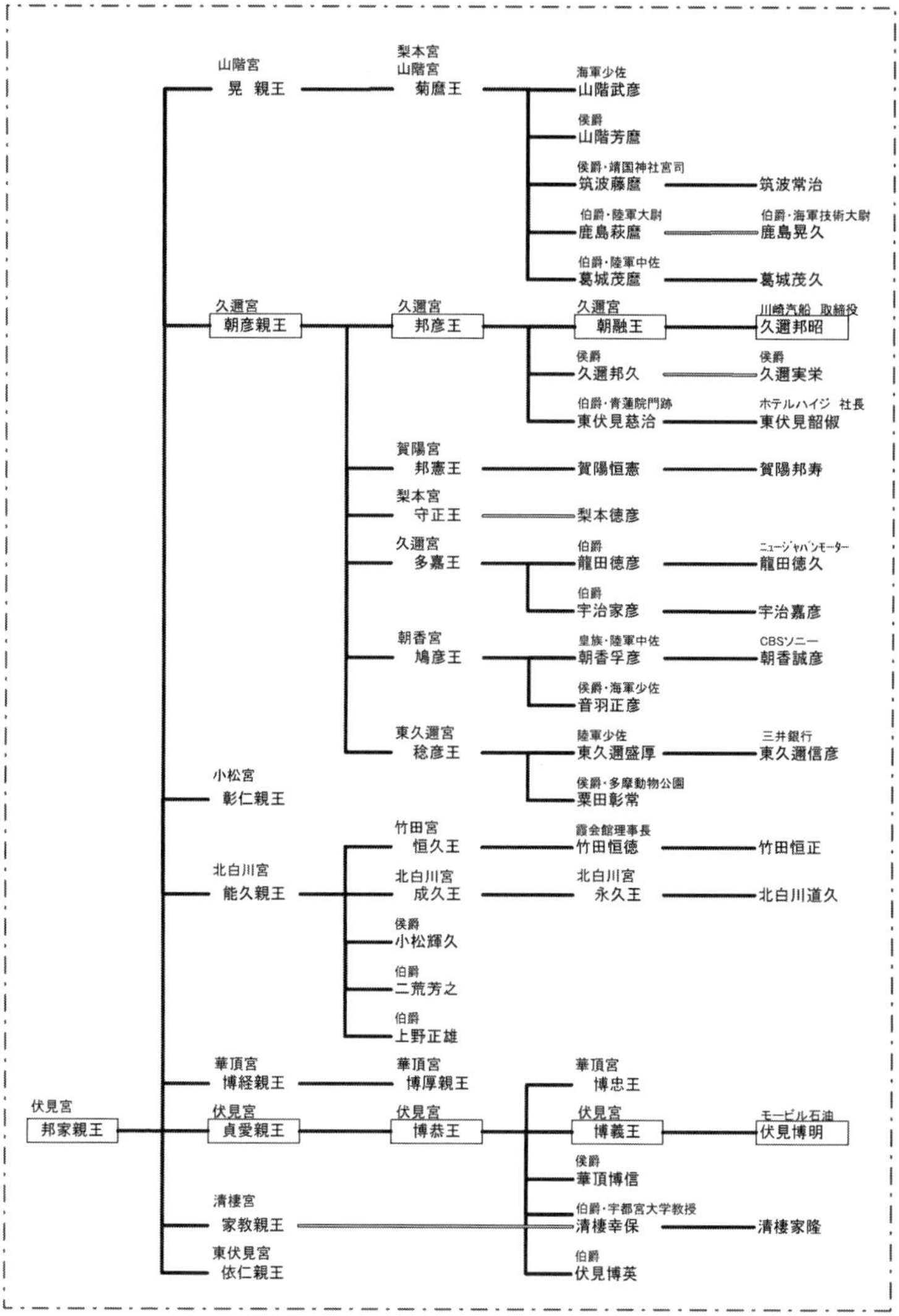

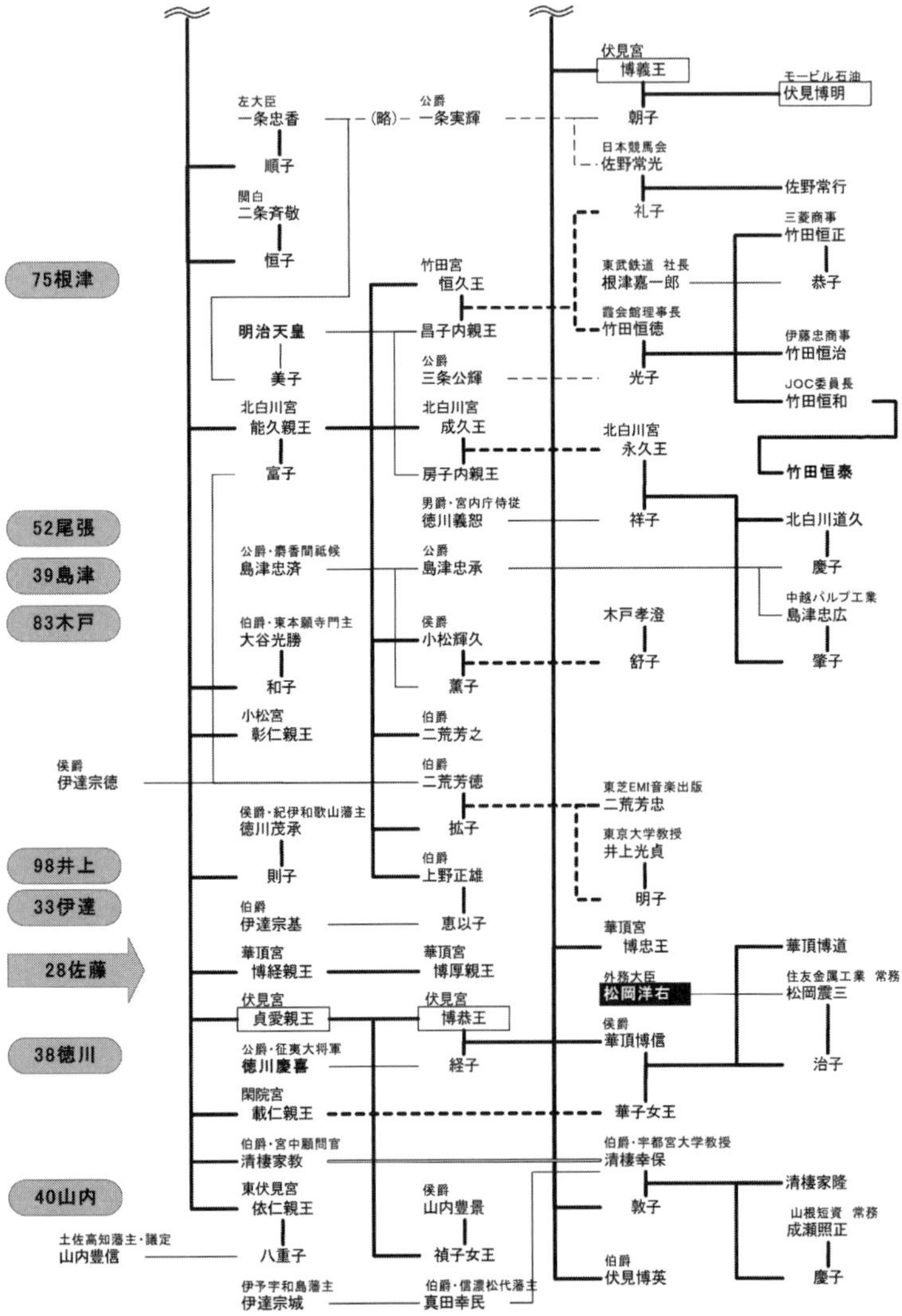
75根津
52尾張
39島津
83木戸
98井上
33伊達
28佐藤
38徳川
40山内
左大臣
一条忠香
(略)
公爵
一条実輝
順子
関白
二条斉敬
恒子
明治天皇
美子
北白川宮
能久親王
富子
公爵・麝香間祗候
島津忠済
伯爵・東本願寺門主
大谷光勝
和子
小松宮
彰仁親王
侯爵
伊達宗徳
侯爵・紀伊和歌山藩主
徳川茂承
則子
伯爵
伊達宗基
華頂宮
博経親王
伏見宮
貞愛親王
公爵・征夷大将軍
徳川慶喜
閑院宮
載仁親王
伯爵・宮中顧問官
清棲家教
東伏見宮
依仁親王
土佐高知藩主・議定
山内豊信
八重子
伊予宇和島藩主
伊達宗城
竹田宮
恒久王
昌子内親王
公爵
三条公輝
北白川宮
成久王
房子内親王
男爵・宮内庁侍従
徳川義恕
公爵
島津忠承
侯爵
小松輝久
薫子
伯爵
二荒芳之
伯爵
二荒芳徳
拡子
伯爵
上野正雄
恵以子
華頂宮
博厚親王
伏見宮
博恭王
経子
侯爵
山内豊景
禎子女王
伯爵・信濃松代藩主
真田幸民
伏見宮
博義王
朝子
日本競馬会
佐野常光
礼子
東武鉄道 社長
根津嘉一郎
霞会館理事長
竹田恒徳
光子
北白川宮
永久王
祥子
木戸孝澄
舒子
東芝EMI音楽出版
二荒芳忠
東京大学教授
井上光貞
明子
華頂宮
博忠王
外務大臣
松岡洋右
侯爵
華頂博信
華子女王
伯爵・宇都宮大学教授
清棲幸保
敦子
伯爵
伏見博英
モービル石油
伏見博明
佐野常行
三菱商事
竹田恒正
恭子
伊藤忠商事
竹田恒治
JOC委員長
竹田恒和
竹田恒泰
北白川道久
慶子
中越パルプ工業
島津忠広
肇子
華頂博道
住友金属工業 常務
松岡震三
治子
清棲家隆
山根短資 常務
成瀬照正
慶子

29. 伏見宮／現在まで残っている旧皇族はすべて伏見宮系

29 伏見宮／旧皇族

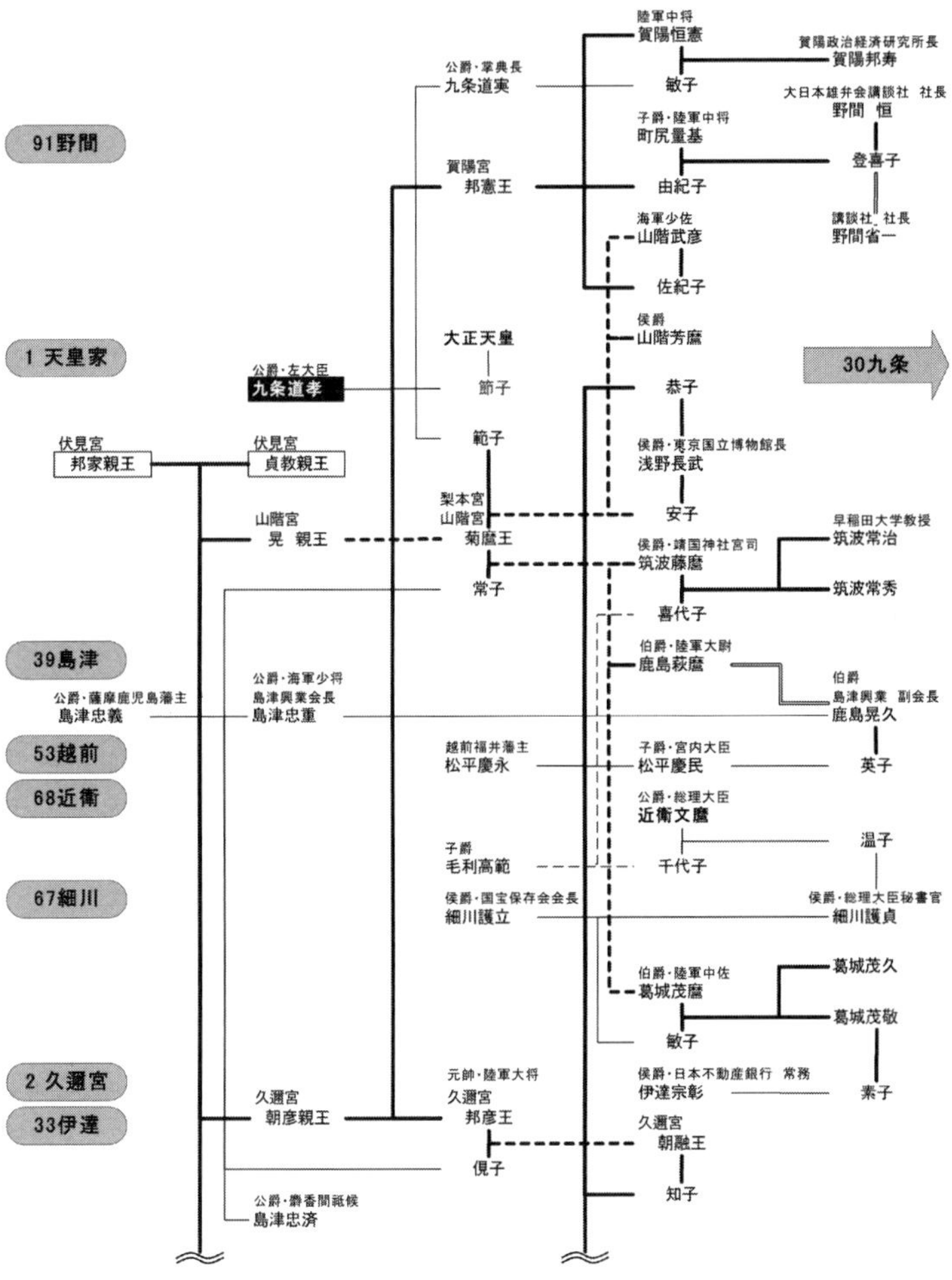

30. 九条家／昭和天皇の母の実家

九条家は「五摂家」の一つ。藤原忠通の三男・九条兼実《かねざね》を祖とし、京都九条に邸宅があったことから九条を家名とした。兼実は源頼朝と結びつくことで朝廷内での地位を固め、摂政・関白に就任。兼実の孫・九条道家は頼朝の姪を母に持ち、次男が二条家、三男が一条家を分立。四男・藤原頼経《ふじわらのよりつね》は鎌倉幕府の四代将軍となった。

幕末・明治初期の当主・**九条道孝**《みちたか》（一八三九〜一九〇六）は孝明天皇皇后・夙子《あさこ》（英《えい》照《しょう》皇太后）の兄で、明治天皇の信任が厚かった。その四女・節子《さだこ》は大正天皇の皇后（貞明《ていめい》皇后）となり、昭和天皇を生んだ。道孝の孫・**九条道秀**《みちひで》の次女が古谷鉱業勤務の古谷元佑《ふるたにもとすけ》と結婚しているが、元佑の父・古谷博美《ふるたにひろよし》は一九五一年度の長者番付で一位になっている新興成金である。道秀の嗣子・**九条道弘**《みちひろ》（一九三三〜二〇一七）は最終的に平安神宮宮司に就いているが、関西学院大学卒業後に就職したのは古谷鉱業のようだ。戦後の一時期に、九条家は古谷家から経済的な支援を受けていたのだろう。なお、道孝の甥の養子・二条弼基《にじょうたねもと》の娘が正力亨《しょうりきとおる》の義姉にあたる。

30 九条家／公家（摂家）／公爵

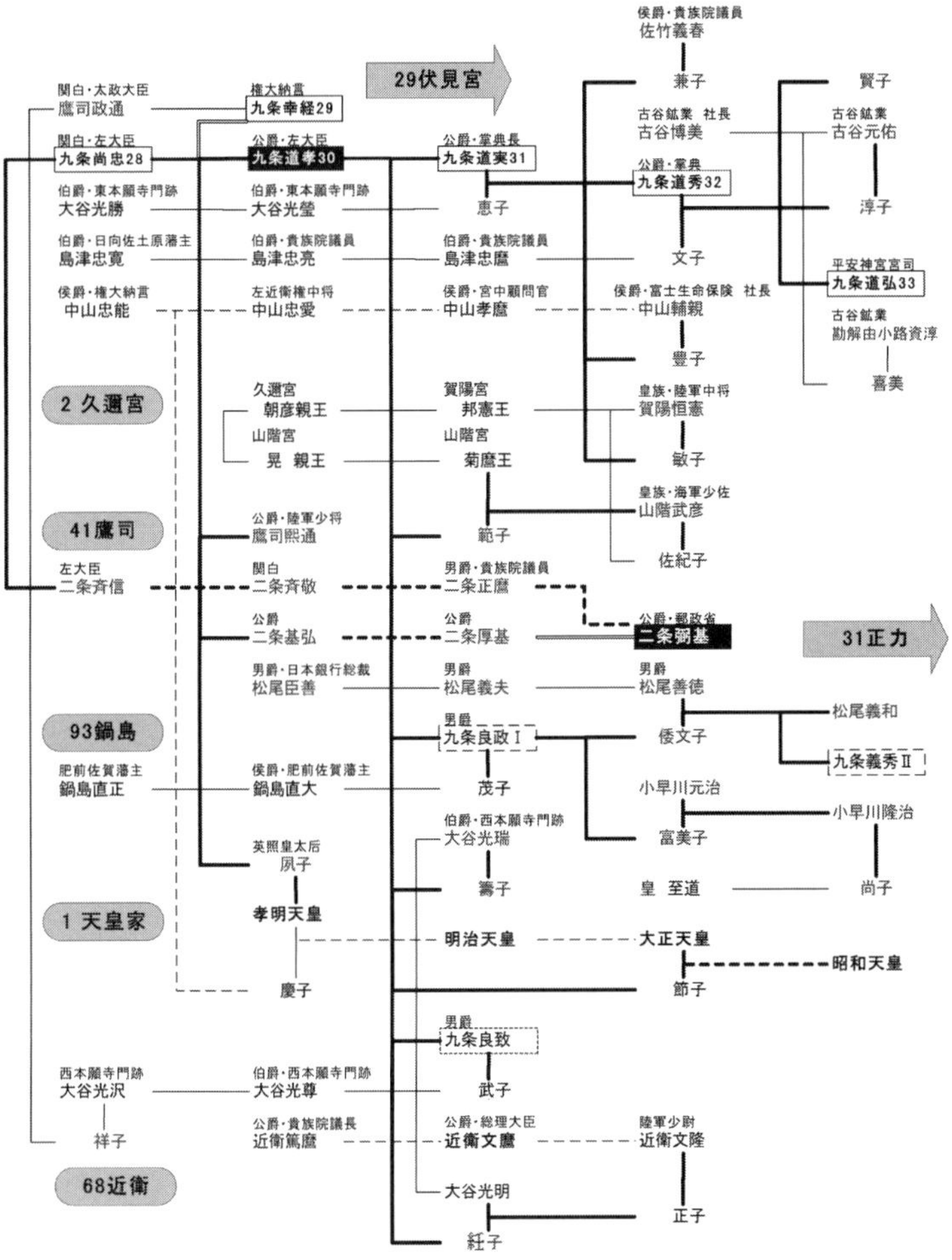

29伏見宮
関白・太政大臣
鷹司政通
権大納言
九条幸経29
関白・左大臣
九条尚忠28
公爵・左大臣
九条道孝30
公爵・掌典長
九条道実31
侯爵・貴族院議員
佐竹義春
兼子
賢子
古谷鉱業 社長
古谷博美
古谷鉱業
古谷元佑
公爵・掌典
九条道秀32
淳子
伯爵・東本願寺門跡
大谷光勝
伯爵・東本願寺門跡
大谷光瑩
恵子
伯爵・日向佐土原藩主
島津忠寛
伯爵・貴族院議員
島津忠亮
伯爵・貴族院議員
島津忠麿
文子
平安神宮宮司
九条道弘33
侯爵・権大納言
中山忠能
左近衛権中将
中山忠愛
侯爵・宮中顧問官
中山孝麿
侯爵・富士生命保険 社長
中山輔親
古谷鉱業
勘解由小路資淳
豊子
喜美
2 久邇宮
久邇宮
朝彦親王
賀陽宮
邦憲王
皇族・陸軍中将
賀陽恒憲
山階宮
晃 親王
山階宮
菊麿王
敏子
皇族・海軍少佐
山階武彦
41鷹司
公爵・陸軍少将
鷹司熙通
範子
佐紀子
左大臣
二条斉信
関白
二条斉敬
男爵・貴族院議員
二条正麿
公爵
二条基弘
公爵
二条厚基
公爵・郵政省
二条弼基
31正力
男爵・日本銀行総裁
松尾臣善
男爵
松尾義夫
男爵
松尾善徳
松尾義和
93鍋島
男爵
九条良政Ⅰ
倭文子
九条義秀Ⅱ
肥前佐賀藩主
鍋島直正
侯爵・肥前佐賀藩主
鍋島直大
茂子
小早川元治
小早川隆治
伯爵・西本願寺門跡
大谷光瑞
富美子
英照皇太后
夙子
籌子
皇 至道
尚子
1 天皇家
孝明天皇
明治天皇
大正天皇
昭和天皇
慶子
節子
男爵
九条良致
西本願寺門跡
大谷光沢
伯爵・西本願寺門跡
大谷光尊
武子
祥子
公爵・貴族院議長
近衛篤麿
公爵・総理大臣
近衛文麿
陸軍少尉
近衛文隆
68近衛
大谷光明
正子
紝子

31．正力松太郎／読売新聞社社主、遠縁に朝日新聞社社主

正力松太郎《しょうりきまつたろう》（一九八五～一九六九）は富山県に生まれ、東京帝国大学を卒業し、警視庁に入庁。警視庁警務部長在任時に虎ノ門事件（皇太子狙撃未遂事件）を未然に防ぐことができなかった責任を問われ懲戒免職される。小さな新聞社だった読売新聞社を買収し、その社長に就任。奇抜なアイデアと積極経営で、読売新聞を日本の三大紙にまで成長させた。さらに初の民間テレビ放送・日本テレビ放送網（略称・日本ＴＶ）を設立。原子力委員会の初代委員長に就任するなど、時代に先駆けた人物だった。

正力松太郎の死後、長男・**正力亨**《とおる》（一九一八～二〇一一）が読売新聞社の社主となったが、社長は「販売の鬼」務台光雄《むたいみつお》が務め、亨は新聞社の経営より読売巨人軍オーナーとして有名であった。亨の妻・峯子は、公家華族・梅溪通虎《うめたにみちとら》の次女。華道の家元・池坊専永《せんえい》夫人でありながら、四〇代でセミヌードを発表し、世間を驚かせた池坊保子は義妹にあたる。

正力松太郎の次女の夫・関根長三郎《せきねちょうざぶろう》の従兄弟の義理の伯父が、ライバル朝日新聞社の社主・村山長挙《ながたか》である。

31. 正力松太郎／読売新聞社社主、遠縁に朝日新聞社社主

31 正力松太郎・亭／読売新聞社

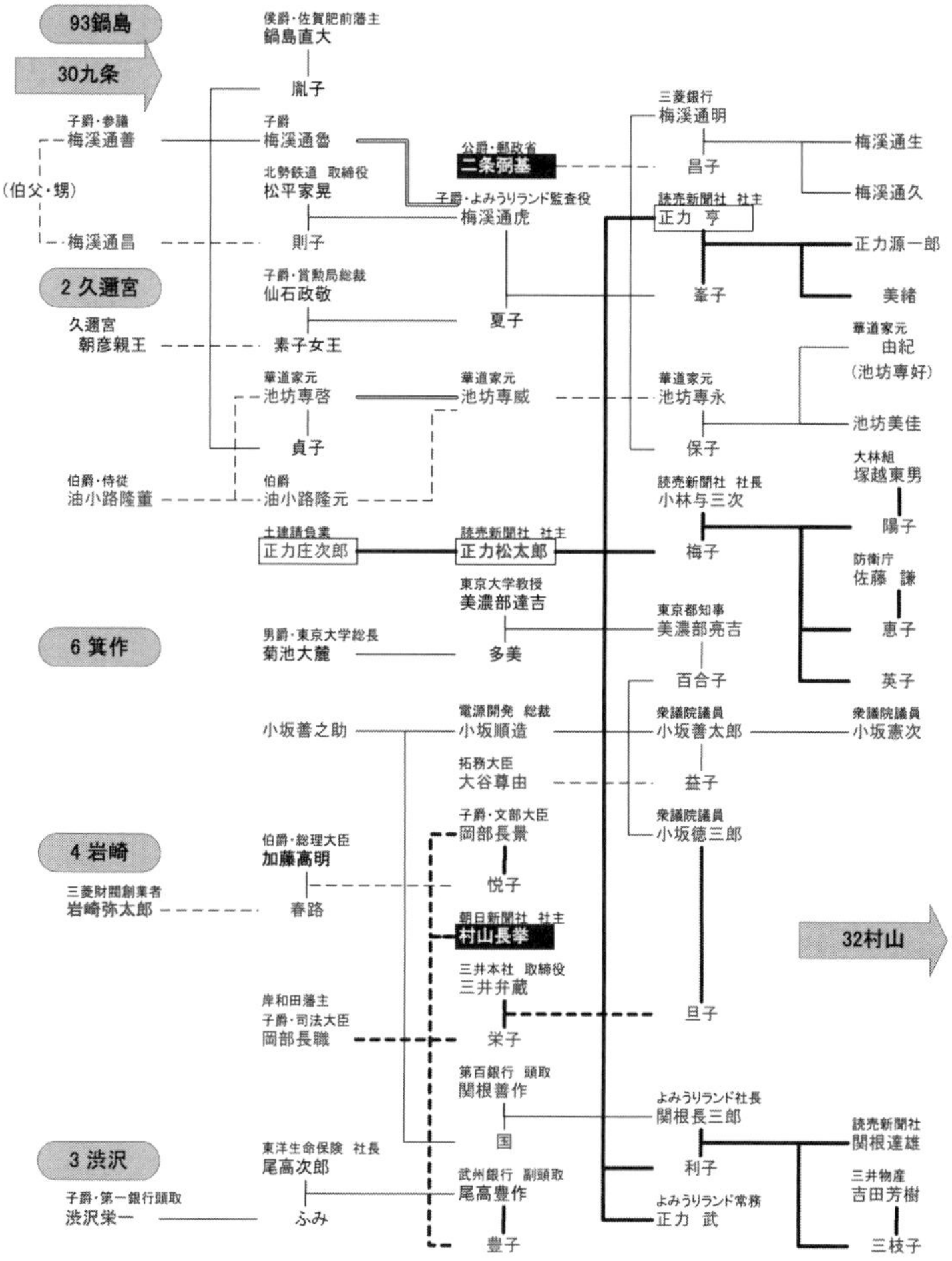

32．村山龍平／婿養子の父は岸和田藩主から司法大臣

村山長挙《むらやまながたか》（一八九四～一九七七）は子爵・岡部長職《おかべながもと》の三男に生まれ、朝日新聞社社主・**村山龍平**《りゅうへい》（一八五〇～一九三三）の婿養子となった。

村山龍平は三重県に生まれ、京都で油商、大阪での舶来貿易で財を成した。木村平八・騰《のぼる》父子が大阪で創業した朝日新聞社が経営難に陥り、龍平は上野理一《うえのりいち》とともに経営権を譲り受け、報道本位の新聞を目指し、発行部数二万部を超える全国一の新聞に成長させた。村山家・上野家は非上場会社である朝日新聞社の過半数を占める大株主であり、龍平の孫娘・**村山美知子**（一九二〇～二〇二〇）は筆頭株主として経営陣と諍《いさか》いを起こしてきた。

村山長挙の実父・岡部長職は岸和田藩主、外務次官、特命全権公使、東京府知事、司法大臣を務め、維新後の大名として出世した一人である。長男・岡部長景《ながかげ》は、総理大臣・加《か》藤高明《とうたかあき》（岩崎弥太郎の女婿）の女婿となり、文部大臣を務めた。長職の娘たちは三井家、川崎家（川崎造船の創業家）、渋沢栄一の孫・尾高豊作《おだかほうさく》に嫁ぐなど華麗なる閨閥を誇っている。

32. 村山龍平／婿養子の父は岸和田藩主から司法大臣

32 村山長挙／朝日新聞社

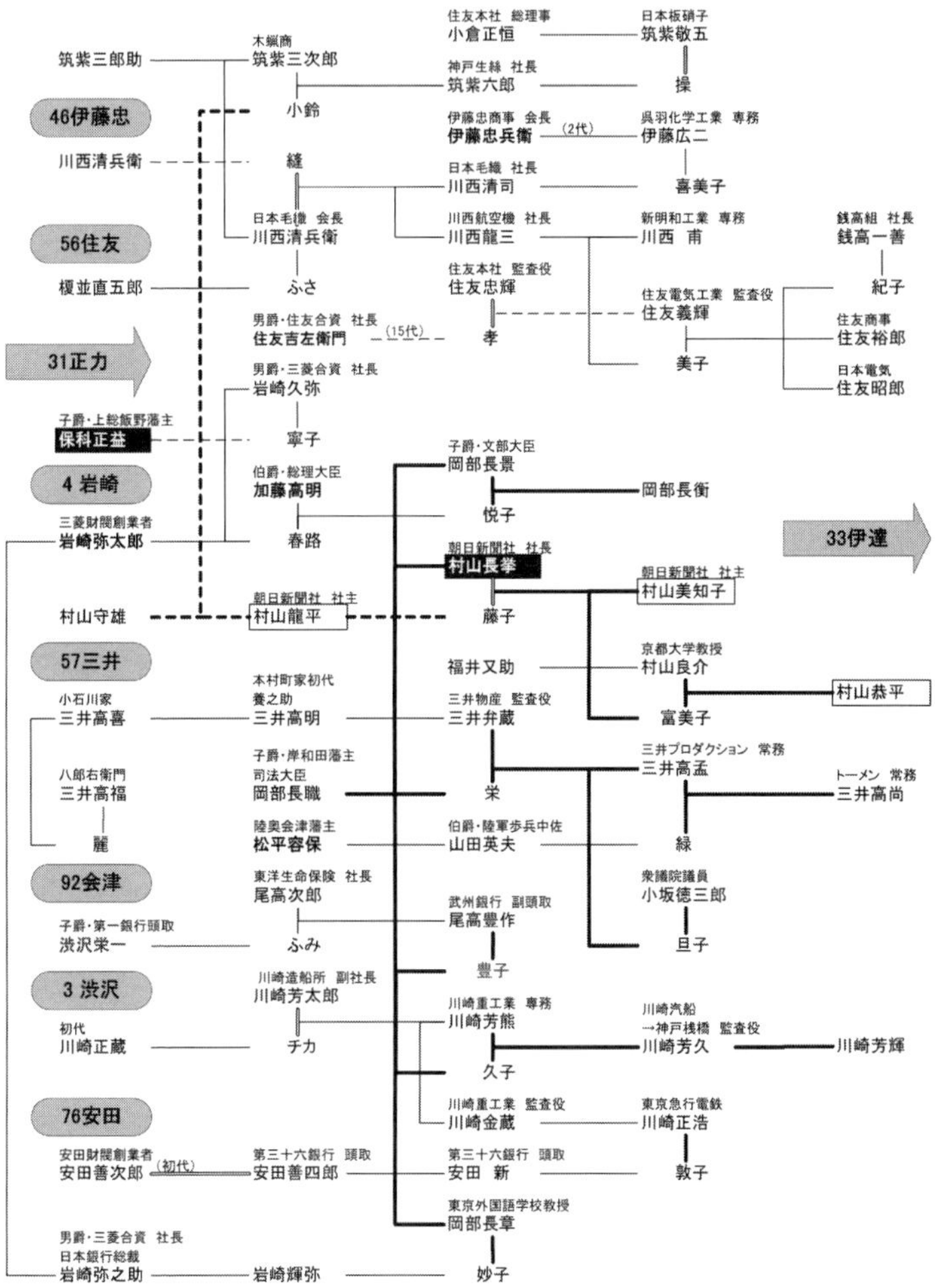

33．仙台・宇和島伊達家／宗城が子沢山で富商との閨閥形成へ

村山・岡部家は、岩崎→保科家を経由して伊達家に繋がっている。岩崎久弥の妻は保科《ほしな》正益《まさあり》の娘であるが、縁談成立時にはすでに父・正益は死去しており、母方の実家・宇和島藩伊達家の意向が大きく作用していたと考えられる。

伊達家は陸奥国伊達郡（福島県伊達市）の地頭の子孫で、戦国時代の武将・**伊達政宗**《だてまさむね》（一五六七〜一六三六）は、一九八七年の大河ドラマ『独眼竜政宗』の主人公として知られる。政宗は東北一の大名となったが、時勢を見誤り、豊臣秀吉の小田原攻めへの参陣が遅れ、現在の福島県近辺の領国を召し上げられた。関ヶ原の合戦で徳川方について、陸奥仙台藩六二万五六〇〇石を領した。家督は嫡男・伊達忠宗《ただむね》が継いだが、これとは別に庶長子・伊達秀宗《ひでむね》（一五九一〜一六五八）が、大坂冬の陣などの功績で伊予宇和島藩一〇万石を賜ったもので、厳密にいえば、仙台伊達家の分家ではない。

幕末の宇和島藩主・**伊達宗城**《むねなり》（一八一八〜一八九二）は旗本・山口家に生まれ、伊達宗紀《むねただ》の養子となった（宗城の祖父が伊達家からの婿養子だったからだ）。宗城は「四賢侯」の一人に数えられた名君だったが、将軍継嗣問題で徳川慶喜を推し、安政の大獄で隠居謹

慎を命ぜられ、急遽、宗紀の子・**伊達宗徳**《むねえ》（一八三〇～一九〇六）に家督を譲った。

これにより、宗城の子どもたちに伊達家の家督を継ぐ芽が摘まれてしまった。宗城には少なくとも一一男一〇女、計二一人もの子どもがいた。その縁談をまとめるのに一苦労で、六女・照子は三井家の分家筋に嫁いだ。しかし、伊達家は富商との縁談がいかに旨味のあるものかと実感したらしく、冒頭に述べた岩崎家との縁談に進んだのである。

本家筋の仙台藩・**伊達慶邦**《よしくに》（一八二五～一八七四）は戊辰戦争に負け、二八万石に大幅減封されると、官軍の受けがよい宗城の次男・**伊達宗敦**《むねあつ》（一八五二～一九一一）を養子に迎え、恭順の意を示したが、ほとぼりが冷めると、ちゃっかり実子・**伊達宗基**《むねもと》（一八六六～一九一七）に家督を譲った（宗敦は仙台藩の分家として男爵に列した）。

その宗基の妻は肥前平戸藩主・松浦詮《まつらあきら》の三女である。詮の曾祖父・松浦清《きよし》（号・静山《せいざん》）は『甲子夜話』の著者として有名だが、清の一〇女・愛子（中山忠能《ただやす》夫人）が明治天皇の外祖母にあたり、松浦家は天皇家の外戚として縁談に恵まれた。そんなわけで、詮の五男が大隈《おおくま》重信《しげのぶ》の養子に迎えられている。

33 伊達宗城／伊予宇和島藩／侯爵家

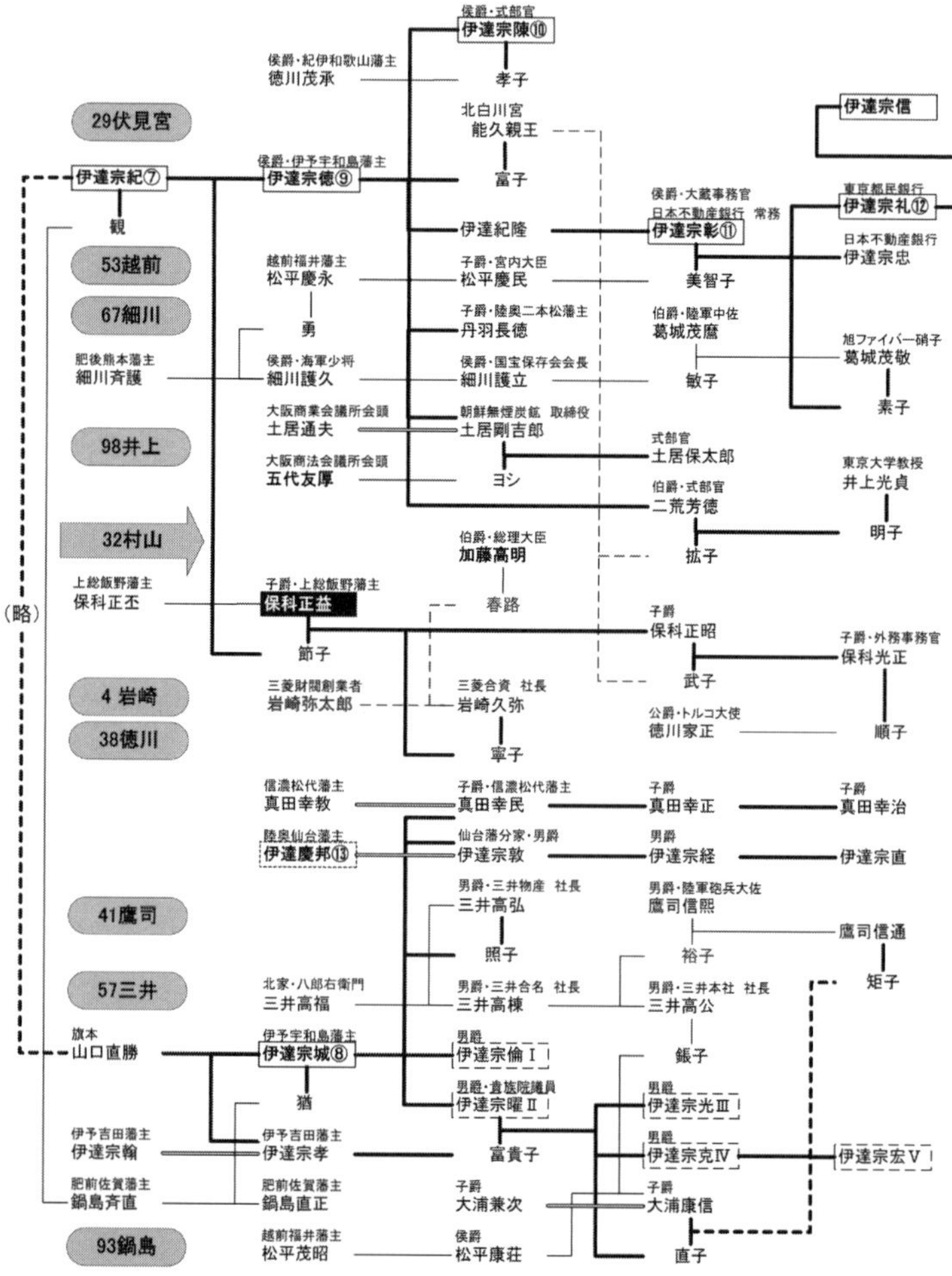

33. 仙台・宇和島伊達家／宗城が子沢山で富商との閨閥形成へ

33 伊達家／陸奥仙台藩／伯爵

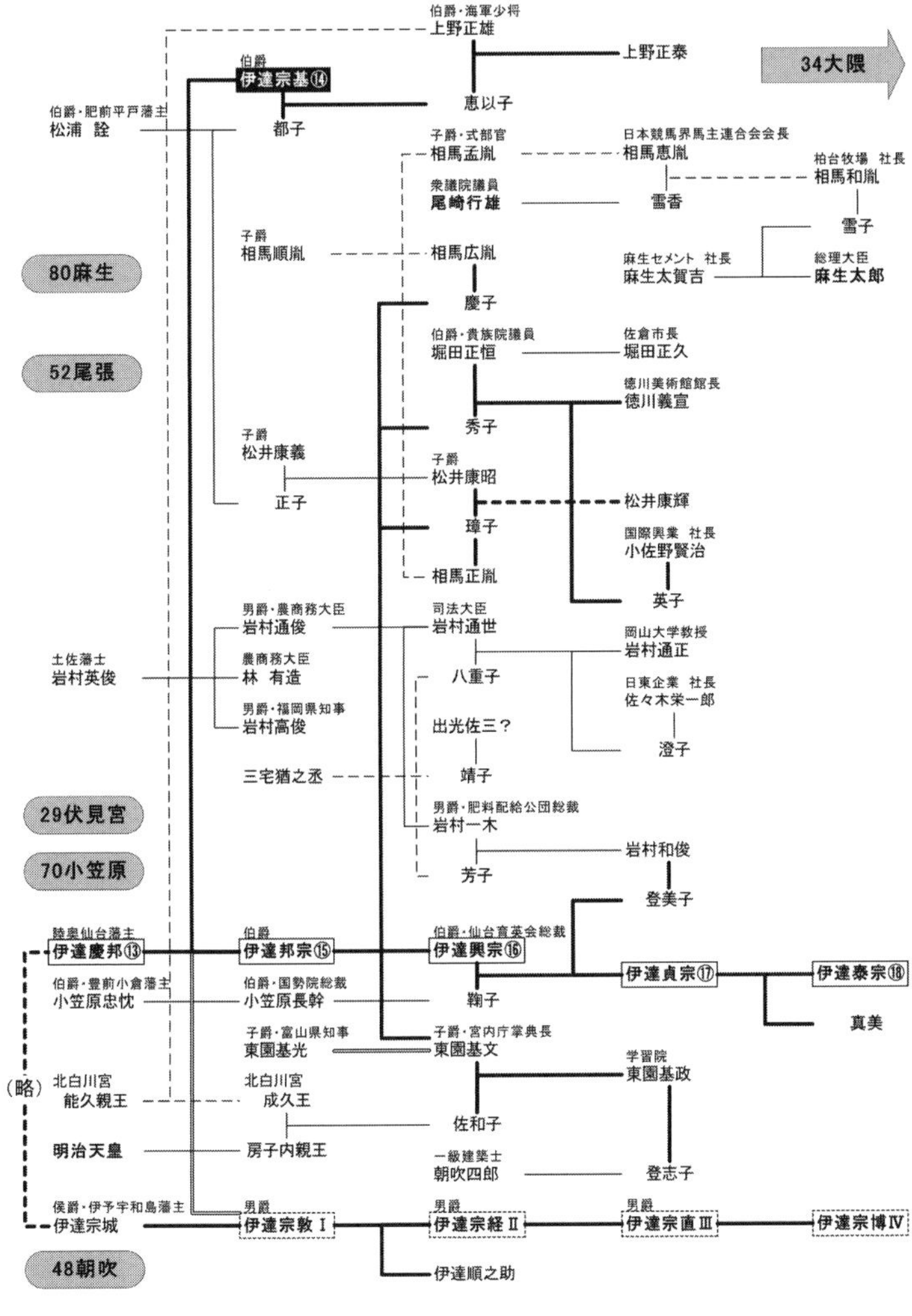
伯爵・海軍少将
上野正雄
上野正泰
34大隈
伯爵
伊達宗基⑭
恵以子
伯爵・肥前平戸藩主
松浦 詮
都子
子爵・式部官
相馬孟胤
日本競馬界馬主連合会会長
相馬恵胤
柏台牧場 社長
相馬和胤
衆議院議員
尾崎行雄
雪香
雪子
子爵
相馬順胤
相馬広胤
麻生セメント 社長
麻生太賀吉
総理大臣
麻生太郎
80麻生
慶子
伯爵・貴族院議員
堀田正恒
佐倉市長
堀田正久
52尾張
徳川美術館館長
徳川義宣
秀子
子爵
松井康義
子爵
松井康昭
正子
松井康輝
璋子
国際興業 社長
小佐野賢治
相馬正胤
英子
男爵・農商務大臣
岩村通俊
司法大臣
岩村通世
岡山大学教授
岩村通正
土佐藩士
岩村英俊
農商務大臣
林 有造
八重子
日東企業 社長
佐々木栄一郎
男爵・福岡県知事
岩村高俊
出光佐三？
澄子
三宅猶之丞
靖子
29伏見宮
男爵・肥料配給公団総裁
岩村一木
岩村和俊
70小笠原
芳子
登美子
陸奥仙台藩主
伊達慶邦⑬
伯爵
伊達邦宗⑮
伯爵・仙台育英会総裁
伊達興宗⑯
伊達貞宗⑰
伊達泰宗⑱
伯爵・豊前小倉藩主
小笠原忠忱
伯爵・国勢院総裁
小笠原長幹
鞠子
真美
子爵・富山県知事
東園基光
子爵・宮内庁掌典長
東園基文
学習院
東園基政
（略）
北白川宮
能久親王
北白川宮
成久王
佐和子
明治天皇
房子内親王
一級建築士
朝吹四郎
登志子
侯爵・伊予宇和島藩主
伊達宗城
男爵
伊達宗敦Ⅰ
男爵
伊達宗経Ⅱ
男爵
伊達宗直Ⅲ
伊達宗博Ⅳ
48朝吹
伊達順之助

34. 大隈重信／早稲田大学創設者だが、養子も現当主も東大卒

大隈重信《おおくましげのぶ》（一八三八～一九二二）は佐賀藩の上級藩士の出身。大久保利通の死後、事実上の明治新政府首班となったが、「明治一四年の政変」で失脚。下野して立憲改進党を組織、以後は政党政治家に転身した。また、東京専門学校（のち早稲田大学）の創立者としても名高い。外務大臣として条約改正に尽力したが、国粋主義者に爆弾で襲撃され、右足を切断。外務大臣を辞職した。憲政党を結成し、総理大臣に選出され、板垣退助と「隈板《わいはん》内閣」を組閣するが、旧党間の内紛で総辞職。第二次内閣では第一次世界大戦に参戦し、対華二十一ヵ条要求を強行した。

夫人は幕臣・三枝《さえぐさ》家の娘で、小栗上野介忠順《おぐりこうずけのすけただまさ》の従姉妹にあたり、重信は小栗家の再興に協力している。南部藩主の子・**大隈英麿**《ひでまろ》（一八五六～一九一〇）を婿養子に迎えたが、英麿は知人に騙されて多額の負債を抱え離縁。重信は夫人・綾子の姪を養女にして、今度は肥前松浦藩主の子・**大隈信常**《のぶつね》（一八七一～一九四七）を婿養子に迎えた。ちなみに信常もその子・**大隈信幸**《のぶゆき》も、ともに東京大学卒で早稲田大学・高等学校の要職に就いている。

34. 大隈重信／早稲田大学創設者だが、養子も現当主も東大卒

34 大隈重信／総理大臣・佐賀藩士／侯爵

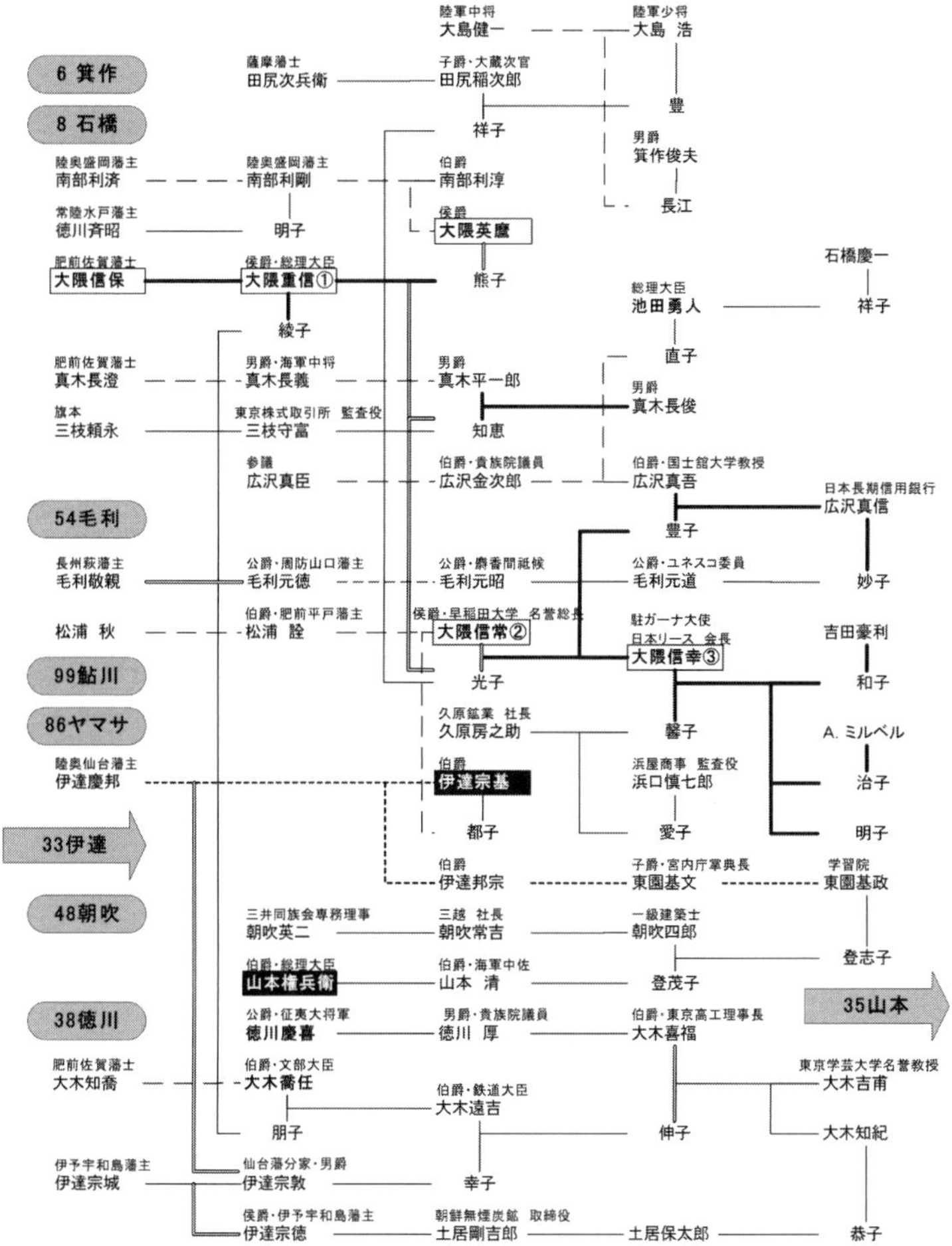

35. 山本権兵衛／孫の四姉妹は美人で有名

大隈信常の姉の義弟の孫が山本権兵衛の曾孫と結婚している。

山本権兵衛（一八五二～一九三三）は「ごんべい」というのが本当らしいのだが、「ごんのひょうえ」とも読む。薩摩藩士の子に生まれ、海軍に入り、日清戦争で作戦指導に当たり、日露戦争では海軍大臣として東郷平八郎を連合艦隊司令長官に任命し、戦勝に寄与した。護憲運動の高まりで陸軍出身の桂太郎内閣が倒れると、総理大臣に就任するが、独シーメンス社の海軍高官汚職事件で総辞職。薩閥・海軍の実力者として再度総理大臣に就任するが、虎ノ門事件（皇太子狙撃未遂事件）の責任を取って総辞職した。

夫人・登喜は新潟県農家の娘で、女郎屋に身売りされそうになって泣いているところを権兵衛が見つけて助け出し、そのまま結婚したという。長男・**山本清**《きよし》（一八八三～一九六〇）の娘は美人揃いで有名。次女・千代子は徳川公爵家の継嗣・徳川家英《いえひで》のガールフレンドだったが、家英は東北帝国大学在学中に病気で急死。死に目にも会えなかった（家英の妹は、伯爵家であっても新興の山本家と徳川家では難しい縁組みだと語っていた）。

35. 山本権兵衛／孫の四姉妹は美人で有名

35 山本権兵衛／総理大臣・薩摩藩士／伯爵

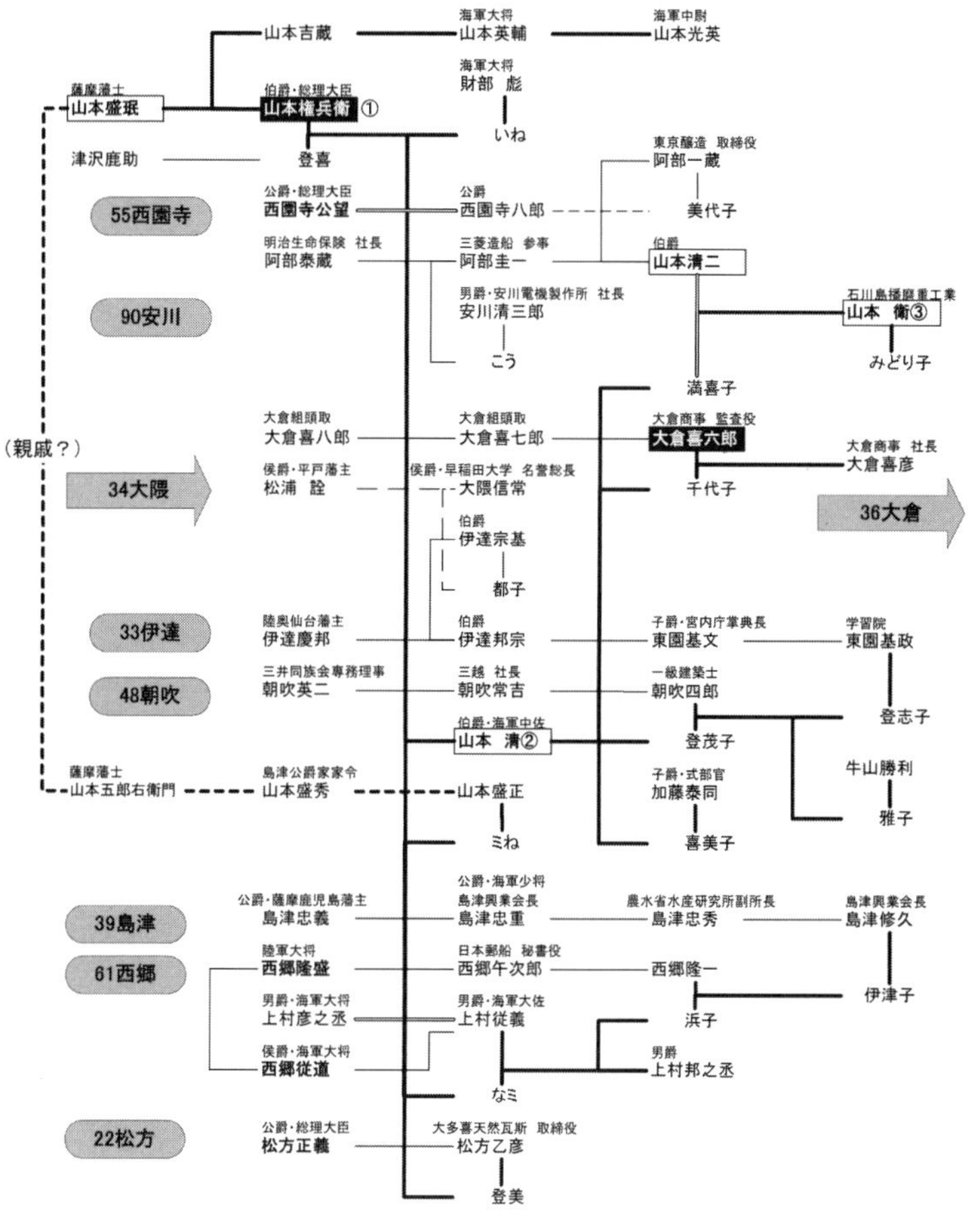

36. 大倉喜八郎／旧主・溝口家から嫁を迎える「成金趣味」

その千代子と結婚したのが、大倉財閥の**大倉喜六郎**《おおくらきろくろう》（一九一〇～一九八九）である。大倉財閥は喜六郎の祖父・**大倉喜八郎**《きはちろう》（一八三七～一九二八）が創業した。喜八郎は越後（新潟県）新発田《しばた》藩の名主の子に生まれ、両親を早くに失ったため、江戸に出て商人となった。鉄砲商に転身し、戊辰戦争で巨利を得た。

長男・**大倉喜七郎**《きしちろう》（一八八二～一九六三）は事業家というより趣味の人で、大倉財閥幹部からの評価は芳しくなかったが、独特の嗅覚を持ち、戦後は株式投資で財を成し、ホテル業への関心からホテルオークラを創設した。妻・久美子は旧主の新発田藩主・溝口直正《みぞぐちなおまさ》の次女で、喜八郎の「成金趣味」は世間の顰蹙を買った（誰も指摘していないようだが、家紋も溝口家の五階菱をアレンジしたものに変えているようだ）。大倉喜八郎の子は喜七郎、その子は喜六郎と一つずつ数字が減っていくが、さすがに曾孫以降は喜彦《よしひこ》、喜久彦《きくびこ》になっている。

グループ会社の大倉商事は、バブル経済崩壊後に経営不振に陥り、喜八郎の曾孫・**大倉喜彦**《よしひこ》（一九三九～）を社長に抜擢して挽回を図ったが、結局、破綻に追い込まれた。

36 大倉喜八郎／大倉財閥

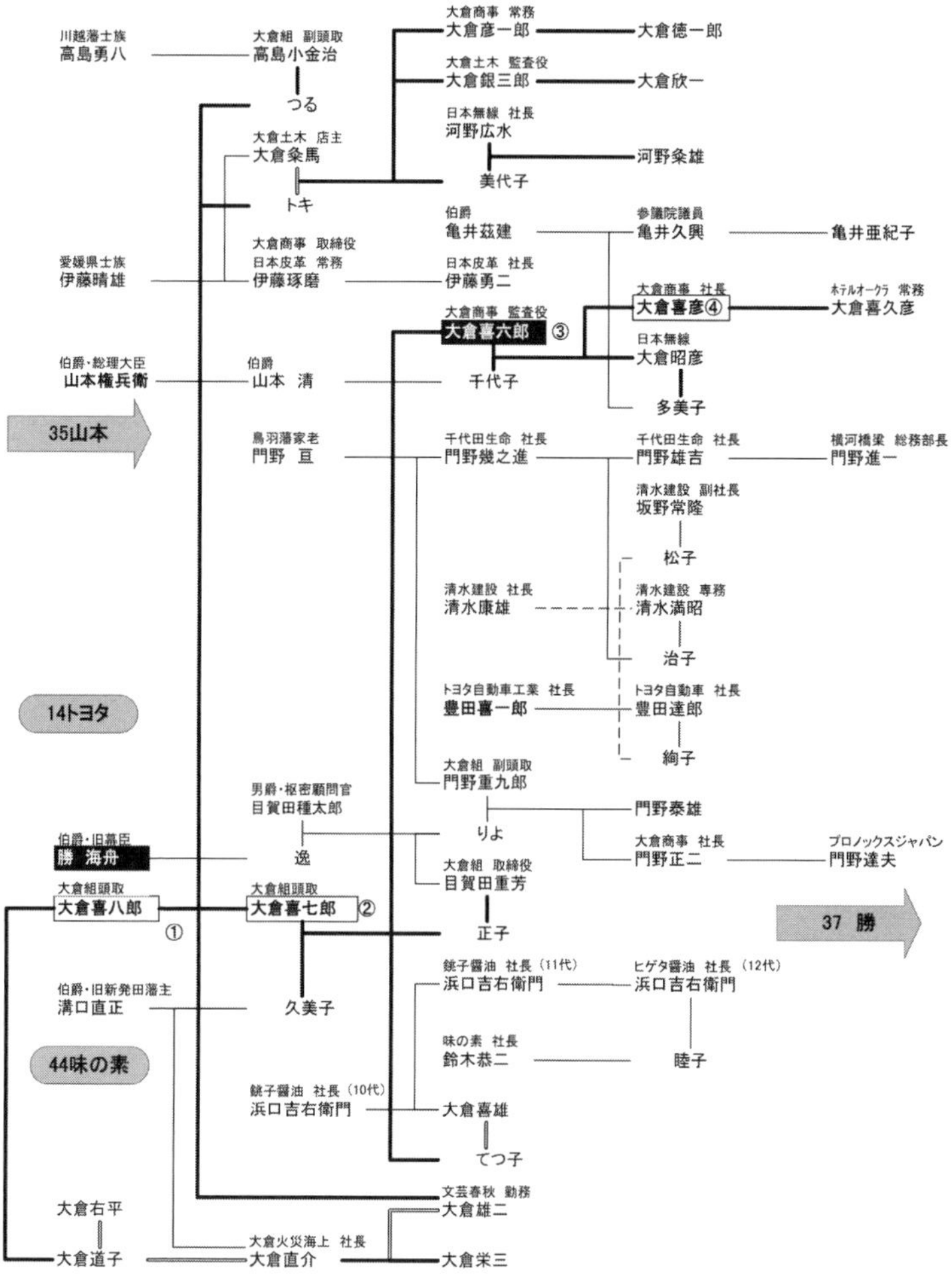

37. 勝　海舟／慶喜の末男を養子に迎える

大倉家は嫁取りも巧妙だが、婿取りはなお巧妙で、優秀な人材を女婿に迎え、大倉財閥の幹部に取り立てている。その中の一人が**勝海舟**《かつかいしゅう》（安芳《やすよし》。一八二三～一八九九）の孫・目賀田重芳《めかたしげよし》だ。

勝海舟は下級旗本の子に生まれ、蘭学・兵学を学び、「安政の改革」で才能を見出され、長崎海軍伝習所に入る。咸臨丸《かんりんまる》を指揮して太平洋を横断。軍艦奉行並、軍事総裁を歴任。戊辰戦争の際には、事実上の江戸幕府首班として、東征軍参謀・西郷隆盛と会見し、江戸城を無血開城した。維新後は旧幕臣の代表として明治新政府に登用され、参議兼海軍卿、元老院議官、枢密顧問官などを歴任。旧主・徳川家の政治的な復権や旧幕臣の生活救済に尽力して伯爵に列す。一説には子爵を内示されたが、「今までは人並みなりと思ひしに五尺（約一五二センチ）に足りぬ四尺《ししゃく》（子爵）なりとは」と詠《よ》んで伯爵を授爵したという。

海舟の嫡男・**勝小鹿**《ころく》（一八五二～一八九二）が海舟に先立って死去したため、小鹿の長女に徳川慶喜の一〇男・勝精《くわし》（一八八八～一九三二）を婿養子に迎えた。

37 勝 安芳(海舟)／幕府海軍奉行／伯爵

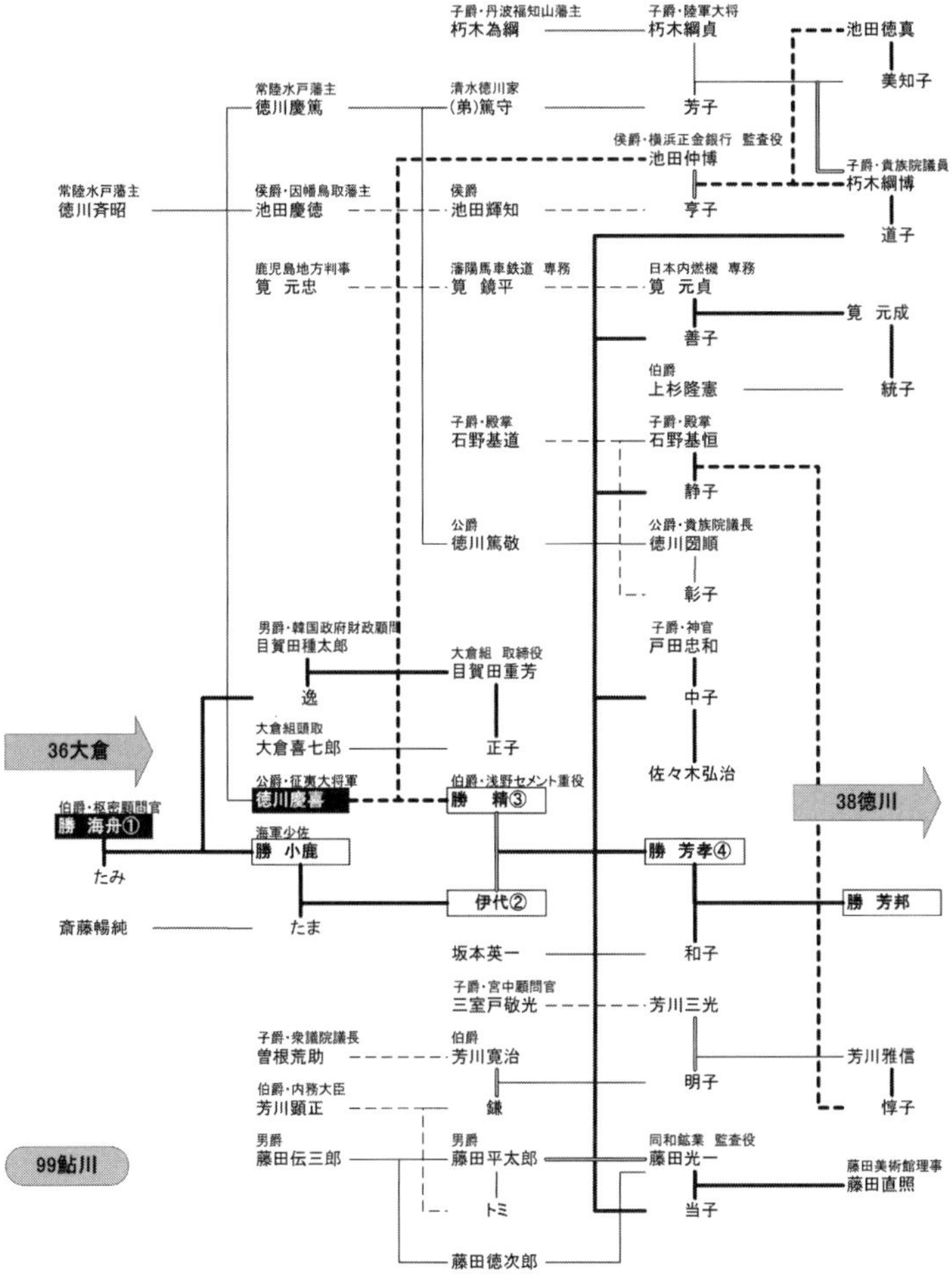

38. 徳川将軍家／一八代目は松平容保の曾孫。長男はベトナム人女性と結婚

徳川慶喜《とくがわよしのぶ》（一八三七～一九一三）は水戸藩主・徳川斉昭の七男に生まれ、一橋徳川家を継ぎ、その英邁さから将軍職就任を熱望され、一五代将軍に就任。大政奉還という大バクチで大逆転を図ったが、バクチに敗れて朝敵となり、謹慎を余儀なくされた。

しかし、明治一〇年代に勝海舟等の工作によって徐々に名誉復帰の道が開けていき、まず慶喜の四男（事実上の長男）の徳川厚《あつし》が、徳川宗家の分家として男爵に列した。そして、慶喜の明治天皇謁見《えっけん》が実現（ちなみに二人は夫人を通じて義兄弟にあたる）。「お互い過去のことは水に流そう」などといって歓談した。そして、一九〇二年に徳川慶喜は公爵を授爵し、新たに公爵家を創設。公式に赦され、復権したのである。

勝海舟は長男・小鹿《ころく》が早世したため、慶喜の子どもを孫娘の婿養子に迎えて伯爵の家督を譲ろうと考えた。勝は慶喜の七男の久《ひさし》（のちの**徳川慶久**《よしひさ》。一八八四～一九二二）を養子に望んだが、慶喜は「あれは当家の嗣子であるので」といって断り、末男の精を養子に出したという。慶久は慶喜のお気に入りだったようだ。

慶喜が朝敵とされ、田安《たやす》徳川家から**徳川家達**《いえさと》（一八六三～一九四〇）が六歳で徳川宗家

の家督を継ぎ、駿河府中藩（のち静岡藩と改称）七〇万石に転封。一大名に降格された。

家達は英国に留学、貴族院議長に選任され、およそ三〇年にわたってその任にあった。シーメンス事件で山本権兵衛内閣が総辞職すると、家達に次期首相として組閣するように内命が下ったが、薩長藩閥がまだ羽振りを利かせていた時期だったこともあり固辞したという（大久保利通の次男・牧野伸顕《のぶあき》ら政府の顕官は、明治の末頃まで徳川家の巻き返しがあるものと本気で心配していたらしい）。

家達夫人が妊娠すると、まだ存命だった天璋院《てんしょういん》篤姫（一三代・家定夫人、NHK大河ドラマで有名）は実家・島津家との婚姻を熱望。生まれてきた長男・**徳川家正《いえまさ》**（一八八四〜一九六三）は島津忠重《ただしげ》の九女・正子《なおこ》と結婚した。

家正の長男・徳川家英が二五歳の若さで急死したため、長女・豊子の次男（松平容保《かたもり》の曾孫）、**徳川恒孝《つねなり》**（一九四〇〜）を養子とした。恒孝の長男・**徳川家広《いえひろ》**（一九六五〜）は幼少期にNHKの人形劇「真田十勇士」を見て、真田幸村のファンになり、成人後はベトナム人女性と結婚して、父を悩ませている。

38 徳川慶喜／征夷大将軍／公爵

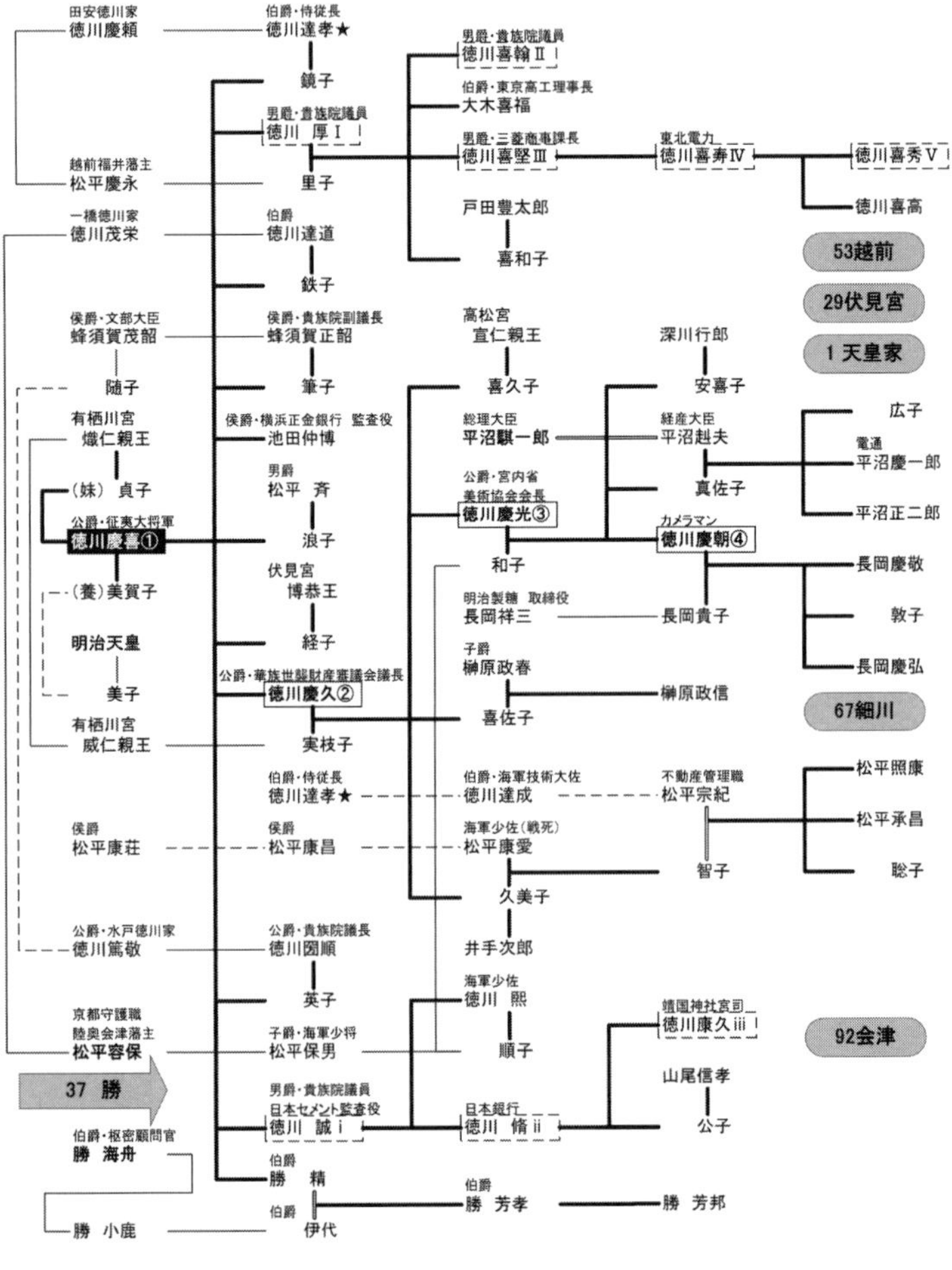

田安徳川家
徳川慶頼
伯爵・侍従長
徳川達孝★
男爵・貴族院議員
徳川喜翰Ⅱ
鏡子
伯爵・東京高工理事長
大木喜福
男爵・貴族院議員
徳川 厚Ⅰ
男爵・三菱商事課長
徳川喜堅Ⅲ
東北電力
徳川喜寿Ⅳ
徳川喜秀Ⅴ
越前福井藩主
松平慶永
里子
徳川喜高
一橋徳川家
徳川茂栄
伯爵
徳川達道
戸田豊太郎
喜和子
53越前
鉄子
29伏見宮
侯爵・文部大臣
蜂須賀茂韶
侯爵・貴族院副議長
蜂須賀正韶
高松宮
宣仁親王
深川行郎
1 天皇家
随子
筆子
喜久子
安喜子
有栖川宮
熾仁親王
侯爵・横浜正金銀行 監査役
池田仲博
総理大臣
平沼騏一郎
経産大臣
平沼赳夫
広子
電通
平沼慶一郎
(妹) 貞子
男爵
松平 斉
公爵・宮内省
美術協会会長
徳川慶光③
真佐子
平沼正二郎
公爵・征夷大将軍
徳川慶喜①
浪子
カメラマン
徳川慶朝④
和子
長岡慶敬
(養)美賀子
伏見宮
博恭王
明治製糖 取締役
長岡祥三
長岡貴子
敦子
明治天皇
経子
子爵
榊原政春
長岡慶弘
美子
公爵・華族世襲財産審議会議長
徳川慶久②
榊原政信
喜佐子
67細川
有栖川宮
威仁親王
実枝子
伯爵・侍従長
徳川達孝★
伯爵・海軍技術大佐
徳川達成
不動産管理職
松平宗紀
松平照康
侯爵
松平康荘
侯爵
松平康昌
海軍少佐(戦死)
松平康愛
松平承昌
智子
聡子
久美子
公爵・水戸徳川家
徳川篤敬
公爵・貴族院議長
徳川圀順
井手次郎
英子
海軍少佐
徳川 熙
靖国神社宮司
徳川康久ⅲ
京都守護職
陸奥会津藩主
松平容保
子爵・海軍少将
松平保男
順子
92会津
37 勝
男爵・貴族院議員
日本セメント監査役
徳川 誠ⅰ
日本銀行
徳川 脩ⅱ
山尾信孝
公子
伯爵・枢密顧問官
勝 海舟
伯爵
勝 精
伯爵
伊代
伯爵
勝 芳孝
勝 芳邦
勝 小鹿

38. 徳川将軍家／一八代目は松平容保の曾孫。長男はベトナム人女性と結婚

38 徳川将軍家／駿河静岡藩／公爵

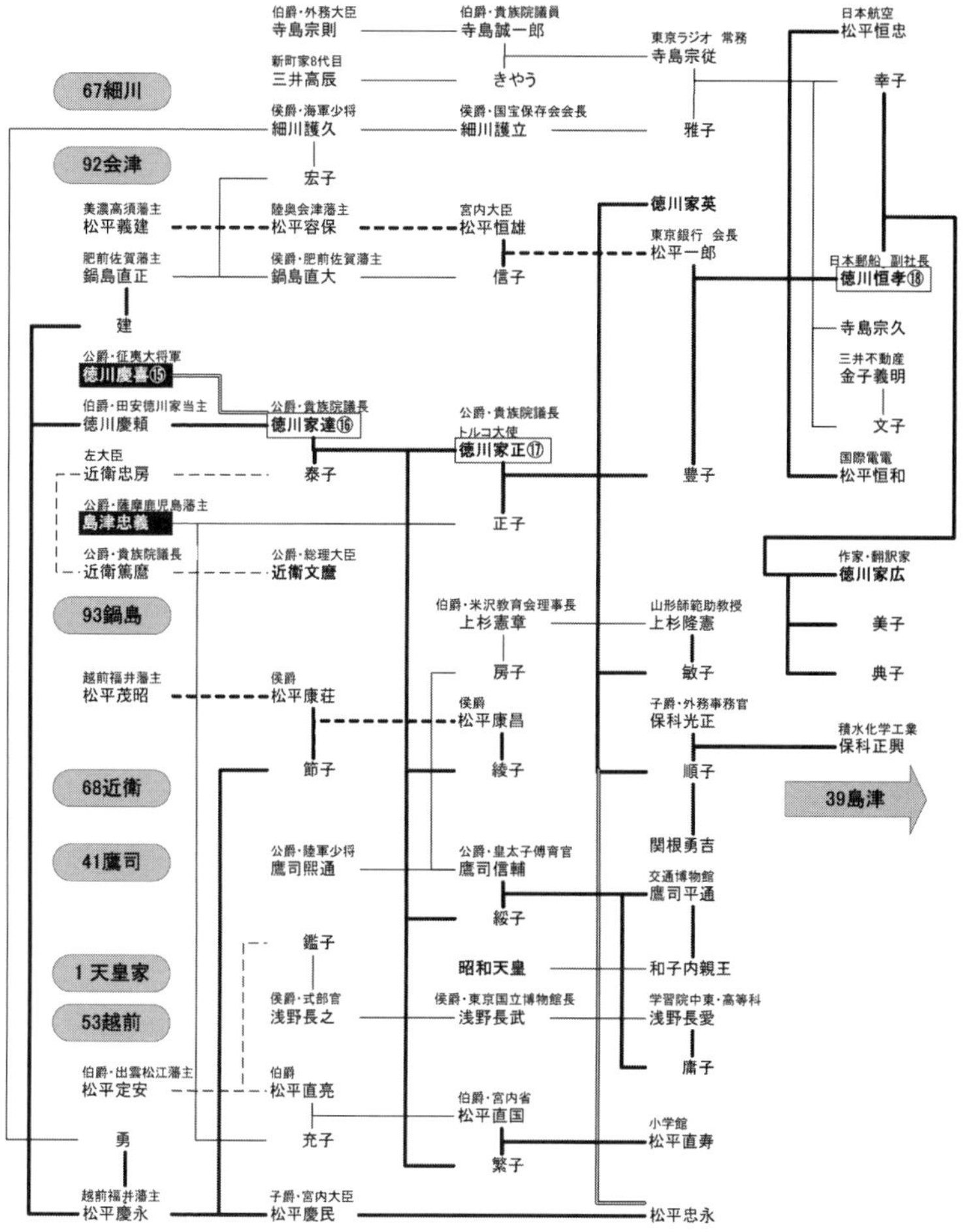

39. 島津家／昭和天皇の皇后も一族に繋がる華麗なる閨閥

島津家は、初代・**島津忠久**《ただひさ》が薩摩国島津荘の地頭となり、子孫は薩摩・大隅・日向の守護を世襲した。室町時代は一族の内紛が激しかったが、戦国時代の**島津貴久**《たかひさ》が薩摩・大隅・日向を統一。その子・島津義久《よしひさ》が九州全土をほぼ平定したが、豊臣秀吉の九州征伐に敗れ、所領を薩摩・大隅・日向の三ヶ国に減封された。関ヶ原の合戦では**島津義弘**《よしひろ》が行きがかり上、西軍（毛利・石田方）に与《くみ》したが敗戦間際に敵陣を中央突破して逃亡。薩摩鹿児島藩七二万八〇〇石を維持した。

江戸時代中期に藩政改革に成功し、幕末に「四賢侯」の一人・**島津斉彬**《なりあきら》（一八〇九～一八五八）が出て幕政に参画。斉彬に男子がなかったので、異母弟の**島津久光**《ひさみつ》（一八一七～一八八七）の長男・**島津忠義**《ただよし》（一八四〇～一八九七）が藩主の座を継いだ。薩摩藩は長州藩と結んで倒幕。明治維新を主導した。長州藩主・毛利家が家臣に対して従順だったのに対して、久光は強烈な個性で、旧臣の大久保利通や西郷隆盛らも手を焼き、島津本家とは別に、久光個人にも公爵・左大臣の地位を与え、懐柔を余儀なくされた（ゴネ得である）。二つの公爵家を立てた家は島津家と徳川家のみで、しかも当主の忠義は八男一一女の子《こ》沢山《だくさん》。五男と六男は男爵に列し、娘は旧皇族の久邇宮《くにのみや》家、徳川宗家、田安徳川家、紀伊徳川家、福岡藩黒田家、岡山藩池田家などに嫁ぎ、華麗な閨閥を誇った。

徳川家は一六代の家達《いえさと》が若くして留学したこともあって欧米流のファミリー像を家風としたが、島津家は忠義が久光の遺命を守って丁髷《ちょんまげ》を下ろさず、子どもたちにはそれぞれお付きの侍女がいて食事も別々に取っていたので、兄弟姉妹の間に親愛の情が湧くはずもなく他人行儀だったという。しかし、孫の代にもなると親戚の親睦会・錦江会《きんこうかい》が盛大に催され、忠義の孫にあたる香淳皇太后《こうじゅんこうたいごう》（昭和天皇皇后・良子《ながこ》）と昭和天皇も参加している。

忠義の孫・**島津忠秀**《ただひで》は、近衛文麿《このえふみまろ》の長女・昭子と結婚するが、終戦の年に突如離別して昭子は整体師・野口晴哉《のぐちはるちか》と再婚。新聞紙上をにぎわした。忠秀の子・**島津修久**《のぶひさ》は西郷隆盛の曾孫と結婚。仲人は大久保利通の曾孫・大久保利謙《としあき》が務めたというから大時代的である。

ちなみに、島津家は嫡男が「忠×」、次男以下が「〇久」と命名するのが不文律らしい。修久は次男で、長兄が早世したために家督を継いだ。

なお、島津斉彬の妹が土佐藩主・山内家に嫁いでいる——と次ページに繋げる。

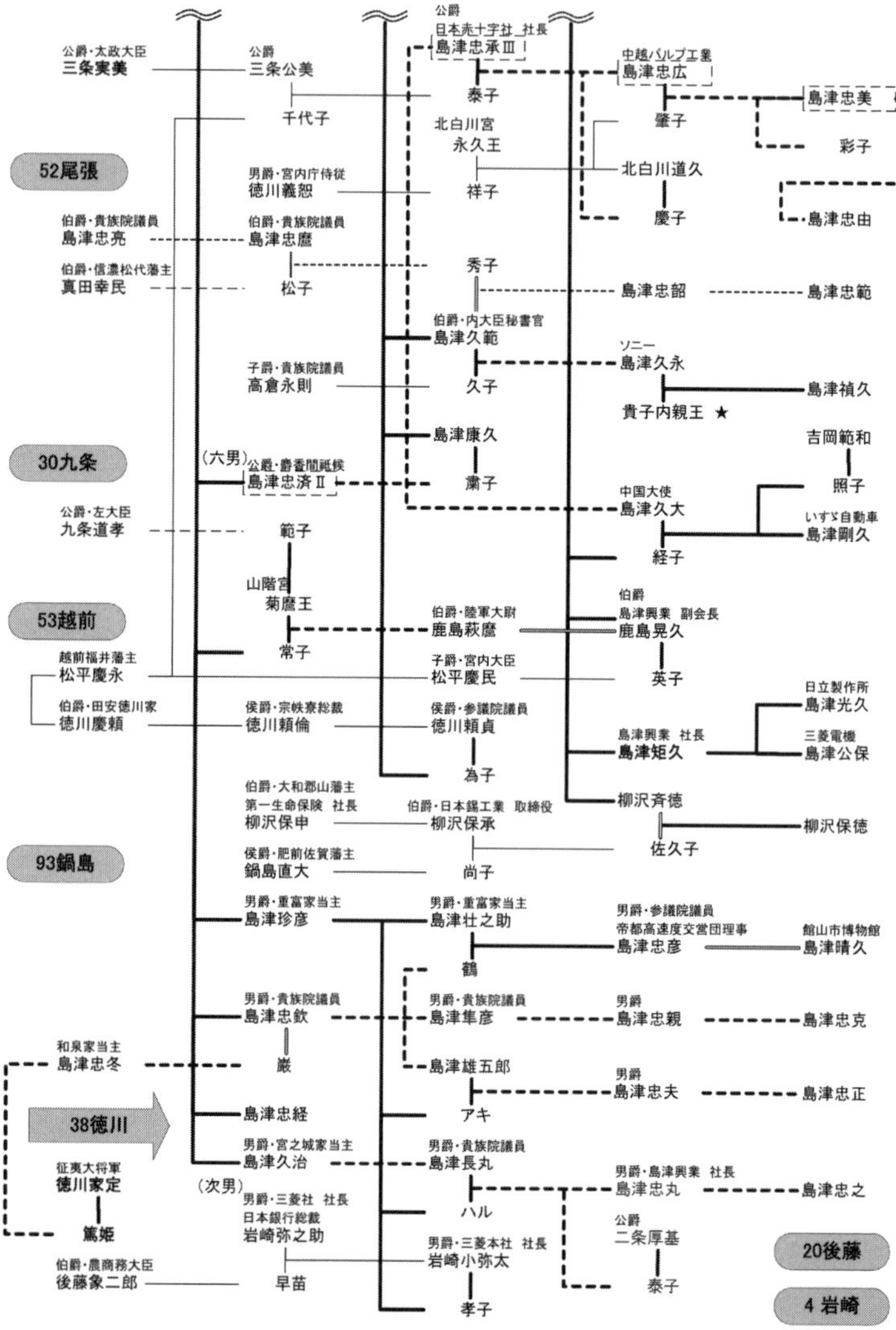

公爵・太政大臣
三条実美
公爵
三条公美
千代子
公爵
日本赤十字社 社長
島津忠承Ⅲ
泰子
中越パルプ工業
島津忠広
肇子
島津忠美
彩子
北白川宮
永久王
祥子
北白川道久
慶子
島津忠由
52尾張
男爵・宮内庁侍従
徳川義恕
伯爵・貴族院議員
島津忠亮
伯爵・貴族院議員
島津忠麿
伯爵・信濃松代藩主
眞田幸民
松子
秀子
島津忠韶
島津忠範
伯爵・内大臣秘書官
島津久範
ソニー
島津久永
子爵・貴族院議員
高倉永則
久子
島津禎久
貴子内親王 ★
島津康久
吉岡範和
30九条
(六男)
公爵・麝香間祗候
島津忠済Ⅱ
肅子
照子
中国大使
島津久大
公爵・左大臣
九条道孝
範子
いすゞ自動車
島津剛久
経子
山階宮
菊麿王
伯爵
53越前
伯爵・陸軍大尉
鹿島萩麿
島津興業 副会長
鹿島晃久
常子
越前福井藩主
松平慶永
子爵・宮内大臣
松平慶民
英子
日立製作所
島津光久
伯爵・田安徳川家
徳川慶頼
侯爵・宗秩寮総裁
徳川頼倫
侯爵・参議院議員
徳川頼貞
島津興業 社長
島津矩久
三菱電機
島津公保
為子
伯爵・大和郡山藩主
第一生命保険 社長
柳沢保申
伯爵・日本錫工業 取締役
柳沢保承
柳沢斉徳
柳沢保徳
佐久子
93鍋島
侯爵・肥前佐賀藩主
鍋島直大
尚子
男爵・重富家当主
島津珍彦
男爵・重富家当主
島津壮之助
男爵・参議院議員
帝都高速度交営団理事
島津忠彦
館山市博物館
島津晴久
鶴
男爵・貴族院議員
島津忠欽
男爵・貴族院議員
島津隼彦
男爵
島津忠親
島津忠克
和泉家当主
島津忠冬
巌
島津雄五郎
男爵
島津忠夫
島津忠正
38徳川
島津忠経
アキ
男爵・宮之城家当主
島津久治
男爵・貴族院議員
島津長丸
征夷大将軍
徳川家定
(次男)
男爵・島津興業 社長
島津忠丸
島津忠之
男爵・三菱社 社長
日本銀行総裁
岩崎弥之助
ハル
公爵
二条厚基
篤姫
20後藤
伯爵・農商務大臣
後藤象二郎
男爵・三菱本社 社長
岩崎小弥太
早苗
泰子
4 岩崎
孝子

39. 島津家／昭和天皇の皇后も一族に繋がる華麗なる閨閥

39 島津斉彬／薩摩鹿児島藩／公爵家

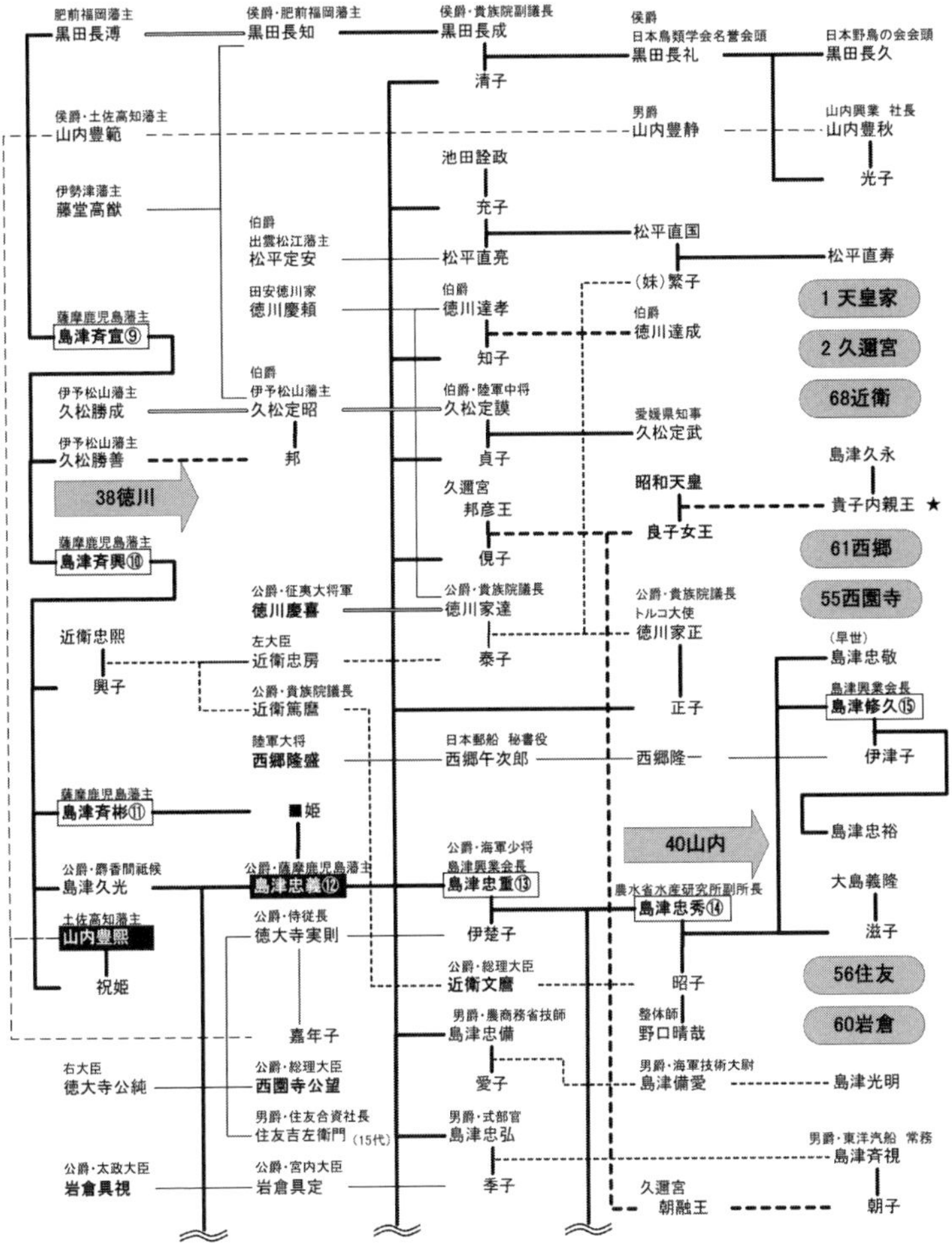

40. 山内容堂／意外にも旧皇族と二重三重の婚姻関係

山内家の事実上の家祖・**山内一豊**《やまうちかつとよ》（一五四五～一六〇五）は関ヶ原の合戦で東海道筋の居城を徳川軍のために開城するように献策。土佐高知藩二四万二〇〇〇石を与えられた。一豊の妻の「内助の功」が有名で、司馬遼太郎の小説『功名が辻』は二〇〇六年NHK大河ドラマにもなった。

幕末の藩主・**山内豊信**《とよしげ》（号・容堂《ようどう》。一八二七～一八七二）は吉田東洋《とうよう》らを起用して藩政改革を行い、幕末の名君「四賢侯」の一人に数えられた。安政の大獄で謹慎を余儀なくされ、前藩主の実弟・**山内豊範**《とよのり》（一八四六～一八八六）に家督を譲った。豊範の子孫が山内家の本流となったが、豊信の子孫も分家として男爵に列している。

豊信は明治新政府でも内国事務局総督、刑法官知事等の要職を歴任。そのせいか、二人の娘が旧皇族に嫁ぎ、豊範の嫡男・**山内豊景**《とよかげ》（一八七五～一九五七）は伏見宮貞愛《ふしみのみやさだなる》親王の長女を夫人に迎えている。

三条実美《さんじょうさねとみ》は豊信・豊範の従兄弟にあたり、実美を介して鷹司《たかつかさ》家が遠戚となる。

40. 山内容堂／意外にも旧皇族と二重三重の婚姻関係

40 山内容堂／土佐高知藩／侯爵家

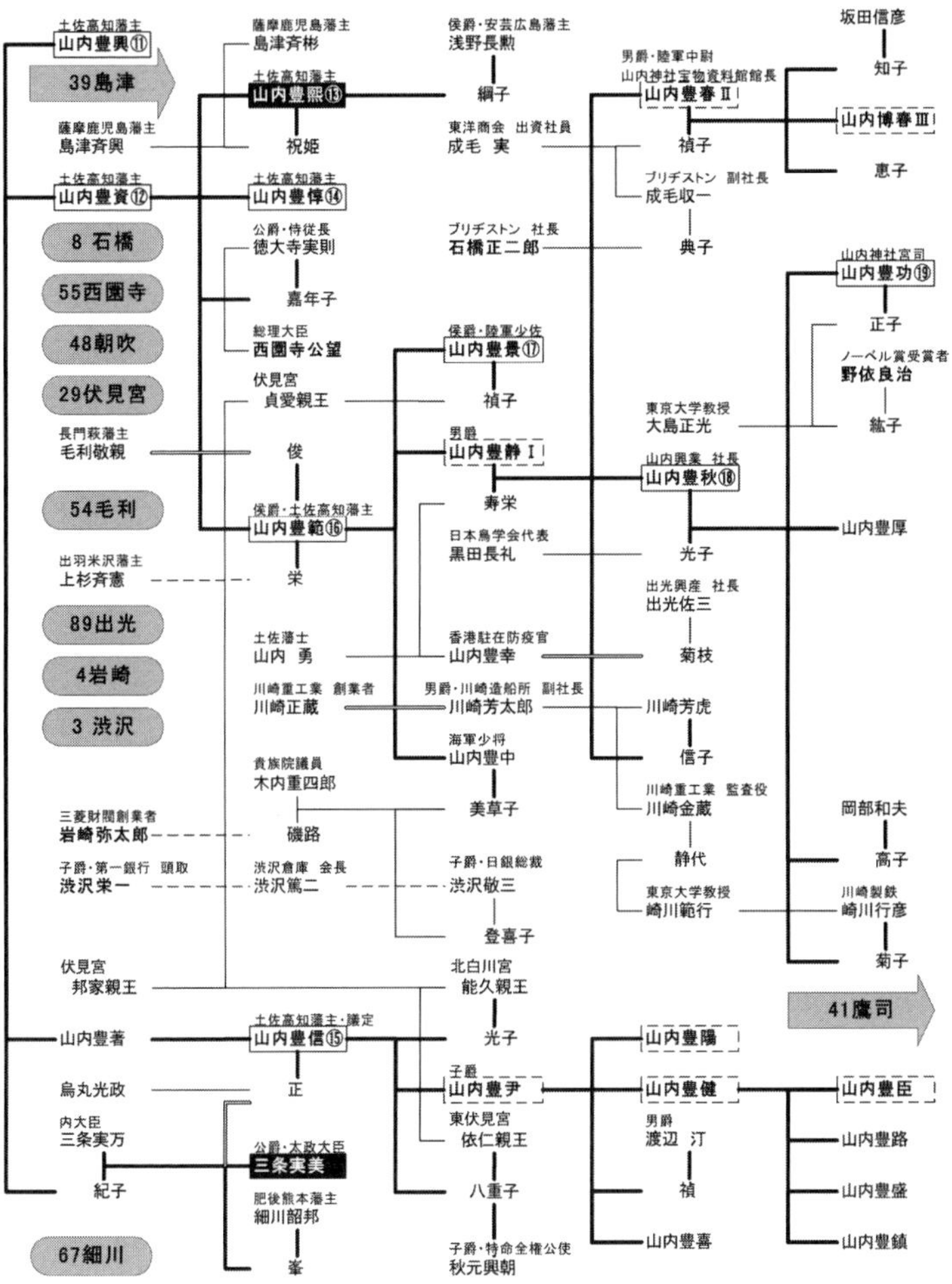

41. 鷹司家／現当主は佐賀藩主・鍋島家の子孫

鷹司《たかつかさ》家は近衛《このえ》家の支流で「五摂家」の一つ。近衛家実《いえざね》の四男・兼平《かねひら》を祖とし、鷹司室町に邸宅があったことから鷹司を家名とした。戦国時代に一度断絶したが、二条晴良《にじょうはるよし》の子・信房《のぶふさ》が鷹司家を再興し、江戸時代中期に閑院宮《かんいんのみや》直仁親王（東山《ひがしやま》天皇の子で、光格《こうかく》天皇の祖父）の皇子・鷹司輔平《すけひら》が鷹司家を継承した。天皇家直系の子孫にあたり、皇別《こうべつ》摂家の一つに数えられる。

鷹司熙通《ひろみち》（一八五五～一九一八）は陸軍少将、侍従長、内大臣を歴任。その子・**鷹司信輔《のぶすけ》**（一八八九～一九五九）は皇太子傅育官《ふいくかん》、明治神宮宮司を務める傍ら『日本鳥類史』を著す学者でもあった。その子・**鷹司平通《としみち》**（一九二三～一九六六）は昭和天皇の又従兄弟《またいとこ》にあたり、その第三皇女・和子内親王《ないしんのう》と結婚したが、バーのママ・前田美智子とともに死去。心中事件かと騒がれたが真相は藪の中である。平通に子がなかったため、急遽、甥の**鷹司尚武《なおたけ》**（一九四五～）が養子となった。尚武は美濃岩村藩・大給《おぎゅう》松平家の子孫で、血脈をたどれば肥前佐賀藩主・鍋島家にいきつく。

41. 鷹司家／現当主は佐賀藩主・鍋島家の子孫

41 鷹司家／公家（摂家）／公爵

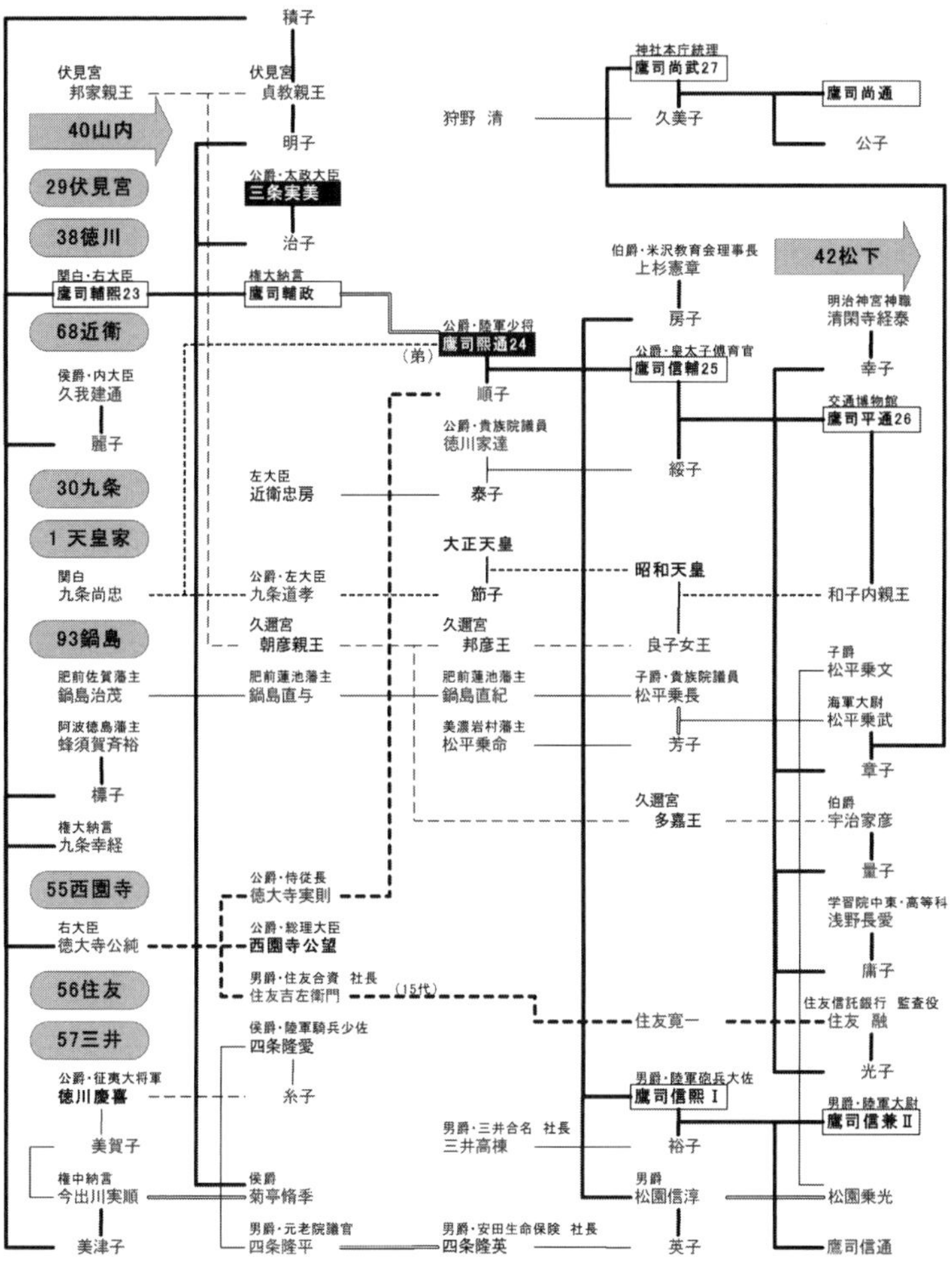

42. 松下幸之助／日本一の大金持ち。婿養子に苦労する

例によって、鷹司家の遠縁に**松下幸之助**（一八九四〜一九八九）がいる。

松下幸之助は「販売の神様」「経営の神様」と称された戦後日本を代表する企業経営者。和歌山県の没落農家の三男として生まれ、大阪に出て焼物屋や自転車屋の小僧として奉公に出た後、大阪電燈（現・関西電力）の見習い工として入社。独立して松下電気器具製作所（現・パナソニック）を創業。戦時中は財閥と認識され、戦後は日本を代表する家電メーカーとなり、その大株主として日本一の大金持ちになった。一九五三年度に長者番付の四位にランクインし、一九七〇年度まで上位一〇傑の座を維持し続けた。

男子がなかったので、元勲の山県有朋《やまがたありとも》に繋がる名門・平田伯爵家の御曹司で東京帝国大学卒の**松下正治**《まさはる》を婿養子に迎え、社長の座を譲ったが、幸之助と正治は生家、学歴、経験の違いから価値観が合わず、苦労したようだ。孫の**松下正幸**は四一歳の若さで松下電器産業取締役に就任したが、結局社長にはなれなかった。

42. 松下幸之助／日本一の大金持ち。婿養子に苦労する

42 松下幸之助／パナソニック

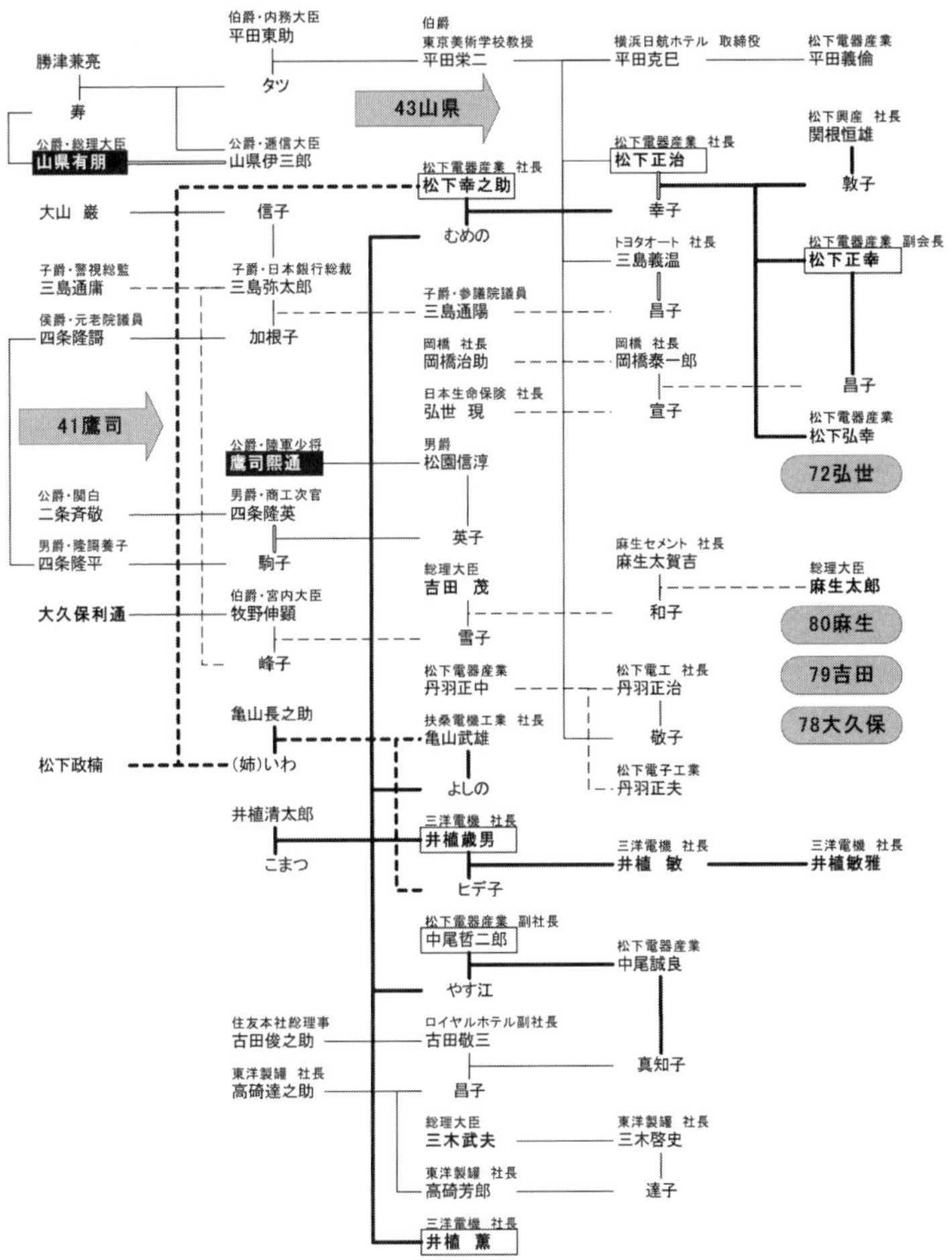

43. 山県有朋／陸軍、官界の権力者も家庭には恵まれず

松下幸之助の婿養子・松下正治は、元勲・山県有朋の姉の曾孫にあたる。

山県有朋（一八三八〜一九二二）は長州藩の下級武士に生まれ、吉田松陰の松下村塾に学んで、奇兵隊の軍監となり、高杉晋作らと挙兵して藩政の主導権を握った。明治維新後は陸軍中将となり、徴兵令の制定に努めた。佐賀の乱、西南戦争ら士族の反乱を鎮圧し、自由民権運動を弾圧した。また、市制・町村制・府県制・郡制を制定して地方自治制を確立。総理大臣となり、陸軍ならびに内務省系の官僚組織を牛耳る大御所として絶大な権力を誇った。特に陸軍では長州藩出身の桂太郎、児玉源太郎、寺内正毅《まさたけ》らを陸軍の要職に抜擢して「長州軍閥」を形成した。

しかし、家庭的には恵まれず、子女は相次いで早世（同じ薩長藩閥でも、薩摩出身者はみな子沢山《こだくさん》なのに、長州は山県、木戸孝允《たかよし》・井上馨・伊藤博文と、揃いも揃って子宝に恵まれない）。姉の子・山県伊三郎を養子に迎えた。唯一、成人まで生き長らえた次女の子・山県有光を養子にして分家（男爵家）を創設している。

43. 山県有朋／陸軍、官界の権力者も家庭には恵まれず

43 山県有朋／長州藩士・総理大臣)／公爵

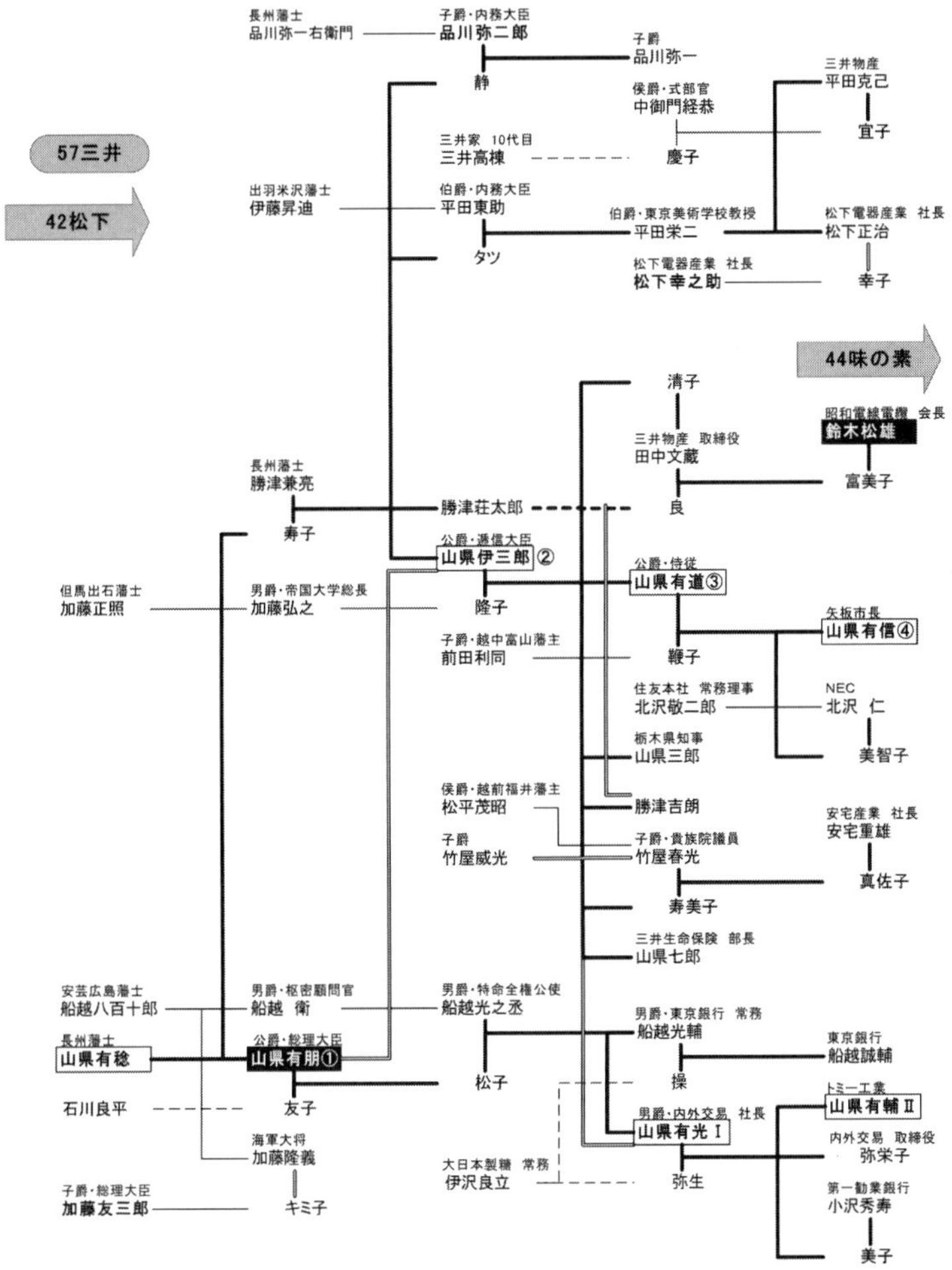

44. 鈴木三郎助／従兄弟は、兄弟七人が東大卒という恐るべき一族

例によって、山県有朋の遠縁に日揮社長・**鈴木義雄**《すずきよしお》（一九一〇～一九九九）がいる。

義雄は、味の素の創業者である二代目・鈴木三郎助《さぶろうすけ》の甥（鈴木忠治《ちゅうじ》の四男）にあたるが、味の素勤務経験はない。商工省（通産省を経て、現・経産省）に入省。通産省工業局長、日本輸出入銀行理事を務めた後、義父が経営する日本揮発油（現・日揮）の副社長に転じ、社長に就任した。

義雄は八男一女の兄弟で、味の素に入社したのは長兄のみ。長兄は商売人になるため、東京商大（一橋大学）に進んだが、残り七人はみな東京大学卒という優秀な家族である。

長男・鈴木三千代《みちよ》　東京商大　味の素入社→専務→三楽オーシャン社長
次男・鈴木松雄　東大工　東京工業大学教授→多摩電気工業社長→昭和電線電纜社長
三男・鈴木竹雄　東大法　東京大学教授
四男・鈴木義雄　東大法　通産省入省→局長→輸銀理事→日揮副社長→社長
五男・鈴木治雄　東大法　野村証券入社→昭和電工→社長／経済同友会副代表幹事
六男・鈴木正雄　東大法　三菱銀行入社→三菱重工業→副社長→三菱自動車販売社長

七男・鈴木秀雄　東大法　大蔵省入省→国際金融局長→世界銀行理事→野村証券顧問
八男・鈴木泰雄　東大経　東芝入社→多摩電気工業専務→社長

味の素・鈴木家の歴史は二代目から始まる。もっというなら、実際はその母・ナカ（?～一九〇五）が神奈川県葉山の自宅を静養客に間貸しし、その客から海岸に打ち寄せられている海藻からヨード（沃度）を製造することを助言され、企業化したことに始まる。

二代目・**鈴木三郎助**（泰助。一八六七～一九三一）が東は千葉の房総半島から西は東海地方まで足を延ばして、原料の確保に奔走。学究肌の弟・**鈴木忠治**（一八七五～一九五〇）がヨード製造に関する技術手法や工場管理に関する原書・専門書を借りてきては研究に励み、精製ヨード業者へと転身。製品の一部を軍部に納入するまでになった。しかし、競合が激しくなると、鈴木兄弟は東京帝国大学助教授の池田菊苗《きくなえ》（一八六四～一九三六）が発明したグルタミン酸ソーダの商品化に転身。量産化することに成功し、「味の素」として販売を開始した。二代目の死後、長男が三代目・**鈴木三郎助**（三郎。一八九〇～一九七三）を襲名した。

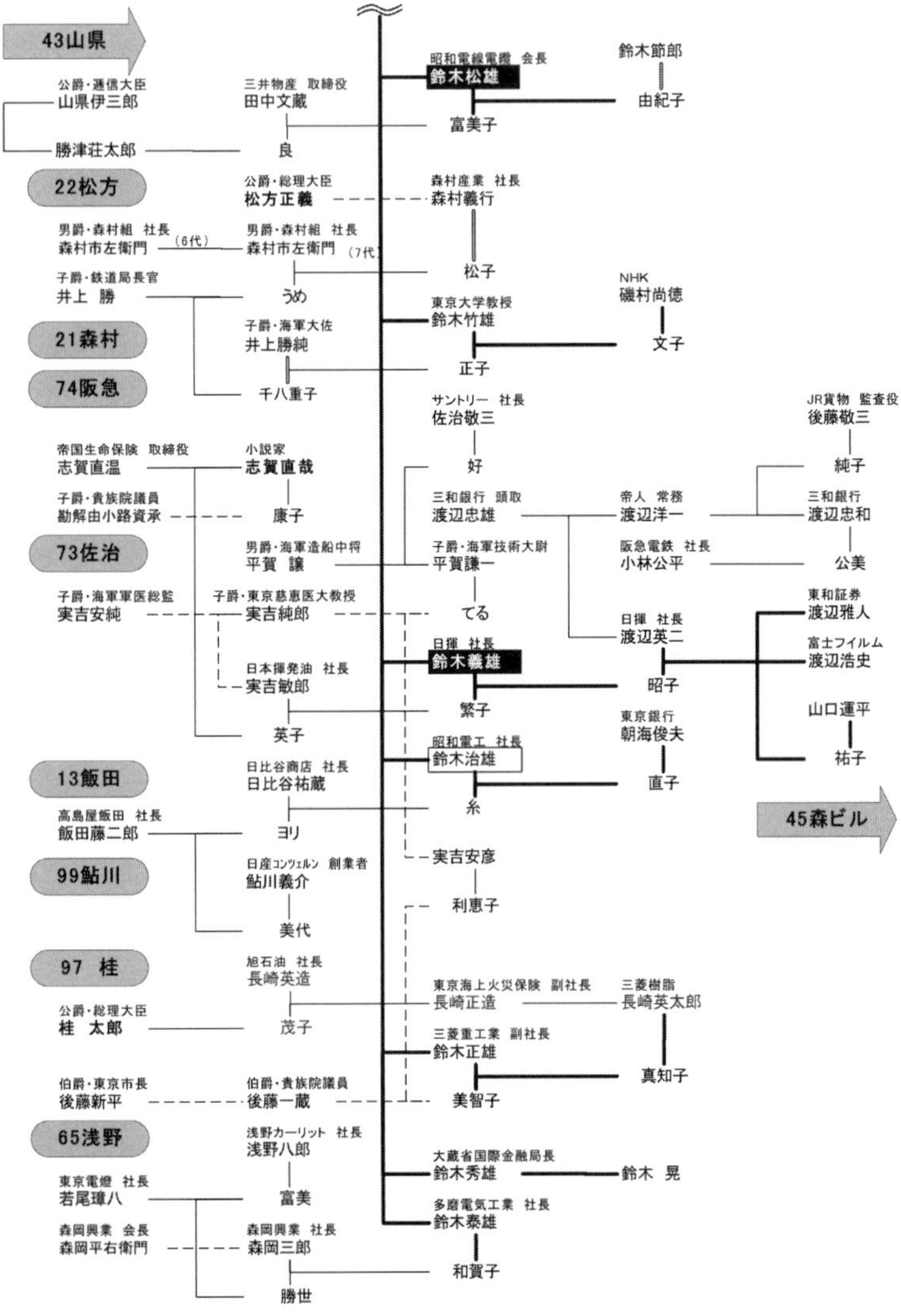
43山県
公爵・逓信大臣
山県伊三郎
勝津荘太郎
三井物産 取締役
田中文蔵
良
昭和電線電纜 会長
鈴木松雄
富美子
鈴木節郎
由紀子
22松方
公爵・総理大臣
松方正義
森村産業 社長
森村義行
男爵・森村組 社長
森村市左衛門
(6代)
男爵・森村組 社長
森村市左衛門
(7代)
松子
子爵・鉄道局長官
井上 勝
うめ
東京大学教授
鈴木竹雄
NHK
磯村尚徳
文子
21森村
子爵・海軍大佐
井上勝純
正子
74阪急
千八重子
サントリー 社長
佐治敬三
好
JR貨物 監査役
後藤敬三
純子
帝国生命保険 取締役
志賀直温
小説家
志賀直哉
康子
子爵・貴族院議員
勘解由小路資承
三和銀行 頭取
渡辺忠雄
帝人 常務
渡辺洋一
三和銀行
渡辺忠和
公美
73佐治
男爵・海軍造船中将
平賀 譲
子爵・海軍技術大尉
平賀譲一
てる
阪急電鉄 社長
小林公平
子爵・海軍軍医総監
実吉安純
子爵・東京慈恵医大教授
実吉純郎
日本揮発油 社長
実吉敏郎
英子
日揮 社長
鈴木義雄
繁子
日揮 社長
渡辺英二
昭子
東和証券
渡辺雅人
富士フイルム
渡辺浩史
山口運平
祐子
東京銀行
朝海俊夫
直子
昭和電工 社長
鈴木治雄
糸
13飯田
日比谷商店 社長
日比谷祐蔵
高島屋飯田 社長
飯田藤二郎
ヨリ
45森ビル
99鮎川
日産コンツェルン 創業者
鮎川義介
美代
実吉安彦
利恵子
97 桂
旭石油 社長
長崎英造
茂子
公爵・総理大臣
桂 太郎
東京海上火災保険 副社長
長崎正造
三菱樹脂
長崎英太郎
三菱重工業 副社長
鈴木正雄
真知子
美智子
伯爵・東京市長
後藤新平
伯爵・貴族院議員
後藤一蔵
65浅野
浅野カーリット 社長
浅野八郎
大蔵省国際金融局長
鈴木秀雄
鈴木 晃
東京電燈 社長
若尾璋八
富美
多摩電気工業 社長
鈴木泰雄
森岡興業 会長
森岡平右衛門
森岡興業 社長
森岡三郎
和賀子
勝世

44. 鈴木三郎助／従兄弟は、兄弟七人が東大卒という恐るべき一族

44 鈴木三郎助／味の素

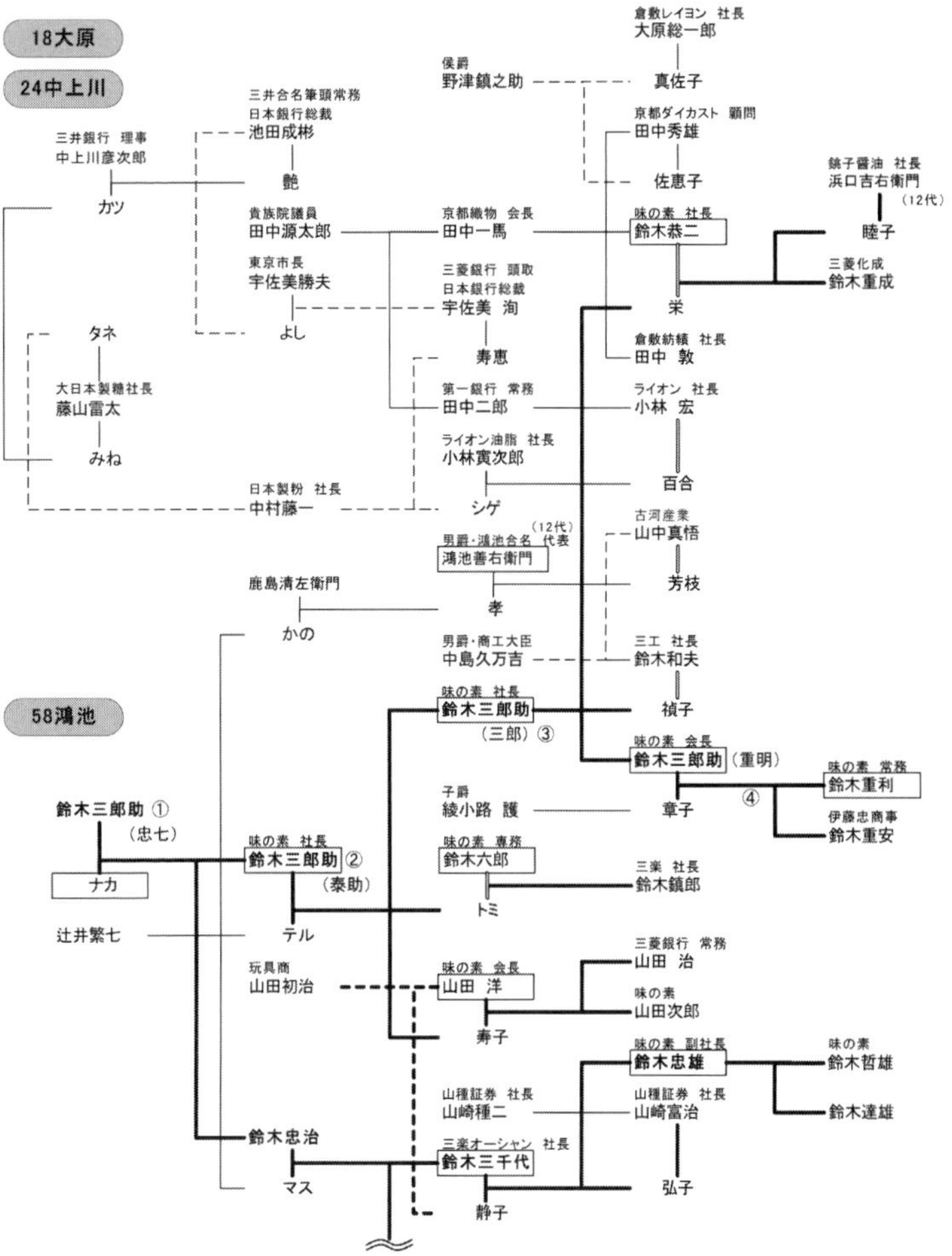

18大原
24中上川
58鴻池
倉敷レイヨン 社長
大原総一郎
侯爵
野津鎮之助
真佐子
三井合名筆頭常務
日本銀行総裁
池田成彬
京都ダイカスト 顧問
田中秀雄
三井銀行 理事
中上川彦次郎
艶
佐恵子
銚子醤油 社長
浜口吉右衛門
(12代)
カツ
貴族院議員
田中源太郎
京都織物 会長
田中一馬
味の素 社長
鈴木恭二
睦子
東京市長
宇佐美勝夫
三菱銀行 頭取
日本銀行総裁
宇佐美 洵
三菱化成
鈴木重成
栄
タネ
よし
倉敷紡績 社長
田中 敦
寿恵
大日本製糖社長
藤山雷太
第一銀行 常務
田中二郎
ライオン 社長
小林 宏
ライオン油脂 社長
小林寅次郎
みね
百合
日本製粉 社長
中村藤一
シゲ
古河産業
山中真悟
(12代)
男爵・鴻池合名 代表
鴻池善右衛門
鹿島清左衛門
芳枝
孝
かの
男爵・商工大臣
中島久万吉
三工 社長
鈴木和夫
味の素 社長
鈴木三郎助
禎子
(三郎) ③
味の素 会長
鈴木三郎助 (重明)
味の素 常務
鈴木重利
子爵
綾小路 護
章子
④
鈴木三郎助 ①
(忠七)
伊藤忠商事
鈴木重安
味の素 社長
鈴木三郎助 ②
味の素 専務
鈴木六郎
ナカ
(泰助)
三楽 社長
鈴木鎮郎
トミ
辻井繁七
テル
三菱銀行 常務
山田 治
玩具商
山田初治
味の素 会長
山田 洋
味の素
山田次郎
寿子
味の素 副社長
鈴木忠雄
味の素
鈴木哲雄
山種証券 社長
山崎種二
山種証券 社長
山崎富治
鈴木達雄
鈴木忠治
三楽オーシャン 社長
鈴木三千代
マス
弘子
静子

45．森　泰吉郎／大学の学長選に敗れて不動産会社経営？

鈴木義雄の義理の従兄弟・実吉純郎《さねよしすみお》の子どもが、森稔《もりみのる》の義兄弟にあたる。

森家は東京で米穀商のかたわら不動産賃貸業を営んでいたが、大正時代から不動産賃貸業に専念し、終戦後にビル賃貸業をはじめた。**森泰吉郎**《たいきちろう》（一九〇四～一九九三）は東京商大（一橋大学）卒業後、横浜市立大学の教授となり、学長選に敗れて退官。森ビルを設立して、その社長となった。森ビルは地域全体を視野に入れた「街造り」を試みる独自戦略で都市計画・都市部住宅地域の再開発関連事業を推進。六本木アークヒルズ、御殿山ヒルズ、城山ヒルズ、ラフォーレ原宿、六本木ヒルズなどの開発で成功した。

森泰吉郎の長男・森敬は研究者の道を進んで慶応義塾大学工学部教授となり、次男・森稔（一九三四～二〇一二）は森ビル社長、三男・**森章**《あきら》（一九三六～）は森ビル観光（現・森トラスト・ホテルズ&リゾーツ）社長に就任。二人で事業を分割相続することになった。その長兄・森敬の義兄弟の有沢忠一《ありさわちゅういち》の義理の伯父が、伊藤忠兵衛《いとうちゅうべえ》の娘婿にあたる。

45. 森　泰吉郎／大学の学長選に敗れて不動産会社経営？

45 森　泰吉郎・稔／森ビル

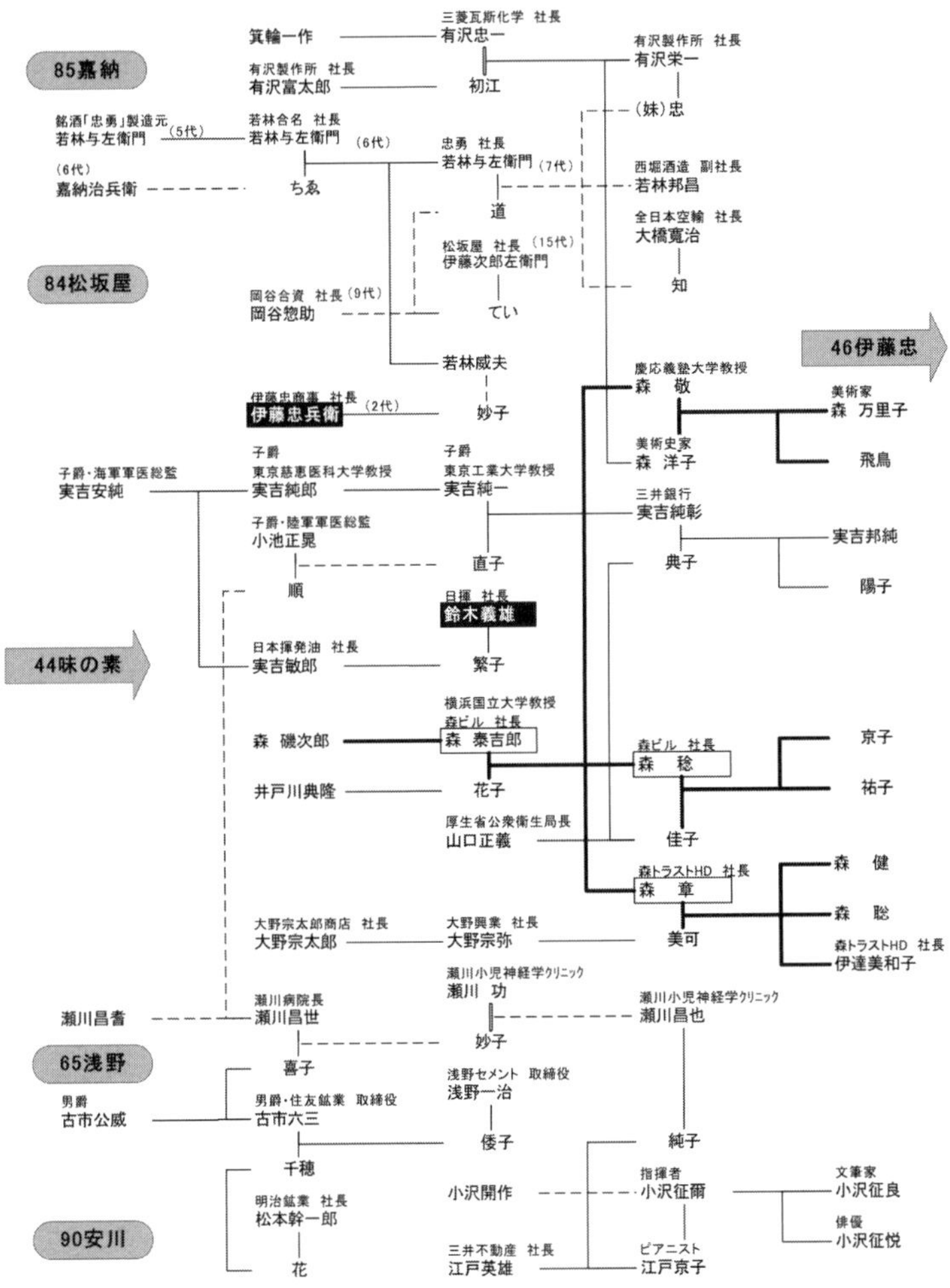

46. 伊藤忠兵衛／陸軍大将や二世議員を包括した閨閥

初代・**伊藤忠兵衛**《ちゅうべえ》（一八四二〜一九〇三）は近江商人「紅屋」長兵衛《ちょうべえ》（通称・紅長《べんちょう》）六代目・伊藤長兵衛の弟として生まれ、伊藤忠商事を創業した。意外に知られていないが、兄の長兵衛は丸紅の創業者で、両社は戦前に合併再編を繰り返していたが、戦後、財閥解体および過度経済力集中排除法で企業分割の対象となり、丸紅、伊藤忠商事、呉羽《くれは》紡績（のち東洋紡績に吸収合併）、尼崎製釘所《せいていじょ》（現・アマテイ）の四社に分割された。

丸紅・伊藤忠商事はともに繊維専門商社でしかなかったが、財閥解体で総合商社の三井物産、三菱商事が徹底的な解散に追い込まれると、その間隙を縫って総合商社化し、丸紅は富士銀行（現・みずほ銀行）、伊藤忠商事は住友銀行（現・三井住友銀行）・第一銀行（現・みずほ銀行）と提携して業容を拡大した。二代目・**伊藤忠兵衛**（精一。一八八六〜一九七三）は経営を甥の伊藤竹之助に任せ、自身は財界活動や新規事業の開拓に東奔西走していたという。長男の妻に陸軍大将の娘を迎え、孫娘を二世議員の河野洋平に嫁がせるなど、商社マンの閨閥らしくないのは、二代目のキャラクターのせいなのだろうか。

46. 伊藤忠兵衛／陸軍大将や二世議員を包括した閨閥

46 伊藤忠兵衛／伊藤忠商事

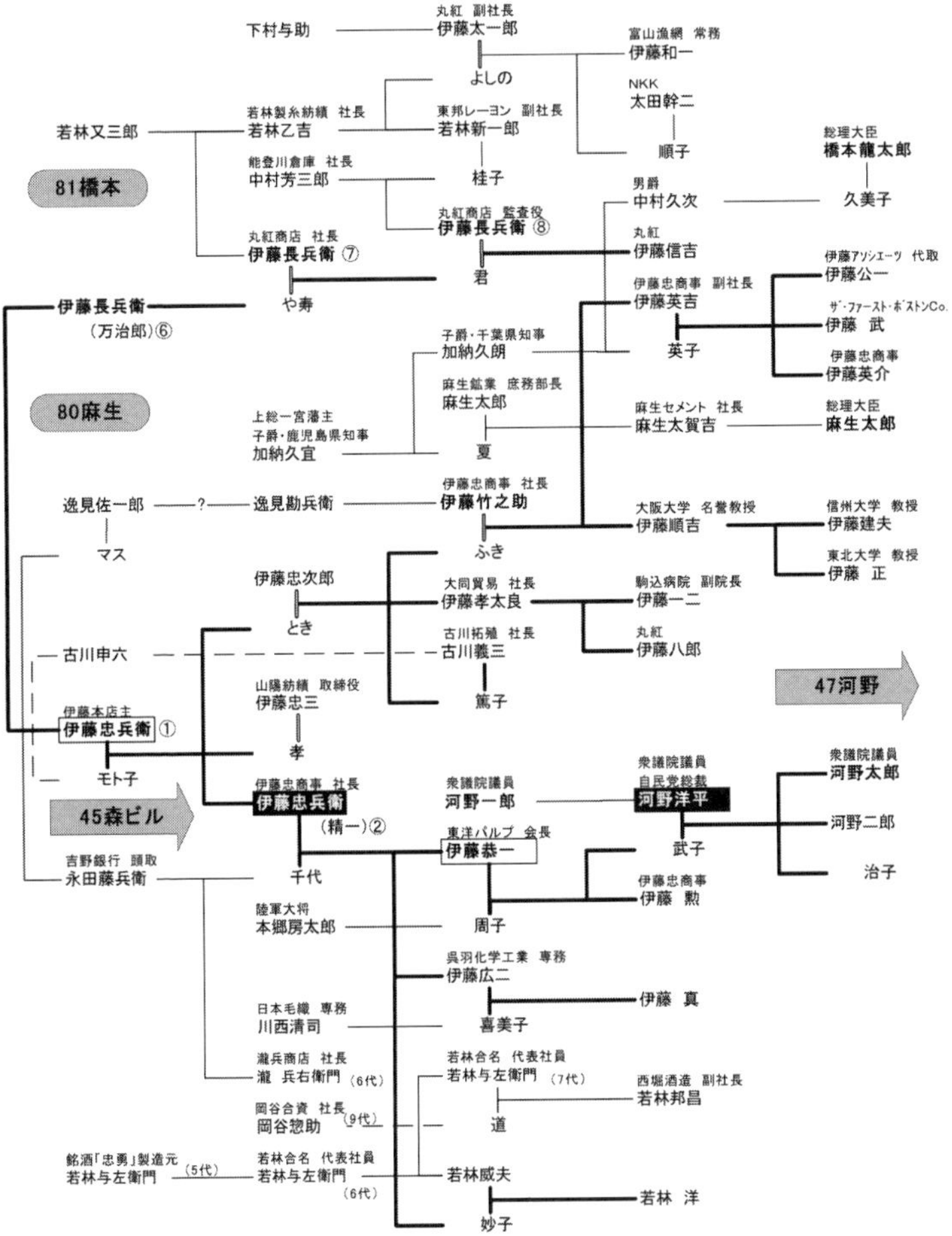

47. 河野一郎・洋平・太郎／自民党の三世代議員。総理誕生なるか

河野《こうの》家は代々小田原藩の豪農で、**河野一郎《いちろう》**（一八九八～一九六五）は二宮尊徳《にのみやそんとく》（金次郎）の義弟の曾孫にあたるという。一郎は早稲田大学卒業後、朝日新聞社に入社。農林大臣・山本悌二郎《ていじろう》の秘書官を経て衆議院議員に当選。戦後、鳩山一郎と日本自由党（現・自民党）を結党。鳩山内閣で農林大臣に就任。自民党結党に参加し、一大派閥の領袖となった。

その子・**河野洋平《ようへい》**（一九三七～）は早稲田大学卒業後、丸紅飯田（現・丸紅）に入社（義父・伊藤恭一の大伯父がつくった会社だ）。二世議員として自民党中曽根派に属したが、ロッキード事件後に離党して新自由クラブを結成。総理大臣・中曽根康弘の説得で復党。宮沢喜一内閣の内閣不信任後に自民党総裁に選出されるが、細川護熙《もりひろ》の総理大臣就任で自民党は野党に転落。自民党結党以来初の総理大臣を兼務しない総裁となった。その子・**河野太郎**（一九六三～）は自民党議員の三世で、次期総理の有力候補。

例によって、河野洋平の遠縁に――と言っても、伊藤家、足立家、塩川家。野依《のより》家を経由する、限りなく他人に近い遠縁なのだが――三井財閥の経営者・朝吹英二《あさぶきえいじ》がいる。

47. 河野一郎・洋平・太郎／自民党の三世代議員。総理誕生なるか

47 河野洋平／自由民主党総裁

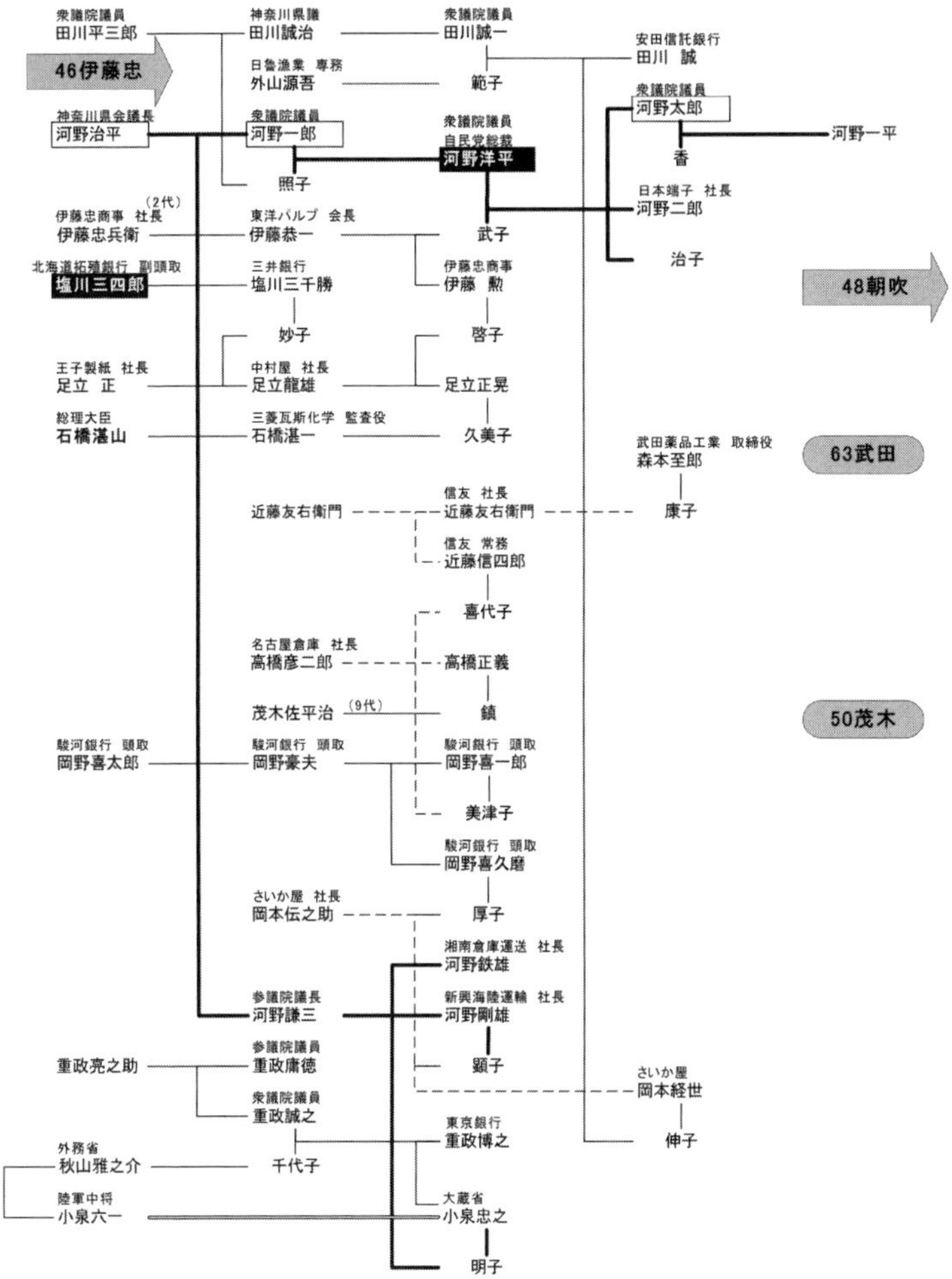

48. 朝吹英二／三井の再建マン。孫の代に文芸一家に花開く

朝吹英二（一八四九〜一九一八）は豊前の庄屋の次男として生まれ、攘夷かぶれの友人にたぶらかされ、洋学者・福沢諭吉に危害を加えようと目論んだが、却って諭吉に気に入られたという。諭吉は英二の才能に一目を置き、姪の澄と結婚させた。

英二は初め三菱に入社し、貿易商会の取締役支配人に抜擢されたが、松方デフレで多額の負債を抱えて倒産。英二はその負債を一身に背負い、浪人生活を余儀なくされた。義兄の中上川彦次郎《なかみがわひこじろう》と三井物産社長の益田孝《たかし》の推薦で三井に入社。鐘淵紡績《かねがふちぼうせき》の専務、王子製紙の会長、三越呉服店の専務理事に就任。三井財閥の商工業部門の再建を託され、三井財閥のトップに祭り上げられそうになったが、益田が後任に団琢磨《だんたくま》を選んで無事引退した。

英二の孫の代になって朝吹家は文芸・音楽一家へと変貌を遂げる。孫の**朝吹英一**は国内有数の木琴奏者。その弟・**朝吹三吉**は慶応義塾大学教授、ユネスコ・パリ本部文化局次長を務めた。三吉の次男がフランス文学者・**朝吹亮二**で、その娘が芥川賞作家の**朝吹真理子**である。

48. 朝吹英二／三井の再建マン。孫の代に文芸一家に花開く

48 朝吹英二／三井同族会専務理事

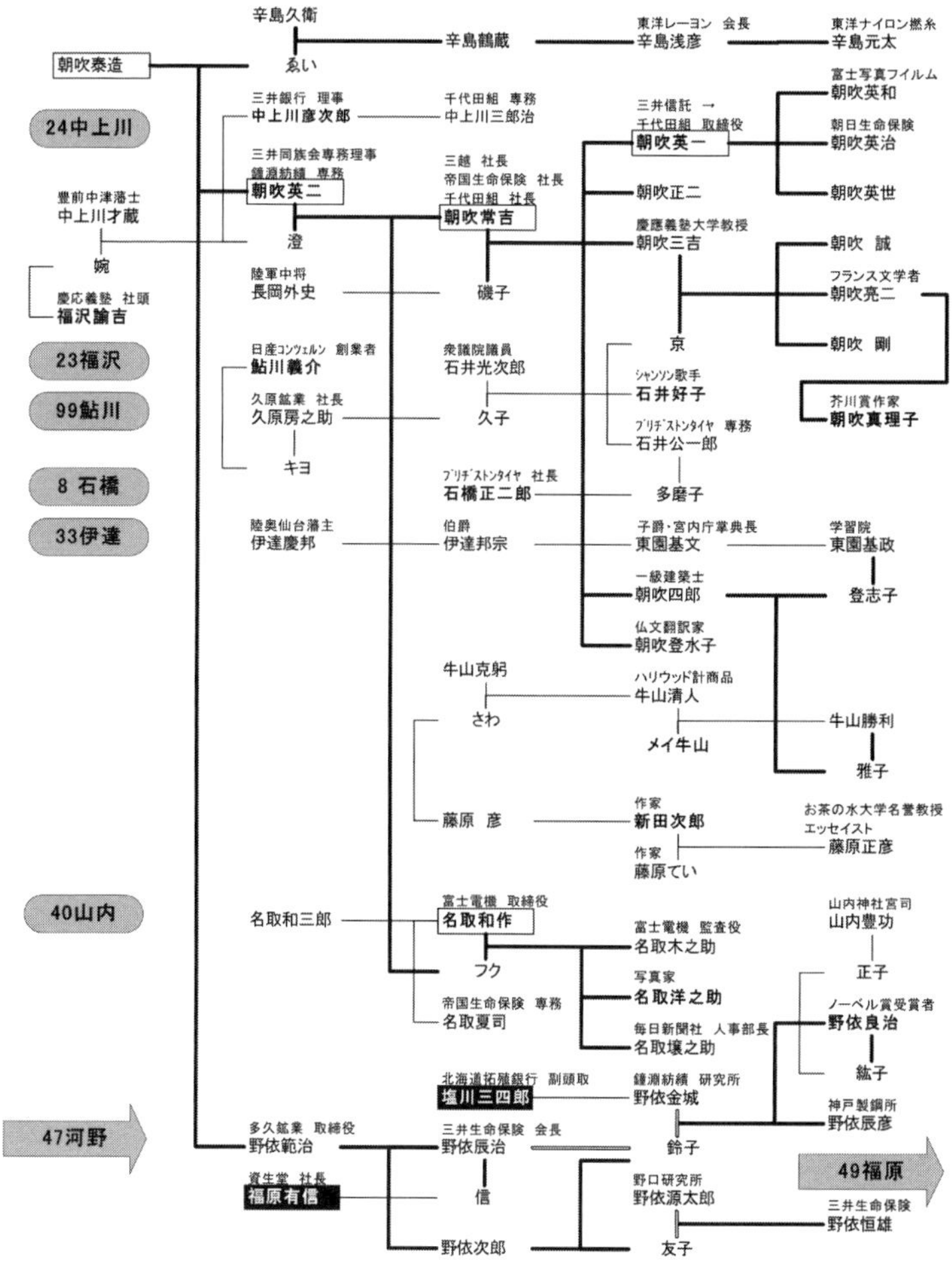

49. 福原有信／資生堂の命名由来は四書五経。創業者は海軍出身

朝吹英二の甥・野依辰治《のよりたつじ》の妻が資生堂の創業者・**福原有信**《ありのぶ》（一八四八～一九二四）の三女と結婚している（野依辰治は、その名でわかるようにノーベル賞受賞者・野依良治《りょうじ》の祖父にあたる）。

福原有信は千葉県の漢方医の家柄に生まれ、幕府の医学所から海軍病院薬局長に進んだ。市販薬品の粗悪さを憂《うれ》うとともに医薬分業を志して海軍を退官。一八七二年に銀座にわが国初の民間洋風薬局・資生堂薬局（現・資生堂）を創業した。店名の由来は四書五経《ししょごきょう》の一つ『易経《えききょう》』の一節「至哉坤元万物資生《いたるかなこんげんばんぶつとりてしょうず》（地の徳はなんと素晴らしいことか。万物はこの大地より生まれる）」にあるという。当初は薬品、化粧品など幅広く商っていたが、有信の三男・**福原信三**《しんぞう》（一八八三～一九四八）が後を継ぐと、営業の主体を化粧品に絞り、独自の販売チェーンを構築して発展。海外での生産・販売体制を確立した。

福原家は千葉の名家（？）らしく、有信の曾孫が千葉県野田市のキッコーマンの創業者一族から妻を迎えている。

49. 福原有信／資生堂の命名由来は四書五経。創業者は海軍出身

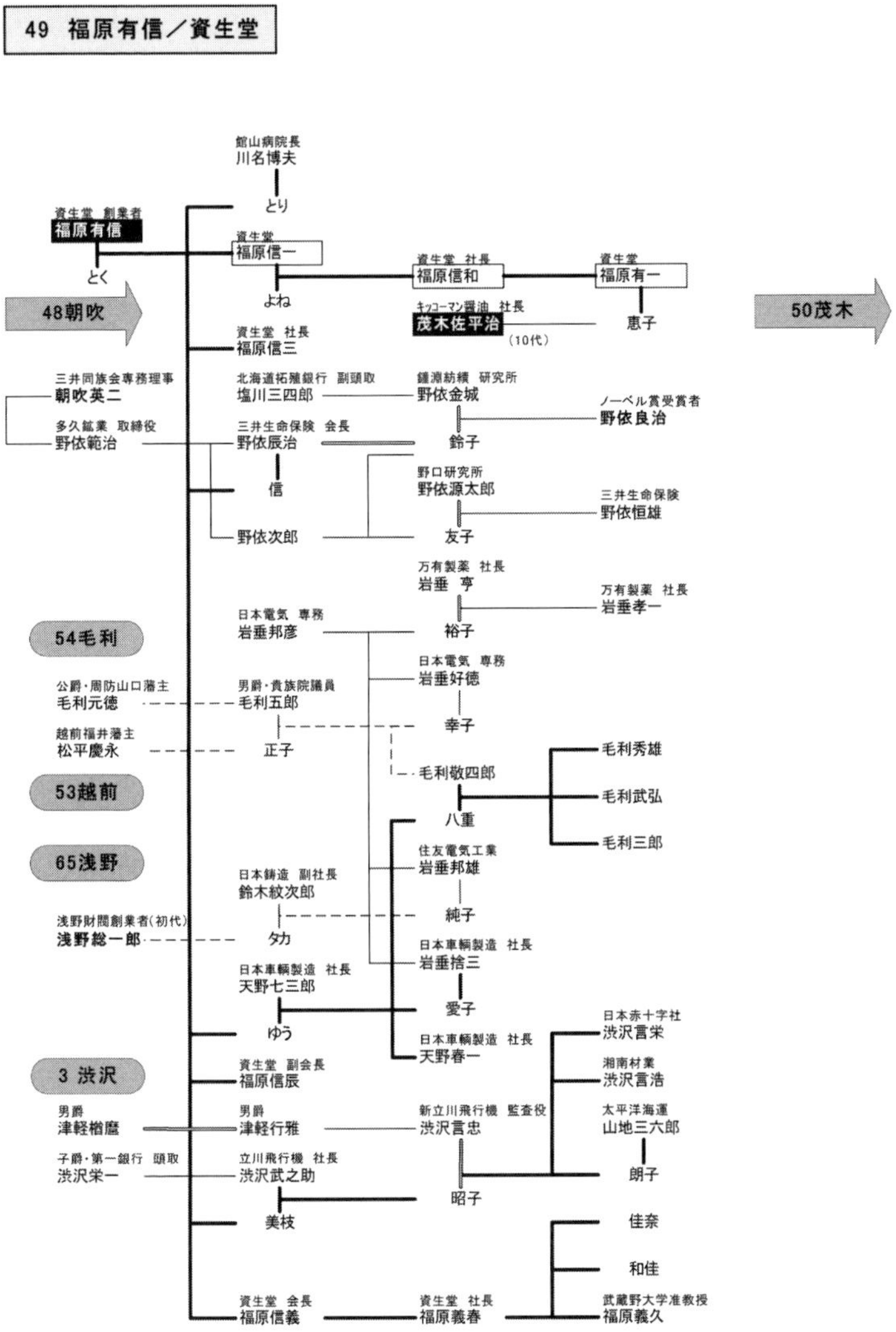

49 福原有信／資生堂
館山病院長
川名博夫
とり
資生堂 創業者
福原有信
とく
資生堂
福原信一
よね
資生堂 社長
福原信和
資生堂
福原有一
48朝吹
キッコーマン醤油 社長
茂木佐平治
(10代)
恵子
50茂木
資生堂 社長
福原信三
三井同族会専務理事
朝吹英二
北海道拓殖銀行 副頭取
塩川三四郎
鐘淵紡績 研究所
野依金城
ノーベル賞受賞者
野依良治
多久鉱業 取締役
野依範治
三井生命保険 会長
野依辰治
鈴子
信
野口研究所
野依源太郎
三井生命保険
野依恒雄
野依次郎
友子
万有製薬 社長
岩垂亨
万有製薬 社長
岩垂孝一
日本電気 専務
岩垂邦彦
裕子
54毛利
日本電気 専務
岩垂好徳
公爵・周防山口藩主
毛利元徳
男爵・貴族院議員
毛利五郎
幸子
越前福井藩主
松平慶永
正子
毛利秀雄
毛利敬四郎
53越前
毛利武弘
八重
毛利三郎
65浅野
住友電気工業
岩垂邦雄
日本鋳造 副社長
鈴木紋次郎
純子
浅野財閥創業者(初代)
浅野総一郎
タカ
日本車輌製造 社長
岩垂捨三
日本車輌製造 社長
天野七三郎
愛子
日本赤十字社
渋沢言栄
ゆう
日本車輌製造 社長
天野春一
3 渋沢
資生堂 副会長
福原信辰
湘南材業
渋沢言浩
男爵
津軽楢麿
男爵
津軽行雅
新立川飛行機 監査役
渋沢言忠
太平洋海運
山地三六郎
子爵・第一銀行 頭取
渋沢栄一
立川飛行機 社長
渋沢武之助
朗子
昭子
美枝
佳奈
和佳
資生堂 会長
福原信義
資生堂 社長
福原義春
武蔵野大学准教授
福原義久

50. 茂木七郎右衛門／グローバルなキッコーマンとは対照的な一族間結婚

キッコーマンは、江戸時代に野田の茂木《もぎ》家・高梨《たかなし》家がはじめた醬油醸造を嚆矢《こうし》とする。茂木家は分家の育成に秀で、多くの分家がそれぞれ違う商標を掲げて競い合ったため、幕末には野田の醬油生産高の過半数を茂木一族で占めるに至った。明治時代に入ると醬油業界は競争が激化して一族相喰《あいは》む状況となったため、茂木・高梨一族の八家が醬油事業を統合して野田醬油（現・キッコーマン）を設立。その際に商標にしたのが当時最も名が通っていた「キッコーマン」（亀甲《きっこう》に萬《マン》の字）だ。戦後、食生活の欧米化で醬油の消費量が頭打ちになると、キッコーマンは欧米に醬油を輸出したり、現地生産することを企画。一躍、グローバル企業へと飛躍した。

日本には醬油醸造業が数多あるが、キッコーマンは醬油のグローバル化に最も成功した企業である。その創業者一族である茂木・高梨家は八家もあるので、まず一族間の婚姻が主流となり、グローバルな閨閥形成とはいかなかった。戦後になって高梨家が積極的な閨閥形成を進めている。

50. 茂木七郎右衛門／グローバルなキッコーマンとは対照的な一族間結婚

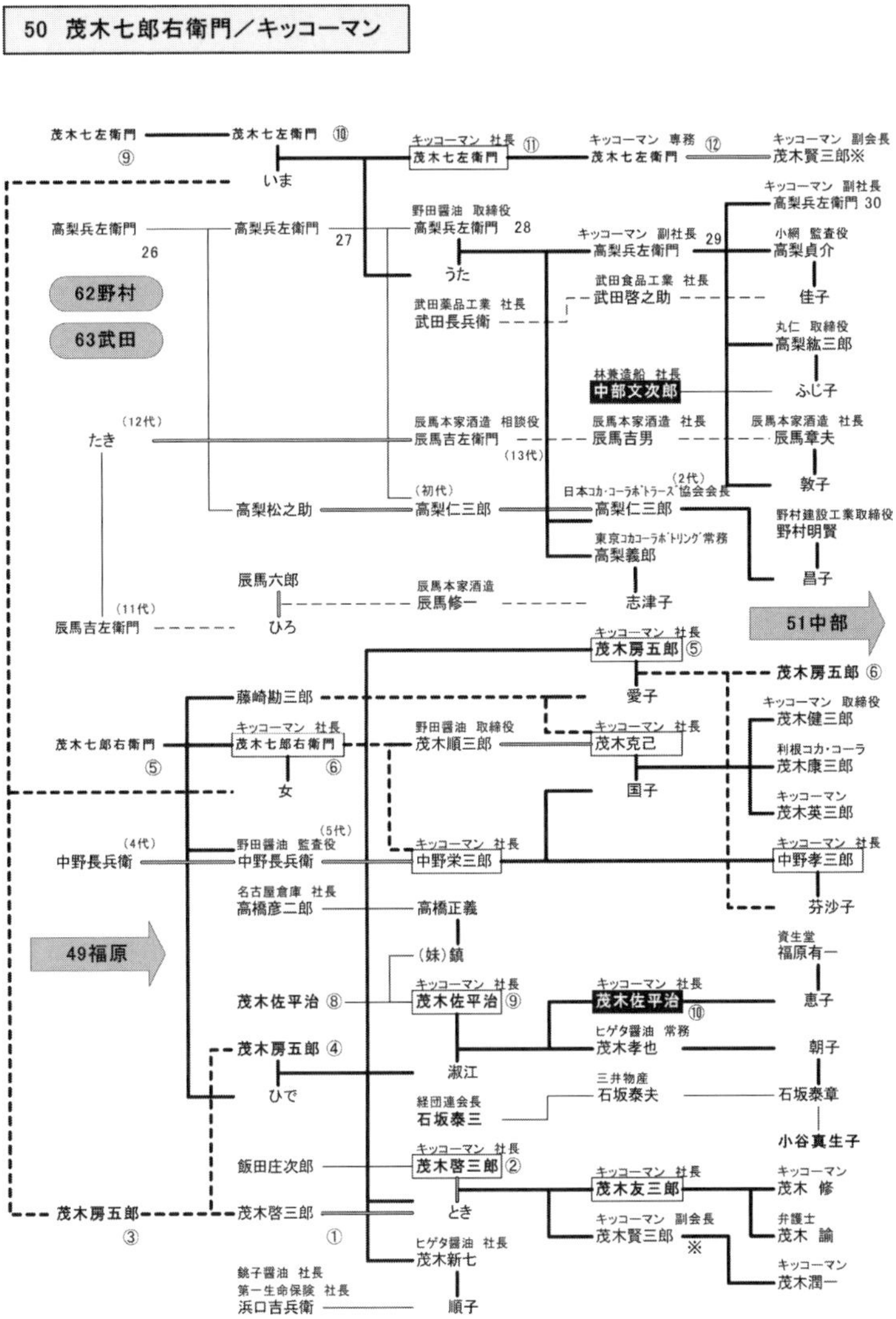

51 中部幾次郎／徳川侍従と親戚

キッコーマン副社長・高梨兵左衛門の三男が、マルハ（旧・大洋漁業）の創業者・中部《なかべ》幾次郎《いくじろう》（一八六六〜一九四六）の孫娘と結婚している。

中部家は兵庫県明石市の林村の出身で、先祖は林屋を屋号にしていたが、幾次郎の祖父・中部兼松《かねまつ》が屋号を林兼《はやしかね》に変え、丸に「は」の字を船印とした（つまりマルハである）。林兼商店はもともと鮮魚仲買《なかがい》運搬業だったが、自ら漁業・捕鯨に進出。戦時中に西大洋漁業統制会社に再編され、戦後に大洋漁業、ついでマルハと改称。二〇〇七年にニチロ（旧・日魯漁業）と経営統合してマルハニチロとなった。

幾次郎には少なくとも三男三女、二人の婿養子がおり、孫の代まで大洋漁業（マルハ）の経営陣に名を連ねている。孫の中部鉄次郎《てつじろう》が、終戦時の侍従・徳川義寛《よしひろ》の娘と結婚している。義寛は尾張徳川家の分家筋にあたり、昭和天皇の玉音放送用のレコードを反乱軍兵士から守り、玉音放送を実現したことでも知られ、小説・映画『日本のいちばん長い日』でも取り上げられている。

51. 中部幾次郎／徳川侍従と親戚

51 中部幾次郎／大洋漁業（マルハ）

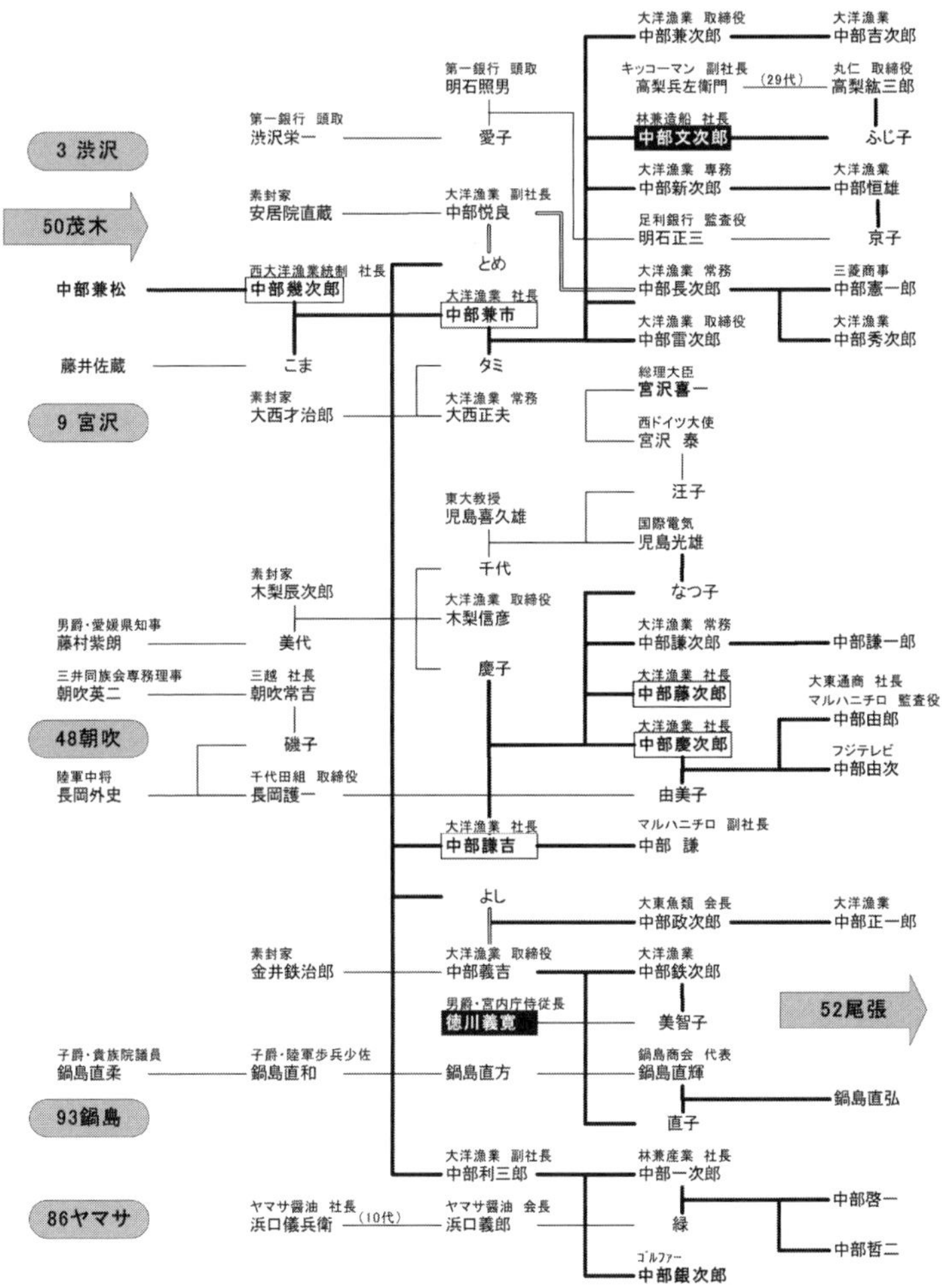

52. 尾張徳川家／「最後の殿様」は春嶽《しゅんがく》の末男、徳川黎明会《れいめいかい》・徳川美術館を創設

尾張徳川家は徳川将軍家の分家「御三家」の筆頭で、藩祖・徳川義直《よしなお》（一六〇〇～一六五〇）は家康の九男で、尾張名古屋六一万九五〇〇石に封ぜられた。

幕末の藩主・**徳川慶恕**《よしくみ》（のち慶勝、一八二四～一八八三）は支藩の美濃高須藩出身。兄弟はみな優秀で、弟の徳川茂栄《もちはる》（尾張徳川家、一橋徳川家）、松平容保《かたもり》（会津松平家、京都守護職）、松平定敬《さだあき》（伊勢桑名藩主、京都所司代）とともに「高須四兄弟」と呼ばれた。

慶勝の養子・**徳川義礼**《よしあきら》に男子がいなかったため、越前松平慶永《よしなが》（春嶽《しゅんがく》）の末男・**徳川義親**《よしちか》（一八八六～一九七六）を婿養子に迎えた。義親は財団法人徳川黎明会を設立して、先祖伝来の家宝や美術品を寄付し、徳川美術館を建築。また、義親は戦前の陸軍クーデター未遂事件や戦後の日本社会党発足にも関わったといわれ、「最後の殿様」と評された。

義親の長男・**徳川義知**《よしとも》も女子しか授からなかったので、下総佐倉藩主・堀田家の血筋である**徳川義宣**《よしのぶ》（一九三三～二〇〇五）を婿養子に迎えた。義宣は学者としても活躍。『新修　徳川家康文書の研究』『徳川家康真蹟集』などの著書がある。

52. 尾張徳川家／「最後の殿様」は春嶽の末男、徳川黎明会・徳川美術館を創設

52 尾張徳川家／御三家／侯爵

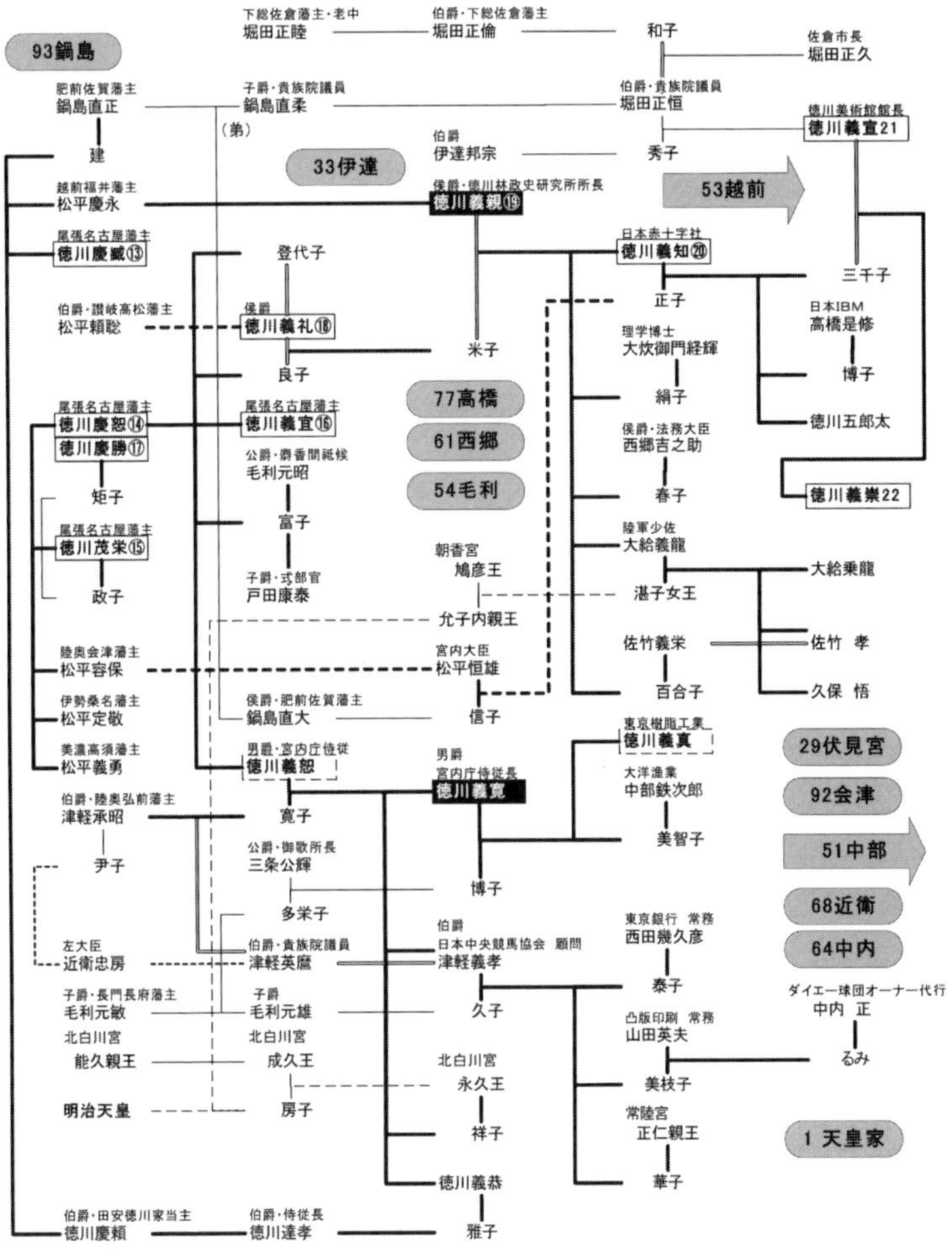

53. 越前松平家／制外の家

越前松平家は徳川家康の次男・結城秀康《ゆうきひでやす》（一五七四～一六〇七）を祖とし、越前福井藩三二万石を代々治めた。秀康は豊臣秀吉の猶子《ゆうし》（相続権のない養子）、結城晴朝《はるとも》の婿養子を経て越前北ノ庄（福井県福井市）六八万石の大大名に取り立てられた。将軍・秀忠の兄の家系なので「制外（別格）の家」と称した。

幕末の当主・**松平慶永**《よしなが》（春嶽《しゅんがく》、一八二八～一八九〇）は名君の誉れ高く、「四賢侯」の一人と呼ばれたが、安政の大獄で隠居を命ぜられ、幕命により支藩の越後糸魚川《いといがわ》藩主が越前福井藩主・松平茂昭《もちあき》となった。しかし、桜田門外の変で井伊直弼が暗殺されると、慶永は政治の表舞台に復帰。明治新政府でも議定《ぎじょう》職、民部卿、大蔵卿などを歴任した。しかし、越前松平家は茂昭の子孫が継ぎ、松平慶永の実子・松平慶民《よしたみ》は分家（子爵家）を創設。その子・松平永芳《ながよし》は戦後、靖国神社宮司となり、A級戦犯を合祀したことで有名である。

家祖・秀康の次女が、二代将軍・秀忠の養女として毛利家に嫁いで以来、越前松平家と毛利家は度々婚姻を重ねている。

53 松平春嶽／越前福井藩主／侯爵家

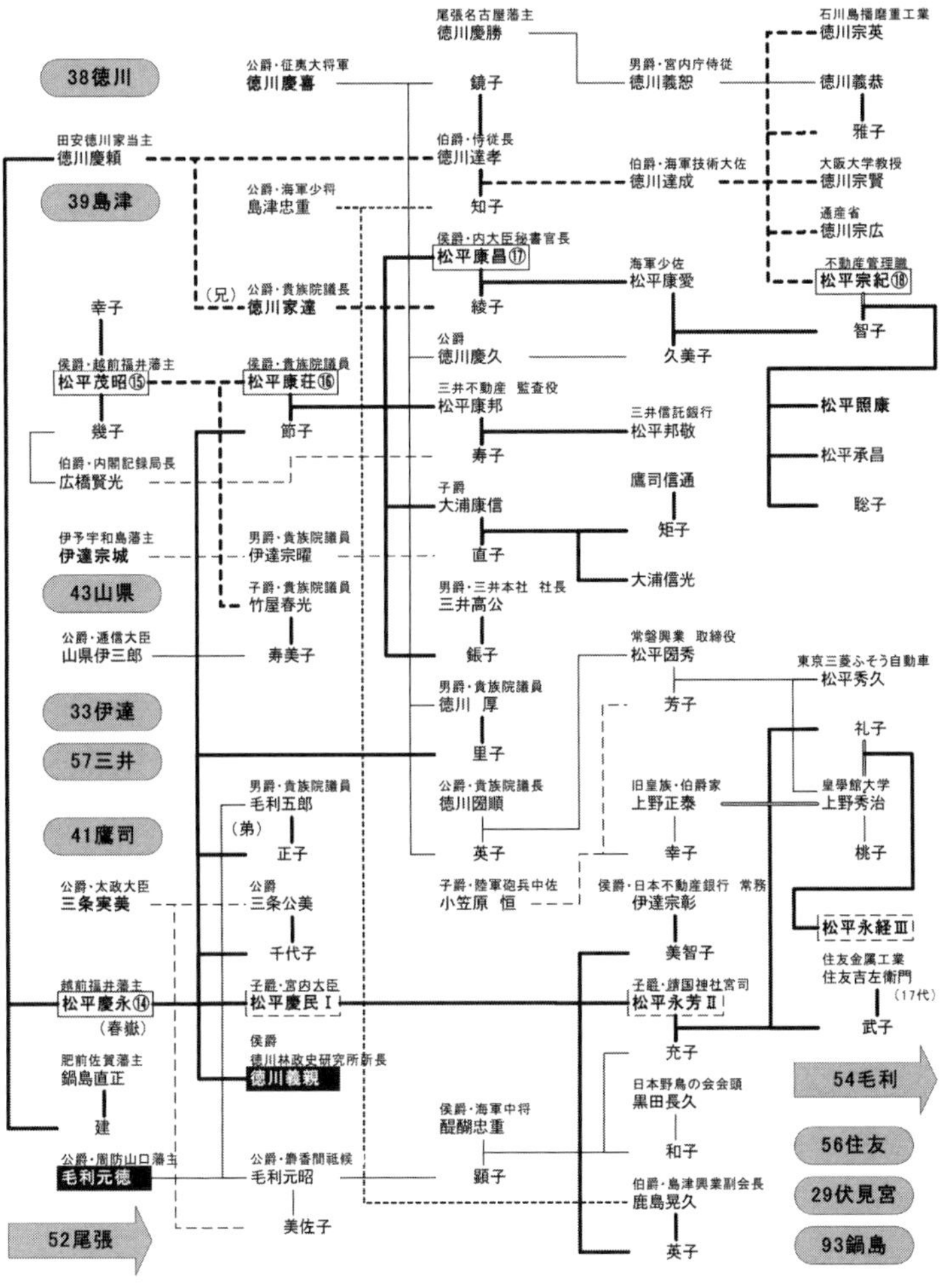

54. 毛利家／意外に地味な閨閥

毛利家は鎌倉幕府創業の功臣・大江広元の子孫が、相模国愛甲郡《あいこう》の森荘（毛利荘、神奈川県厚木市）を経由して安芸国吉田荘（広島県吉田町）の地頭となり、室町時代に入ると周防守護・大内家の傘下に入った。大内家が家臣・陶晴賢《すえはるかた》によって滅ぼされると、**毛《もう》利元就《りもとなり》**（一四九七〜一五七一）は謀略を駆使して陶晴賢を厳島で討ち、ついで出雲の尼《あま》子《ご》家を降して、中国地方八カ国の覇者となった。元就の嫡孫・**毛利輝元《てるもと》**（一五五三〜一六二五）は関ヶ原の合戦で徳川家康に敗れ、中国八カ国一二〇万五〇〇〇石から、長門、周防二カ国の長門《ながと》萩《はぎ》藩（通称・長州《ちょうしゅう》藩）三六万九〇〇〇石に減封された。一三代藩主・**毛利敬親《たかちか》**（一八一九〜一八七一）は藩政改革を行って藩財政を再建。長州藩は過激な尊皇攘夷思想から倒幕運動に発展し、明治維新を成し遂げた。

薩摩藩主・島津家が旧皇族・五摂家・徳川家と幅広く閨閥を形成しているのと比べると、毛利家の閨閥は地味である。安芸広島藩主・浅野長勲《ながこと》が「わしの目の黒いうちは長州藩と縁組みするな」と言ったと伝えられ、少なからず恨みを買っていたのかもしれない。

54 毛利敬親／長州藩／公爵家

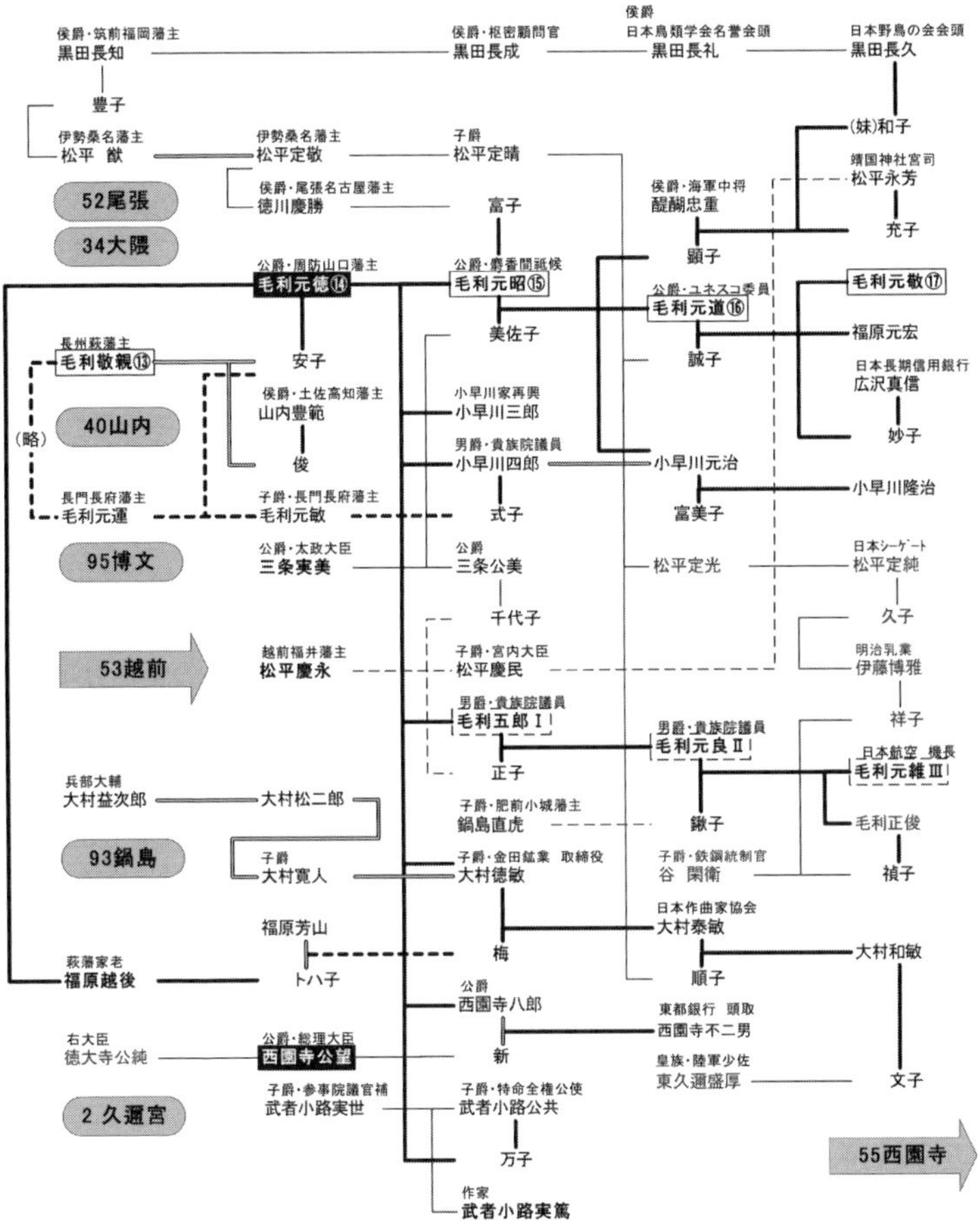

55. 西園寺公望／正妻を持ってはいかん！　でも内妻なら何人でも？

そんな毛利家から婿養子を迎えているのが西園寺家《さいおんじ》だ。西園寺家は三条家の庶流で、藤原公実《きんざね》の四男・通季《みちすえ》を祖とする。通季の曾孫・西園寺公経《きんつね》が京都北山に西園寺を建立したことから西園寺を家名とした。

西園寺公経は源頼朝の姪を妻に迎え、鎌倉幕府四代将軍・藤原頼経の外祖父に当たることから関東申次《もうしつぎ》（鎌倉幕府との公家の窓口）として権勢を振るった。

幕末明治の当主・**西園寺公望**《きんもち》（一八四九〜一九四〇）は徳大寺公純《きんいと》の次男に生まれ、西園寺家の養子となる。戊辰戦争で転戦し、岩倉具視にかわいがられる。フランスに留学し、帰国後、明治法律学校（現・明治大学）を設立。伊藤博文内閣の文部大臣に就任。伊藤の後継者として政友会総裁となり、総理大臣に就任したが、陸軍と対立して総辞職。以後は元老として首相の内定に絶大な影響力を持った。

西園寺家は宮廷で琵琶《びわ》を司《つかさど》る家系で、弁財天《べんざいてん》に嫉妬されないように正妻を持たないという伝説があり、公望にも正妻がいなかったが、内縁の妻が三人もいたという。

55. 西園寺公望／正妻を持ってはいかん！　でも内妻なら何人でも？

55 西園寺公望／総理大臣・公家（清華家）／公爵

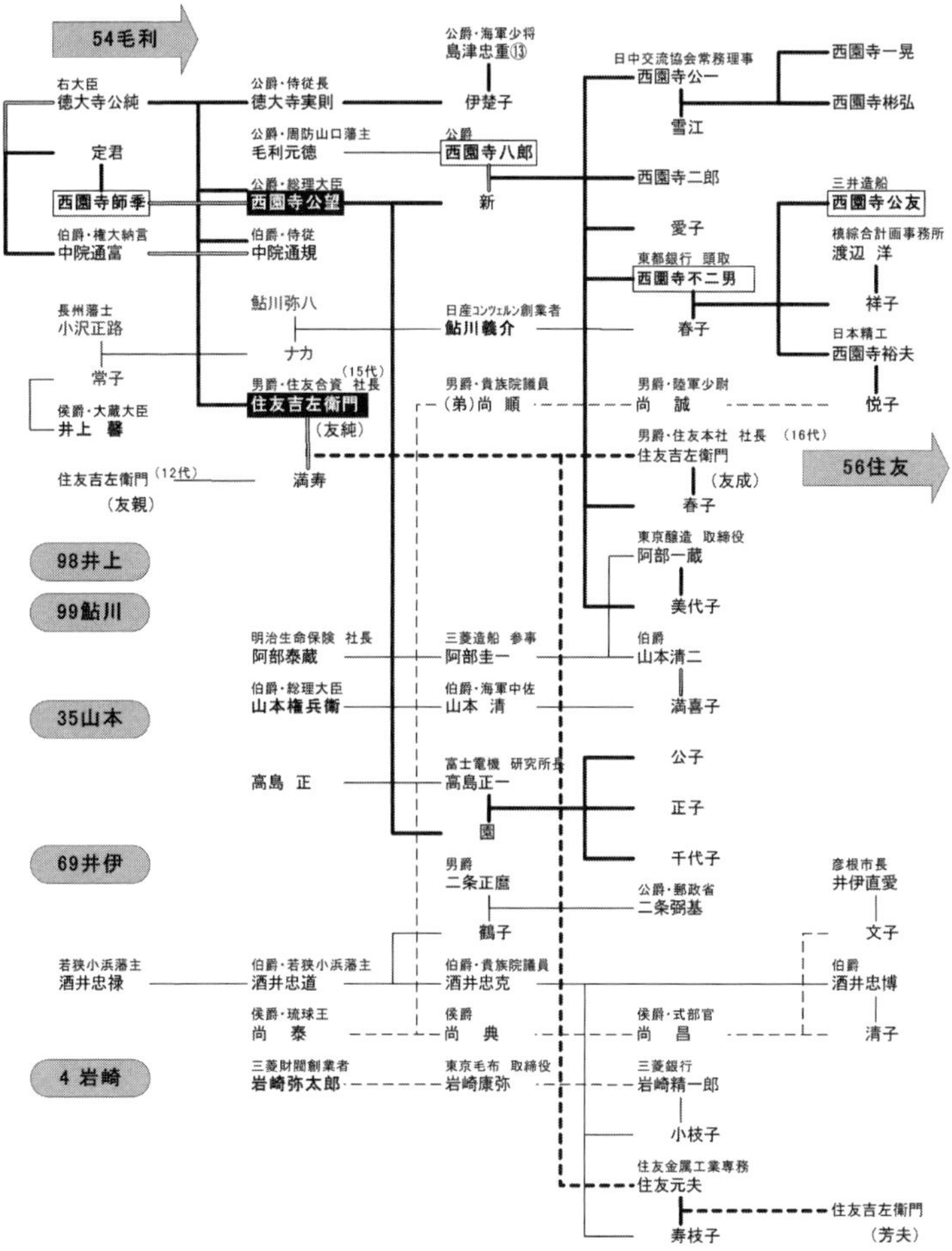

54毛利
右大臣 徳大寺公純
定君
西園寺師季
伯爵・権大納言 中院通富
長州藩士 小沢正路
常子
侯爵・大蔵大臣 井上 馨
住友吉左衛門（12代）（友親）
98井上
99鮎川
35山本
69井伊
4 岩崎
若狭小浜藩主 酒井忠禄
公爵・侍従長 徳大寺実則
公爵・周防山口藩主 毛利元徳
公爵・総理大臣 西園寺公望
伯爵・侍従 中院通規
鮎川弥八
ナカ
男爵・住友合資 社長（15代） 住友吉左衛門（友純）
満寿
明治生命保険 社長 阿部泰蔵
伯爵・総理大臣 山本権兵衛
高島 正
伯爵・若狭小浜藩主 酒井忠道
侯爵・琉球王 尚 泰
三菱財閥創業者 岩崎弥太郎
公爵・海軍少将 島津忠重⑬
伊楚子
公爵 西園寺八郎
新
日産コンツェルン創業者 鮎川義介
男爵・貴族院議員 （弟）尚 順
三菱造船 参事 阿部圭一
伯爵・海軍中佐 山本 清
富士電機 研究所長 高島正一
園
男爵 二条正麿
鶴子
伯爵・貴族院議員 酒井忠克
侯爵 尚 典
東京毛布 取締役 岩崎康弥
日中交流協会常務理事 西園寺公一
雪江
西園寺二郎
愛子
東都銀行 頭取 西園寺不二男
春子
男爵・陸軍少尉 尚 誠
男爵・住友本社 社長（16代） 住友吉左衛門（友成）
春子
東京醸造 取締役 阿部一蔵
美代子
伯爵 山本清二
満喜子
公子
正子
千代子
公爵・郵政省 二条弼基
侯爵・式部官 尚 昌
三菱銀行 岩崎精一郎
小枝子
住友金属工業専務 住友元夫
寿枝子
西園寺一晃
西園寺彬弘
三井造船 西園寺公友
横綜合計画事務所 渡辺 洋
祥子
日本精工 西園寺裕夫
悦子
56住友
彦根市長 井伊直愛
文子
伯爵 酒井忠博
清子
住友吉左衛門（芳夫）

56. 住友吉左衛門／西園寺公望の実弟を婿養子に迎える

その西園寺公望の弟を婿養子に迎えたのが住友家だ。住友家は住友財閥・住友グループの創業者一族で、江戸時代以来続いた富商である。

「商家は娘が生まれると優秀な番頭を娘婿に迎えて跡を継がせる」という俗説は、三井や住友くらいの富商になると通用しない。そもそも番頭が経営するので、当主は男系重視なのだ。しかし、住友家は明治時代に男系が途絶え、番頭たちはこれを機に住友家の家格を引き上げようと、名門公家・徳大寺家の六男で西園寺公望の実弟を婿養子に迎えた。一五代・**住友吉左衛門友純**《ともいと》（一八六四〜一九二六）である。

友純の長男・住友寛一《かんいち》に西園寺公望の孫娘との縁談が持ち上がるが、寛一はこれを拒否して一般女性と駆け落ちし、廃嫡《はいちゃく》される。結局、次男・**住友吉左衛門友成**《ともなり》（一九〇九〜一九九三）が家督を継いだ。友成は二女をもうけたが、男子がいなかったので、甥の**住友吉左衛門芳夫**《よしお》（一九四三〜）が跡を継いだ。天皇家でも女性皇族が云々される時代にもかかわらず、財閥家族は今もって男系が重視されるのだ（三菱の岩崎家も同様に男系重視である）。

56. 住友吉左衛門／西園寺公望の実弟を婿養子に迎える

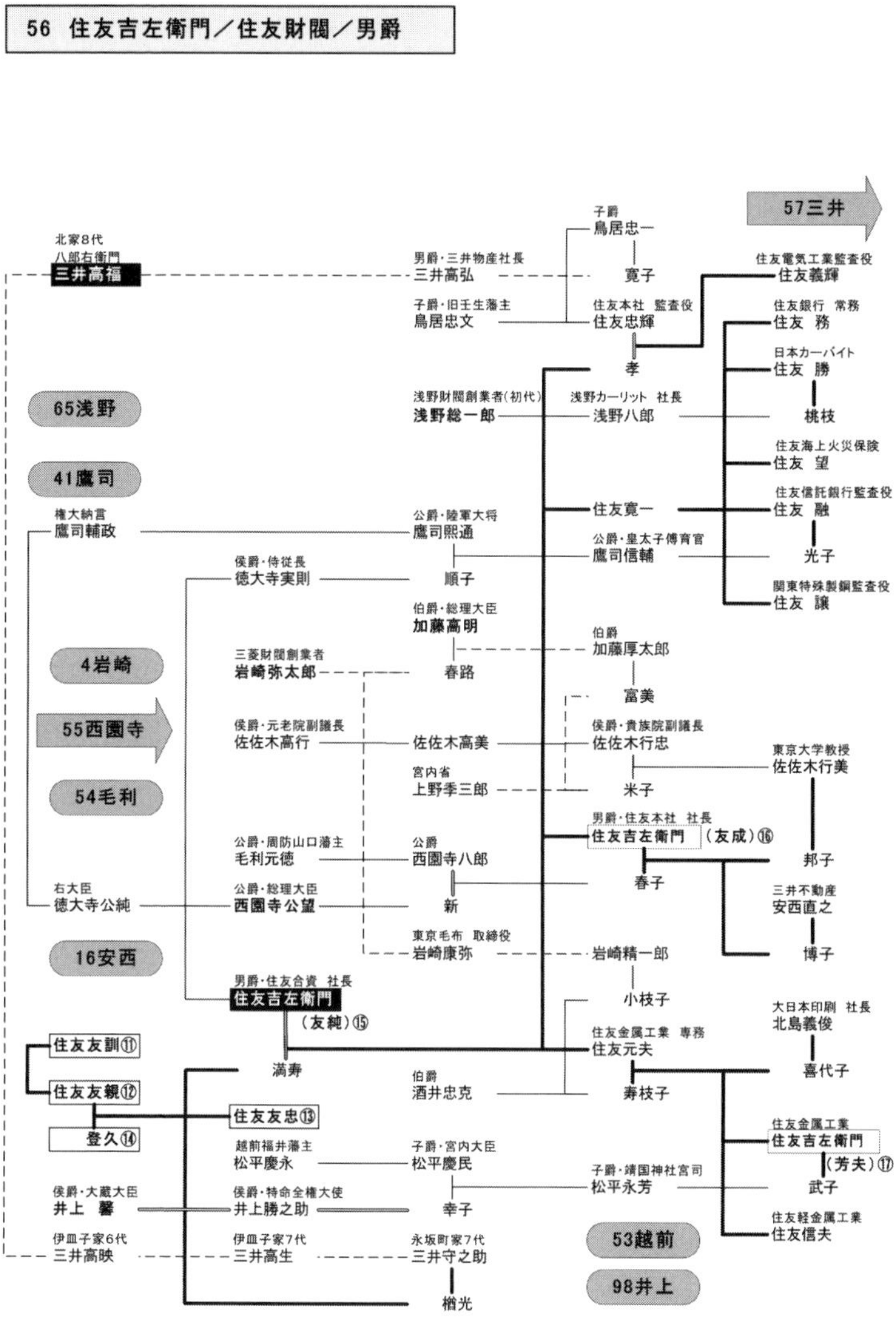

57. 三井八郎右衛門／上流志向が成せる閨閥

三井住友銀行が誕生する前から、三井家と住友家の間には婚姻関係があった。驚かれる向きもあろうが、明治以前、三井家は京都を本拠地とする富商だったので、釣り合いが取れる縁談となると、住友家や鴻池家などの京都・大坂の富商がちょうどよかったのだ。

また、三井家は同族間結婚も盛んだった。三井の創業者・三井**八郎兵衛高利**《はちろうべえたかとし》（一六二二〜一六九四）は一一男四女の子宝に恵まれ、長男以外の子どもたちは分家を立て、三井同族を構成。明治期には「三井十一家」と呼ばれた。十一家もあると、妙齢の子女には事欠かない。当主に男子がいないと、同族の次男・三男を養子にとって血脈を保った。

江戸時代の商家は、好んで婿養子を取ったという伝説があるが、三井家ではむしろ娘を番頭なんぞに嫁がせることはタブーだった。その風習は明治以降も存続し、三井守之助《もりのすけ》の末娘が三井物産社長・益田孝《たかし》の孫（益田智信《とものぶ》）と恋に落ちると、三井同族は「認める？認めない？」の大騒動となった（結局、二人は結婚した）。益田は男爵を授爵し、智信の母は老中・松平定信の末裔という名門なのだが、三井家にとっては、番頭（サラリーマン経営者）風情《ふぜい》を相手になんて……ということなのである。

では明治以降、三井同族は誰を相手に縁談を進めたかといえば、華族階級である。比較的富裕な大名華族から妻を娶り、爵位が高い割に貧乏な公家華族に、持参金を付けて娘を嫁に出したようだ。

明治期の当主・**三井八郎右衛門高棟**《みついはちろうえもんたかみね》（一八五七～一九四八）の娘は三人が公家華族と結婚しており、唯一、三井同族と結婚した四女の礼子《れいこ》は「姉二人と妹は華族へ（嫁に）行きましたでしょ。これは父が位《くらい》がほしくなったので、そういう方と関係づけをしたくなったんでしょう」と指摘している。岩崎弥太郎や渋沢栄一が、有望な青年を婿に選んで「人材に投資」したのとは全く対局の閨閥形成だった。

三井同族がサラリーマン経営者との間に線を引いて、彼らを冷遇したことで、戦後、しっぺ返しを受けることになる。三菱や住友グループ企業が岩崎家や住友家の子弟を採用し、取締役や監査役に引き上げて厚遇したのに比べ、戦後、三井グループ企業で役員になった三井同族は一人しかいなかった。三井本家の子弟ですら、部長にはなれるのだが、役員には引き上げてもらえなかったのである。

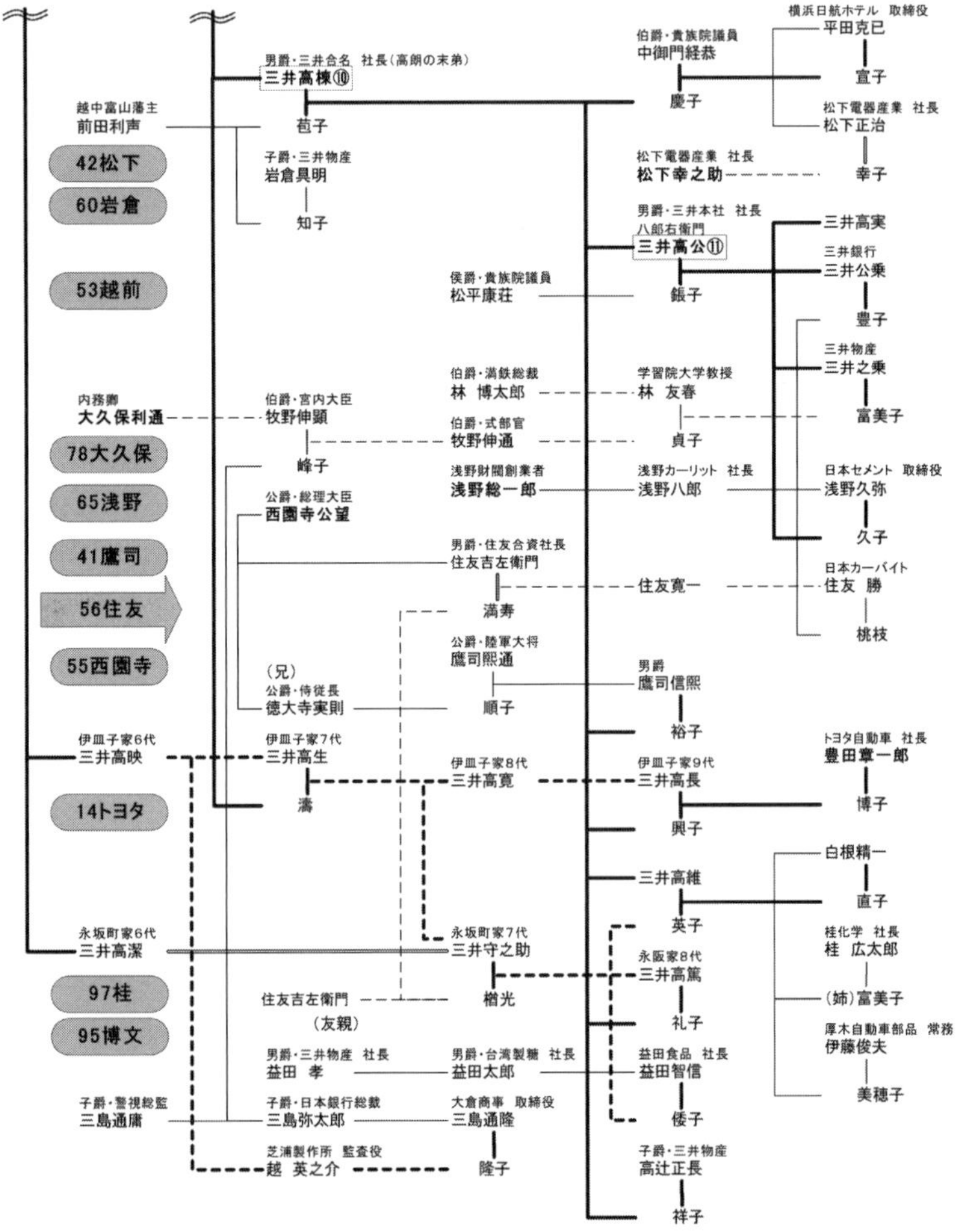
横浜日航ホテル 取締役
平田克已
伯爵・貴族院議員
中御門経恭
宣子
男爵・三井合名 社長（高朗の末弟）
三井高棟⑩
慶子
越中富山藩主
前田利声
苞子
松下電器産業 社長
松下正治
42松下
子爵・三井物産
岩倉具明
松下電器産業 社長
松下幸之助
幸子
60岩倉
知子
男爵・三井本社 社長
八郎右衛門
三井高公⑪
三井高実
三井銀行
三井公乗
53越前
侯爵・貴族院議員
松平康荘
鈹子
豊子
三井物産
三井之乗
伯爵・満鉄総裁
林 博太郎
学習院大学教授
林 友春
内務卿
大久保利通
伯爵・宮内大臣
牧野伸顕
富美子
伯爵・式部官
牧野伸通
貞子
78大久保
峰子
浅野財閥創業者
浅野総一郎
浅野カーリット 社長
浅野八郎
日本セメント 取締役
浅野久弥
65浅野
公爵・総理大臣
西園寺公望
久子
41鷹司
男爵・住友合資社長
住友吉左衛門
日本カーバイト
住友寛一
住友 勝
56住友
満寿
桃枝
公爵・陸軍大将
鷹司煕通
55西園寺
（兄）
男爵
鷹司信煕
公爵・侍従長
徳大寺実則
順子
裕子
伊皿子家6代
三井高映
伊皿子家7代
三井高生
トヨタ自動車 社長
豊田章一郎
伊皿子家8代
三井高寛
伊皿子家9代
三井高長
14トヨタ
濤
博子
興子
白根精一
三井高維
直子
英子
永坂町家6代
三井高潔
永坂町家7代
三井守之助
桂化学 社長
桂 広太郎
永阪家8代
三井高篤
97桂
住友吉左衛門
楢光
（姉）富美子
礼子
95博文
（友親）
厚木自動車部品 常務
伊藤俊夫
男爵・三井物産 社長
益田 孝
男爵・台湾製糖 社長
益田太郎
益田食品 社長
益田智信
美穂子
子爵・警視総監
三島通庸
子爵・日本銀行総裁
三島弥太郎
大倉商事 取締役
三島通隆
倭子
芝浦製作所 監査役
越 英之介
子爵・三井物産
高辻正長
隆子
祥子

57 三井八郎右衛門／三井財閥／男爵

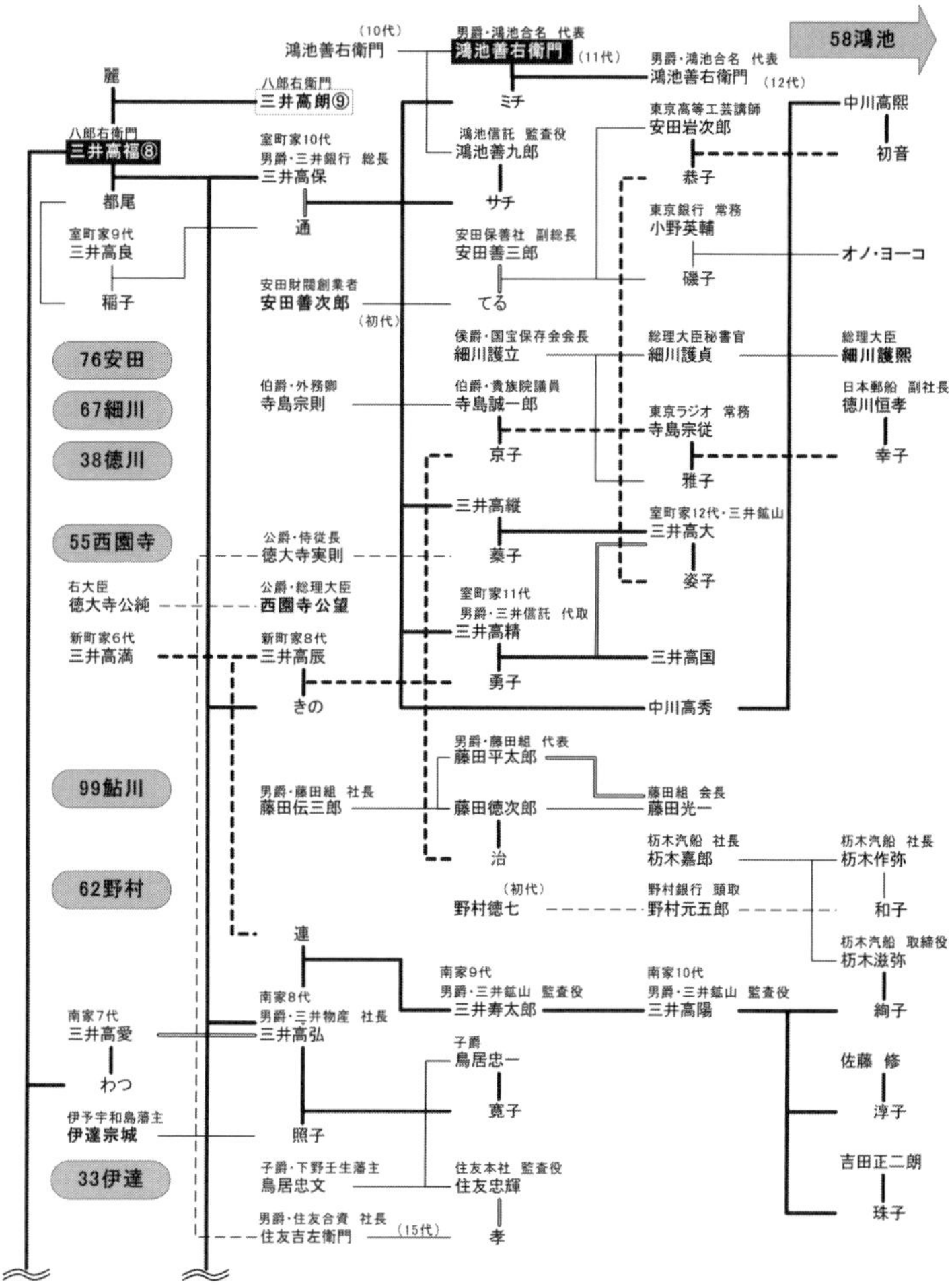
58鴻池
(10代)
鴻池善右衛門
男爵・鴻池合名 代表
鴻池善右衛門
(11代)
男爵・鴻池合名 代表
鴻池善右衛門
(12代)
麗
八郎右衛門
三井高朗⑨
ミチ
中川高熙
東京高等工芸講師
安田岩次郎
八郎右衛門
三井高福⑧
室町家10代
男爵・三井銀行 総長
三井高保
鴻池信託 監査役
鴻池善九郎
初音
恭子
都尾
サチ
東京銀行 常務
小野英輔
室町家9代
三井高良
通
安田保善社 副総長
安田善三郎
オノ・ヨーコ
礎子
稲子
安田財閥創業者
安田善次郎
(初代)
てる
76安田
侯爵・国宝保存会会長
細川護立
総理大臣秘書官
細川護貞
総理大臣
細川護熙
67細川
伯爵・外務卿
寺島宗則
伯爵・貴族院議員
寺島誠一郎
日本郵船 副社長
徳川恒孝
38徳川
東京ラジオ 常務
寺島宗従
京子
幸子
雅子
三井高縦
55西園寺
室町家12代・三井鉱山
三井高大
公爵・侍従長
徳大寺実則
蓁子
姿子
右大臣
徳大寺公純
公爵・総理大臣
西園寺公望
室町家11代
男爵・三井信託 代取
三井高精
新町家6代
三井高満
新町家8代
三井高辰
三井高国
勇子
きの
中川高秀
男爵・藤田組 代表
藤田平太郎
99鮎川
男爵・藤田組 社長
藤田伝三郎
藤田徳次郎
藤田組 会長
藤田光一
治
栃木汽船 社長
栃木嘉郎
栃木汽船 社長
栃木作弥
62野村
(初代)
野村徳七
野村銀行 頭取
野村元五郎
和子
連
栃木汽船 取締役
栃木滋弥
南家9代
男爵・三井鉱山 監査役
三井寿太郎
南家10代
男爵・三井鉱山 監査役
三井高陽
南家8代
男爵・三井物産 社長
三井高弘
南家7代
三井高愛
絢子
子爵
鳥居忠一
佐藤 修
わつ
寛子
淳子
伊予宇和島藩主
伊達宗城
照子
吉田正二朗
33伊達
子爵・下野壬生藩主
鳥居忠文
住友本社 監査役
住友忠輝
珠子
男爵・住友合資 社長
住友吉左衛門
(15代)
孝

58.鴻池善左衛門／江戸時代の三大富豪は消極経営で没落

鴻池家は戦国武将・山中鹿之介幸盛《しかのすけゆきもり》の子孫と称し、江戸時代には三井・住友と並ぶ三大富豪の一角を占めていた。明治以降も大阪では信用力のある「看板」として絶大な権威を誇り、新たな企業が勃興する度に、鴻池家を株主・取締役に迎えてハクを付けるのが慣わしだったくらいだ（ちょっと言い過ぎか？）。

ところが、明治時代中期になってくると、鴻池家は消極経営で衰退。人材を求め、井上馨から元大蔵省官吏・原田二郎を推薦された。原田は視野が狭く、多くの企業から出資を引き上げ、事業を他に売却して一時的には大きな利益を上げたが、事業を鴻池銀行に絞ってしまったことで、鴻池はさらに尻つぼみとなる。俗に「銀行の歴史は合併の歴史」という。鴻池銀行は他行と合併して三和銀行、ＵＦＪ銀行、三菱ＵＦＪ銀行へと変遷し、鴻池色は全くなくなってしまった。かくして鴻池財閥は忘れられていったのである。

鴻池家もまた、住友家と同様に三井家との婚姻関係を展開していたが、三井家が華族との閨閥形成をはじめると相手にされなくなり、事業同様に派手さを失っていった。

58 鴻池善右衛門／鴻池財閥／男爵

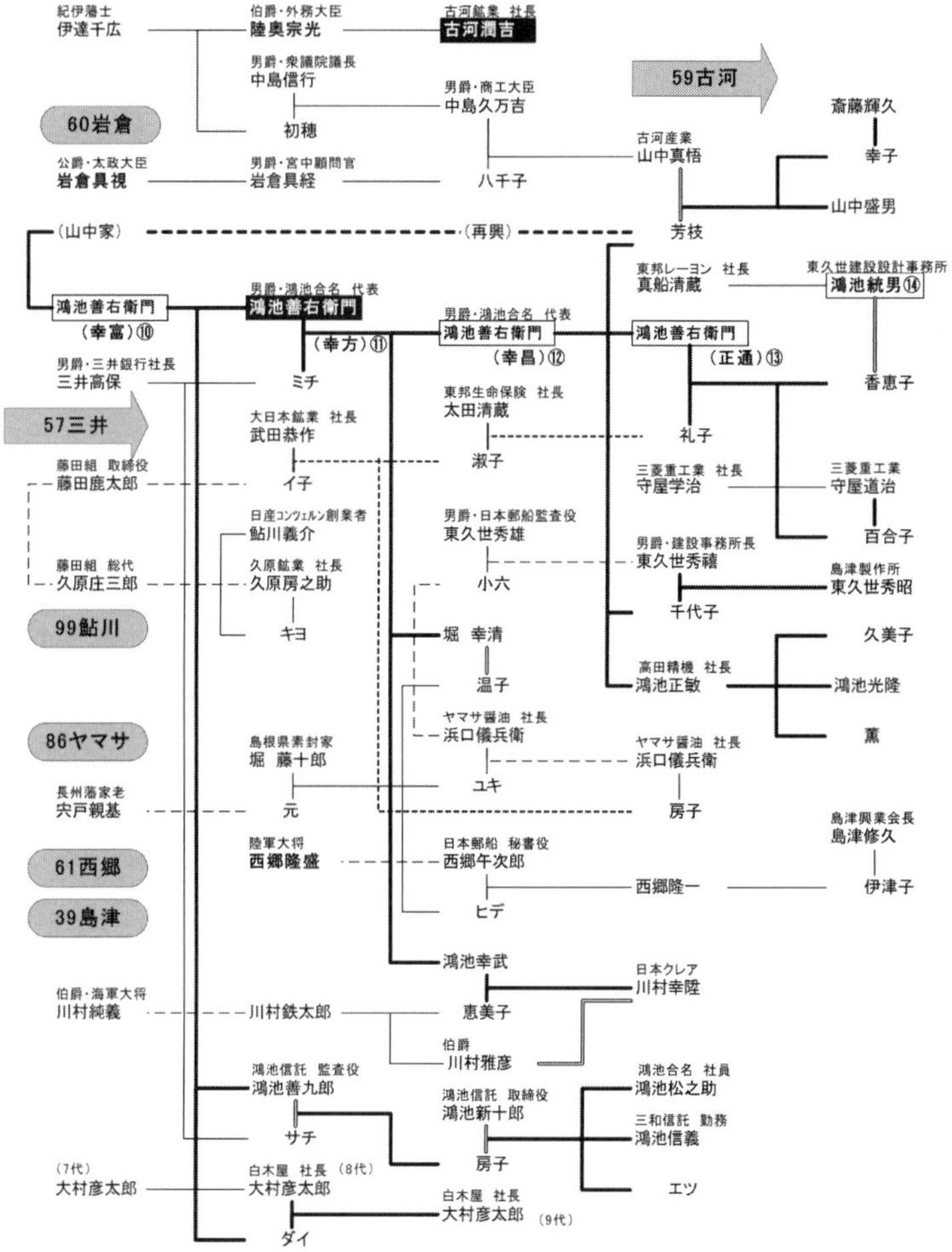

59. 古河市兵衛／四代目は西郷従道の孫。戦後もグループ会社で栄達

鴻池家は山中家を再興し、商工大臣・中島久万吉《くまきち》の子どもを婿養子に迎えたが、その中島と遠縁にあたるのが、**古河市兵衛**《ふるかわいちべえ》（一八三二～一九〇三）である。

市兵衛は京都の豆腐商・木村家の子に生まれ、豪商・小野組に勤める古河太郎左衛門の養子になったが、小野組が破綻したため、銅山経営を継承して鉱山財閥を興した。なかなか子に恵まれなかったため、知人の陸奥宗光《むつむねみつ》の次男・**古河潤吉**《じゅんきち》（一八七〇～一九〇五）を養子に迎えた。養子縁組の後、市兵衛に実子・**古河虎之助**《とらのすけ》（一八八七～一九四〇）が生まれたため、潤吉は家系が複雑になることを危惧して独身を貫き、三六歳の若さで死去した。

虎之助もまた子に恵まれなかったため、夫人の甥・**古河従純**《じゅうじゅん》（一九〇四～一九六七）を養子に迎えた。終戦直後、従純は米国留学時の人脈を活かし、公職追放になった重役を復帰させ、財閥解体の影響を最小限に食い止めようと奔走した。そのこともあって、古河家の子弟は古河グループに受け容れられ、長男・**古河潤之助**《じゅんのすけ》が古河電気工業社長、五男・**古河直純**《なおずみ》が日本ゼオン社長に就任している。

59. 古河市兵衛／四代目は西郷従道の孫。戦後もグループ会社で栄達

59 古河市兵衛／古河財閥／男爵家

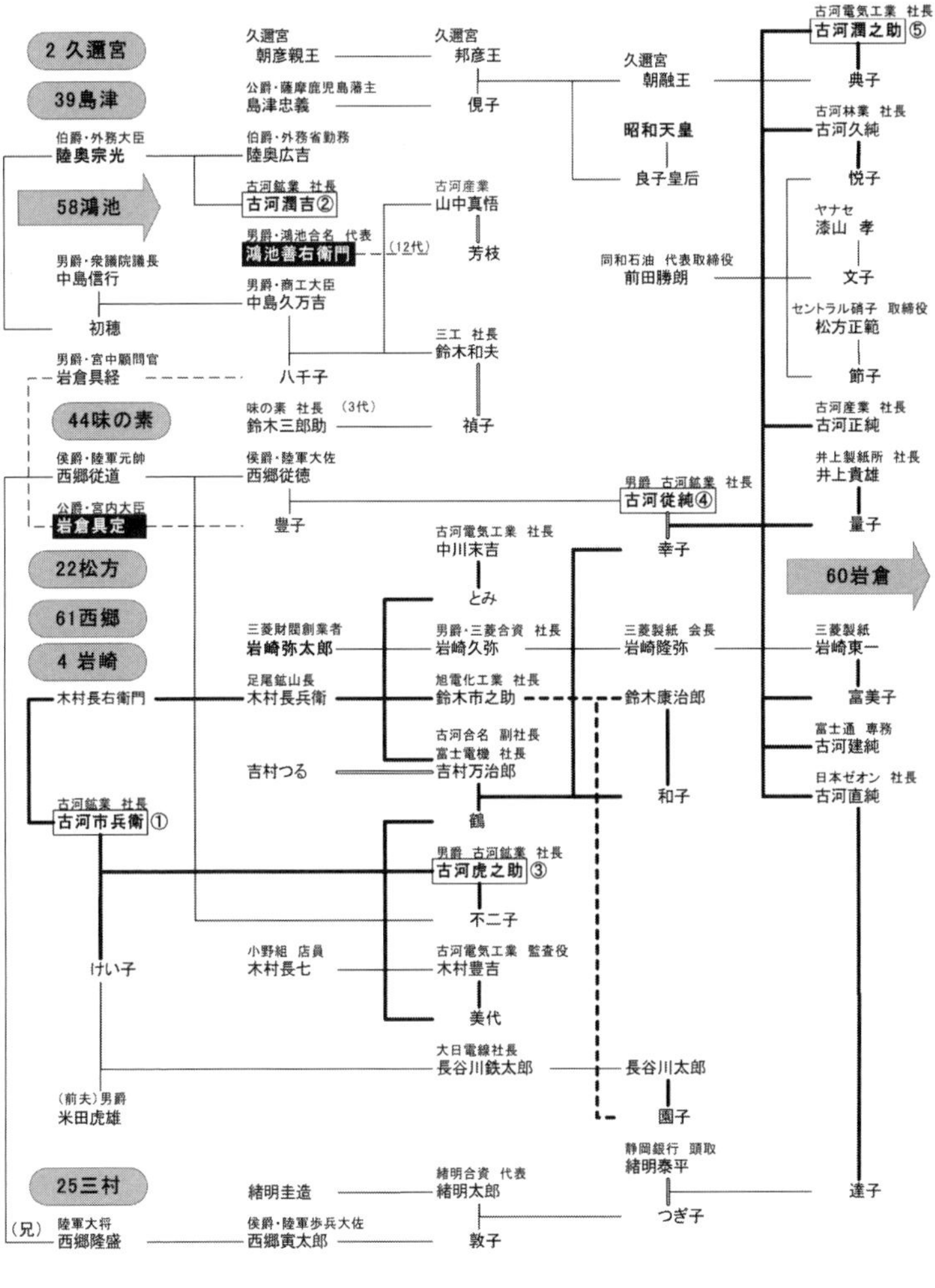

60. 岩倉具視／五〇〇円札に描かれ、孫の孫に加山雄三

古河潤吉と古河従純。二人の古河家の養子は公家の岩倉家を介して姻戚関係にある。潤吉の従兄弟・中島久万吉《くまきち》の妻が岩倉具視《いわくらともみ》の孫で、古河従純の母も具視の孫にあたるからだ。岩倉家は、村上源氏（村上天皇の子孫）久我《こが》家の庶流が、京都洛北の岩倉村を所領にして家名とした。

幕末の当主・**岩倉具視**（一八二五〜一八八三）は、権中納言《ごんちゅうなごん》・堀河康親《ほりかわやすちか》の次男に生まれ、人物を見込まれて岩倉家の養子となった。権謀術数に長《た》け、公武合体を唱えて和宮親子《かずのみやちかこ》内親王降嫁に尽力。尊攘派に弾劾され、洛北の岩倉村に蟄居を余儀なくされるが、この間、薩摩藩士・大久保利通など討幕派と次第に接近。王政復古のクーデターを実行、明治新政府では右大臣に任じられた。岩倉訪欧使節団を率いて欧米を訪れ、のちの日本近代化路線の礎を築いた。また、宮廷改革や皇室財産の確立に尽力。華族制度創設の中心人物であり、華族の財産維持に腐心し、華族資本で第十五国立銀行や日本鉄道を設立。その功績から五〇〇円札に描かれていた。

岩倉家は公家の格式でいう羽林《うりん》家に属し、子爵もしくは伯爵程度の家柄であるが、具視

の功績によって、嗣子・**岩倉具定**《ともさだ》（一八五一～一九一〇）が公爵に列した（具視は叙爵制度が出来る前年に死去）。公家で公爵家というと、五摂家（近衛・鷹司・九条・二条・一条）、および勲功で陞爵《しょうしゃく》した西園寺・徳大寺家くらいであるが、岩倉家はこれらの家系との間に婚姻関係がなく、また、婚姻関係を結んだ大名家も比較的小粒が多い。そのため、公爵の公家には珍しく、森有礼《ありのり》や西郷従道《じゅうどう》といった維新の功臣との婚姻関係が目立つ。さすがは京都の公家。「一見《いちげん》さん（成り上がり）お断り」文化が閨閥にも影響しているのだろう。

岩倉具視の子孫は公爵家および子爵一家、男爵三家という錚々《そうそう》たる構成となった。ところが、本家の公爵家では、孫の**岩倉具張**《ともはる》（一八七八～一九五一）が投機話で騙されたりして莫大な負債を抱え、一九一四年に隠居。長男の**岩倉具栄**《ともひで》（一九〇四～一九七八）一二歳に家督を譲るハメに陥る。翌一九一五年には岩倉邸が競売に掛けられ、一族の岩倉道倶《みちとも》が落札して他者に渡るのを防いだ。なお、岩倉具栄は法政大学教授、その子・**岩倉具忠**（一九三三～）は京都大学教授となり、一転して学問で身を立てている。

また、具視の高孫（孫の孫）に加山雄三がいることは有名である。

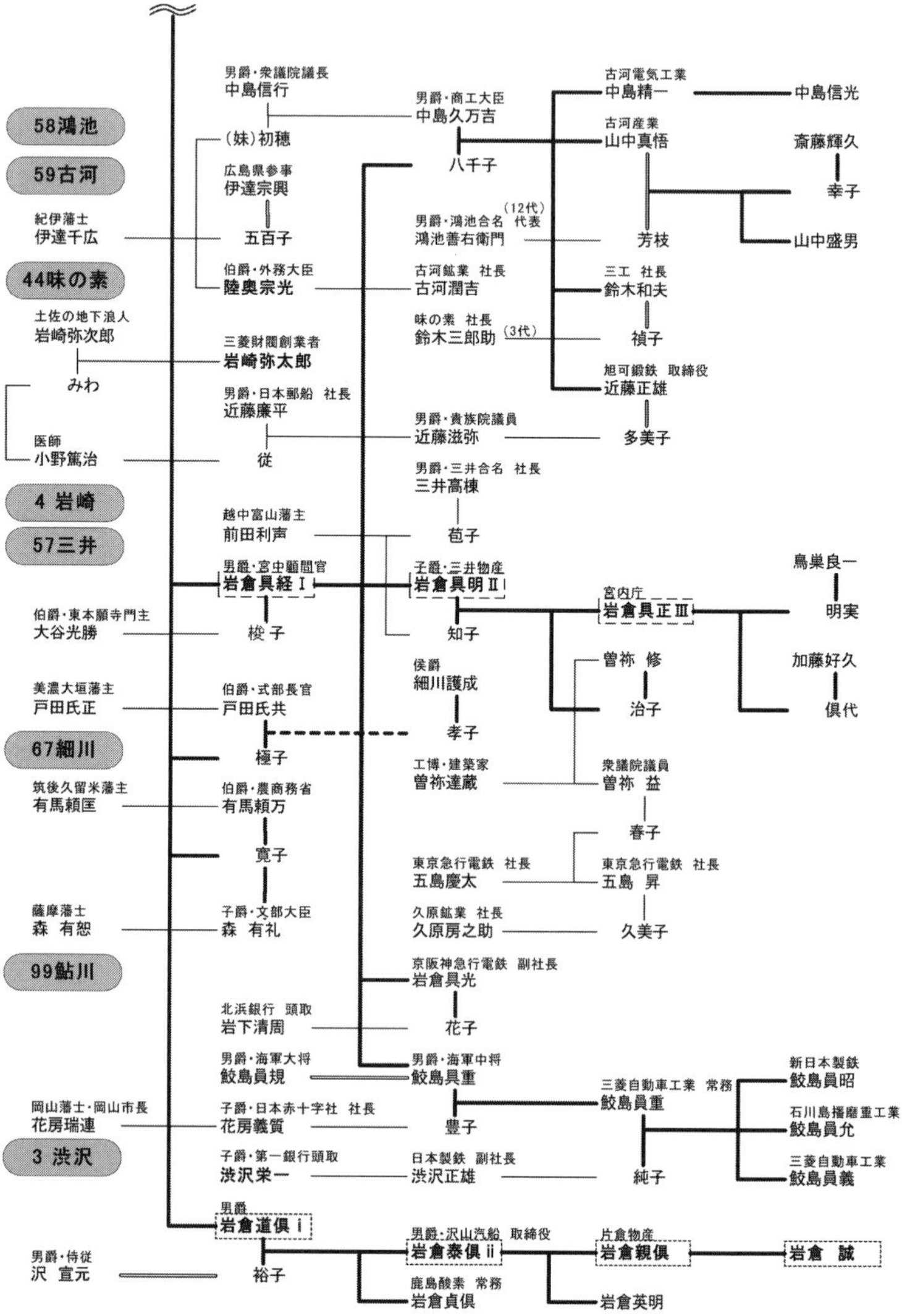
58鴻池
59古河
44味の素
4 岩崎
57三井
67細川
99鮎川
3 渋沢
男爵・衆議院議長
中島信行
男爵・商工大臣
中島久万吉
古河電気工業
中島精一
中島信光
(妹)初穂
八千子
古河産業
山中真悟
斎藤輝久
幸子
広島県参事
伊達宗興
紀伊藩士
伊達千広
五百子
男爵・鴻池合名 (12代) 代表
鴻池善右衛門
芳枝
山中盛男
伯爵・外務大臣
陸奥宗光
古河鉱業 社長
古河潤吉
三工 社長
鈴木和夫
土佐の地下浪人
岩崎弥次郎
味の素 社長
鈴木三郎助 (3代)
禎子
三菱財閥創業者
岩崎弥太郎
みわ
旭可鍛鉄 取締役
近藤正雄
男爵・日本郵船 社長
近藤廉平
男爵・貴族院議員
近藤滋弥
多美子
医師
小野篤治
従
男爵・三井合名 社長
三井高棟
苞子
越中富山藩主
前田利声
男爵・宮中顧問官
岩倉具経 I
子爵・三井物産
岩倉具明 II
鳥巣良一
宮内庁
岩倉具正 III
明実
伯爵・東本願寺門主
大谷光勝
梭子
知子
曽祢 修
加藤好久
侯爵
細川護成
美濃大垣藩主
戸田氏正
伯爵・式部長官
戸田氏共
治子
倶代
孝子
極子
工博・建築家
曽祢達蔵
衆議院議員
曽祢 益
筑後久留米藩主
有馬頼匡
伯爵・農商務省
有馬頼万
春子
寛子
東京急行電鉄 社長
五島慶太
東京急行電鉄 社長
五島 昇
薩摩藩士
森 有恕
子爵・文部大臣
森 有礼
久原鉱業 社長
久原房之助
久美子
京阪神急行電鉄 副社長
岩倉具光
北浜銀行 頭取
岩下清周
花子
男爵・海軍大将
鮫島員規
男爵・海軍中将
鮫島具重
新日本製鉄
鮫島員昭
三菱自動車工業 常務
鮫島員重
岡山藩士・岡山市長
花房瑞連
子爵・日本赤十字社 社長
花房義質
豊子
石川島播磨重工業
鮫島員允
子爵・第一銀行頭取
渋沢栄一
日本製鉄 副社長
渋沢正雄
純子
三菱自動車工業
鮫島員義
男爵
岩倉道倶 i
男爵・沢山汽船 取締役
岩倉泰倶 ii
片倉物産
岩倉親倶
岩倉 誠
男爵・侍従
沢 宣元
裕子
鹿島酸素 常務
岩倉貞倶
岩倉英明

60. 岩倉具視／五〇〇円札に描かれ、孫の孫に加山雄三

60 岩倉具視／太政大臣・公家（羽林家）／公爵家

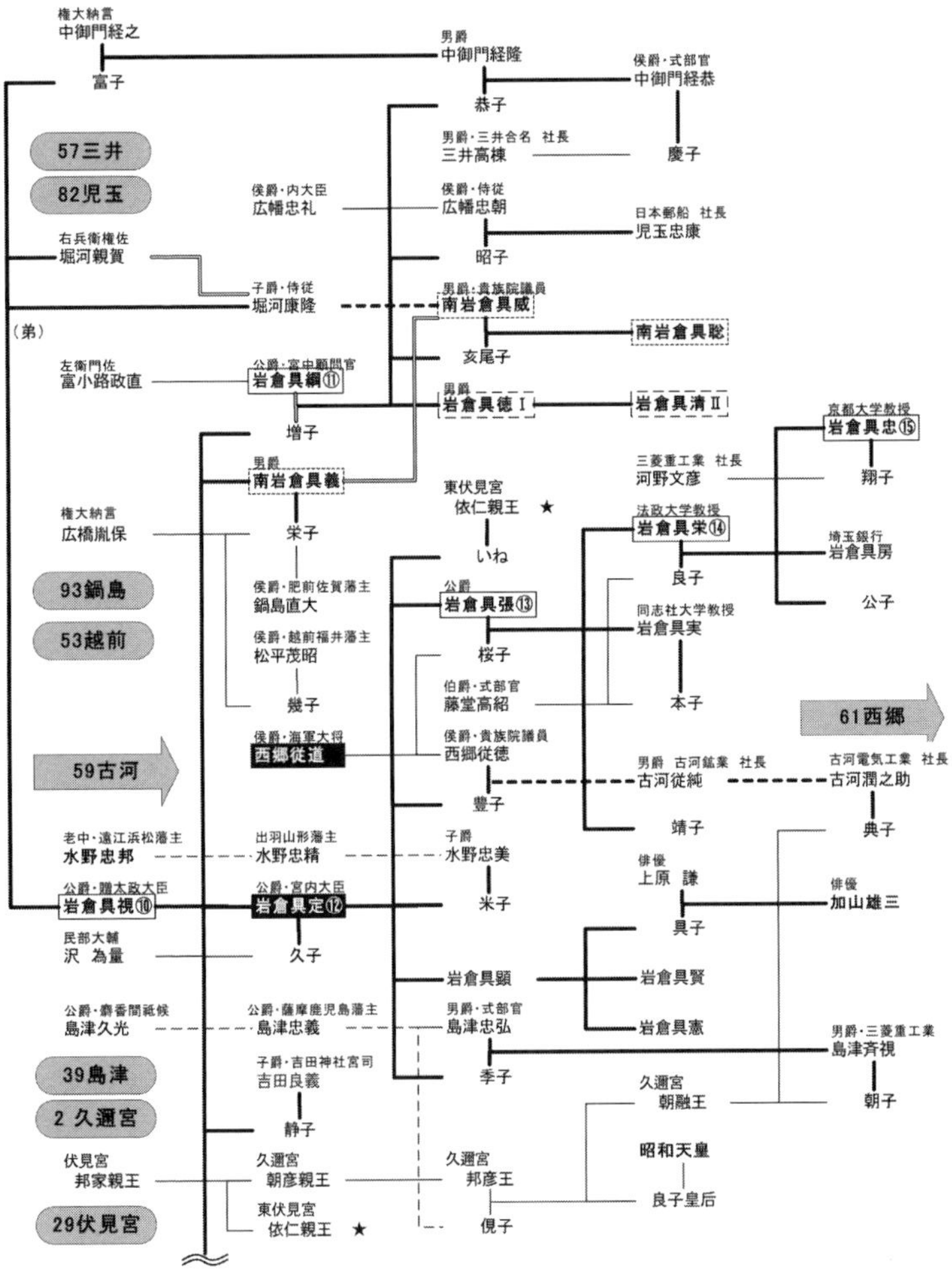

61. 西郷隆盛・従道／本当は西郷隆永《たかなが》・隆興《りゅうこう》兄弟だった

岩倉家と婚姻関係を結んだのは、弟の西郷従道の方であるが、西郷家といえば、まず**西郷隆盛**（一八二七〜一八七七）から語らなければなるまい。

西郷隆盛は幕末維新の志士で、「維新の三傑」の一人。薩摩藩の下級士族として生まれ、藩主・島津斉彬《なりあきら》に取り立てられ将軍継嗣問題で一橋慶喜擁立運動に奔走。「安政の大獄」で幕吏の追及を受け、僧・月照とともに自殺を図るが失敗。奄美大島に流された。藩父・島津久光に嫌われるが、幼なじみの大久保利通の尽力で帰藩。第一次長州征伐で参謀として活躍。戊辰戦争で勝海舟と会見し、江戸城を無血開城させた。明治新政府では参議・陸軍大将となったが、征韓論に敗れて鹿児島に帰郷。私学校を開き、西南戦争を起こして敗れ、城山で自刃した。通称を吉之助、号は南洲。

隆盛の嫡孫・**西郷吉之助**（一九〇六〜一九九七）は佐藤栄作内閣で法務大臣に就任。奄美大島で現地女性と隆盛との間に生まれた**西郷菊次郎**（一八六一〜一九二八）が京都市長を務めている。

隆盛の実弟・**西郷従道**《じゅうどう》（一八四三〜一九〇二）は西南戦争で政府側に立ち、出征こそしなかったが、陸軍中将として留守を守った。のち海軍に転じ、海軍大臣、海軍大将として樺山資紀《かばやますけのり》、山本権兵衛らを抜擢、海軍の基礎を築いた。

一般には「つぐみち」と呼ばれるが、子孫は「じゅうどう」と読んでいる。戸籍登録の際、隆興「りゅうこう」と告げたところ、薩摩なまりで「じゅうどう」にされてしまったからだという。ちなみに兄・隆盛の本名は隆永《たかなが》で、知人が誤って隆盛の父の名前を届けたのをそのままにしたのだという。

西郷従道家は岩倉家との二重の婚姻関係を結んでいる。嫡男・**西郷従徳**《じゅうとく》（一八七八〜一九四六）の妻は公爵・岩倉具定の次女で、三女・桜子が具定の嫡男に嫁いでいる。末娘の不二子が古河虎之助に嫁いでいるのも、岩倉家との関係からだろう。はじめ、従徳の五男・従靖《じゅうせい》が虎之助の養子となったが、早世してしまったため、次男の古河従純が養子になったのだという。その結果、西郷従道家には古河財閥およびその系譜を引く企業に勤めるものが多い。

61 西郷隆盛／薩摩藩士・陸軍大将／侯爵家

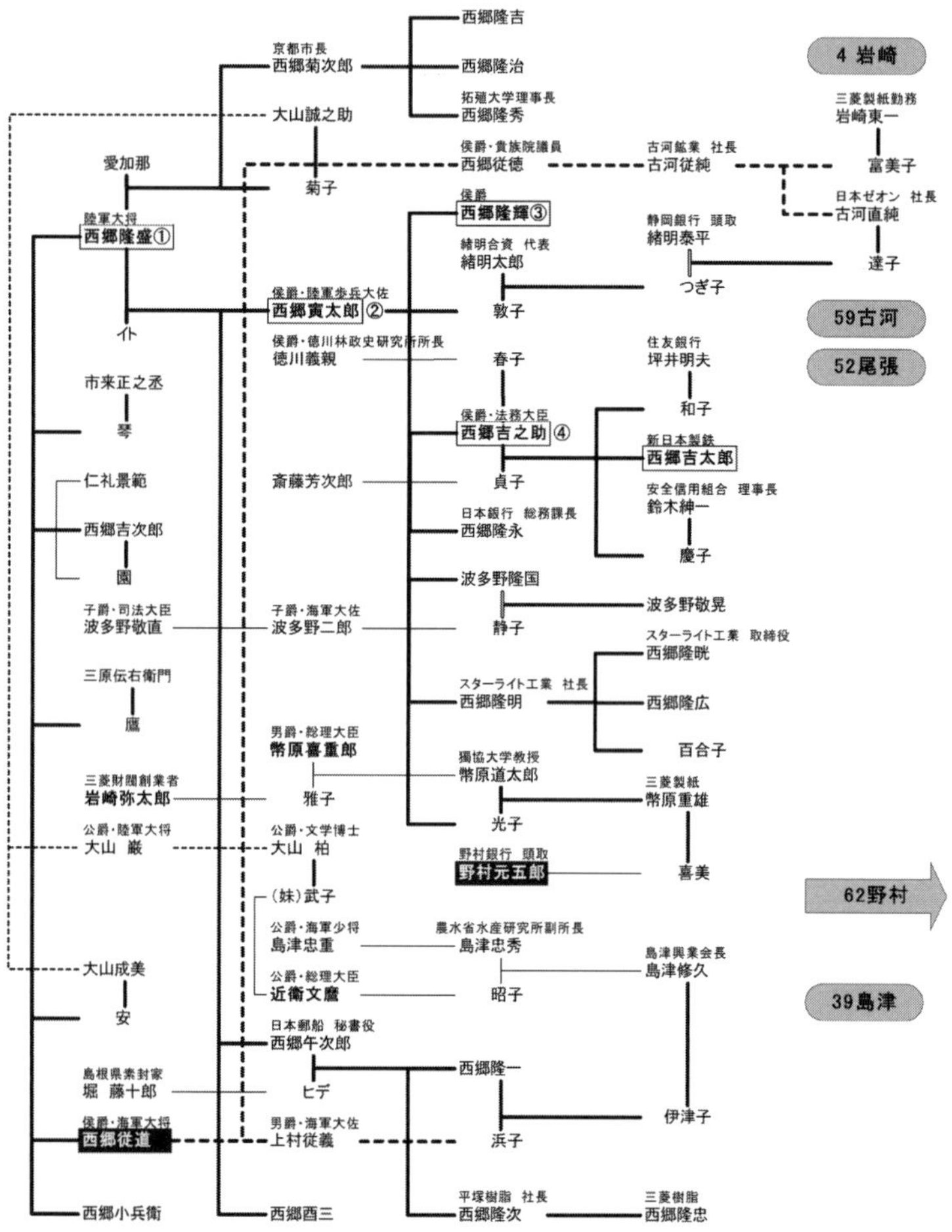

西郷隆吉
京都市長
西郷菊次郎
西郷隆治
拓殖大学理事長
西郷隆秀
大山誠之助
愛加那
菊子
侯爵・貴族院議員
西郷従徳
古河鉱業 社長
古河従純
4 岩崎
三菱製紙勤務
岩崎東一
富美子
日本ゼオン 社長
古河直純
陸軍大将
西郷隆盛①
侯爵
西郷隆輝③
緒明合資 代表
緒明太郎
静岡銀行 頭取
緒明泰平
達子
つぎ子
侯爵・陸軍歩兵大佐
西郷寅太郎②
敦子
イト
59古河
侯爵・徳川林政史研究所所長
徳川義親
春子
住友銀行
坪井明夫
52尾張
市来正之丞
和子
琴
侯爵・法務大臣
西郷吉之助④
新日本製鉄
西郷吉太郎
仁礼景範
斎藤芳次郎
貞子
安全信用組合 理事長
鈴木紳一
西郷吉次郎
日本銀行 総務課長
西郷隆永
園
慶子
波多野隆国
波多野敬晃
子爵・司法大臣
波多野敬直
子爵・海軍大佐
波多野二郎
静子
スターライト工業 取締役
西郷隆晄
三原伝右衛門
スターライト工業 社長
西郷隆明
西郷隆広
鷹
男爵・総理大臣
幣原喜重郎
百合子
獨協大学教授
幣原道太郎
三菱財閥創業者
岩崎弥太郎
雅子
三菱製紙
幣原重雄
公爵・陸軍大将
大山 巌
公爵・文学博士
大山 柏
光子
野村銀行 頭取
野村元五郎
喜美
(妹)武子
62野村
公爵・海軍少将
島津忠重
農水省水産研究所副所長
島津忠秀
島津興業会長
島津修久
大山成美
公爵・総理大臣
近衛文麿
昭子
安
39島津
日本郵船 秘書役
西郷午次郎
西郷隆一
島根県素封家
堀 藤十郎
ヒデ
伊津子
侯爵・海軍大将
西郷従道
男爵・海軍大佐
上村従義
浜子
西郷小兵衛
西郷酉三
平塚樹脂 社長
西郷隆次
三菱樹脂
西郷隆忠

61. 西郷隆盛・従道／本当は西郷隆永・隆興兄弟だった

61 西郷従道／薩摩藩士・海軍大将／侯爵家

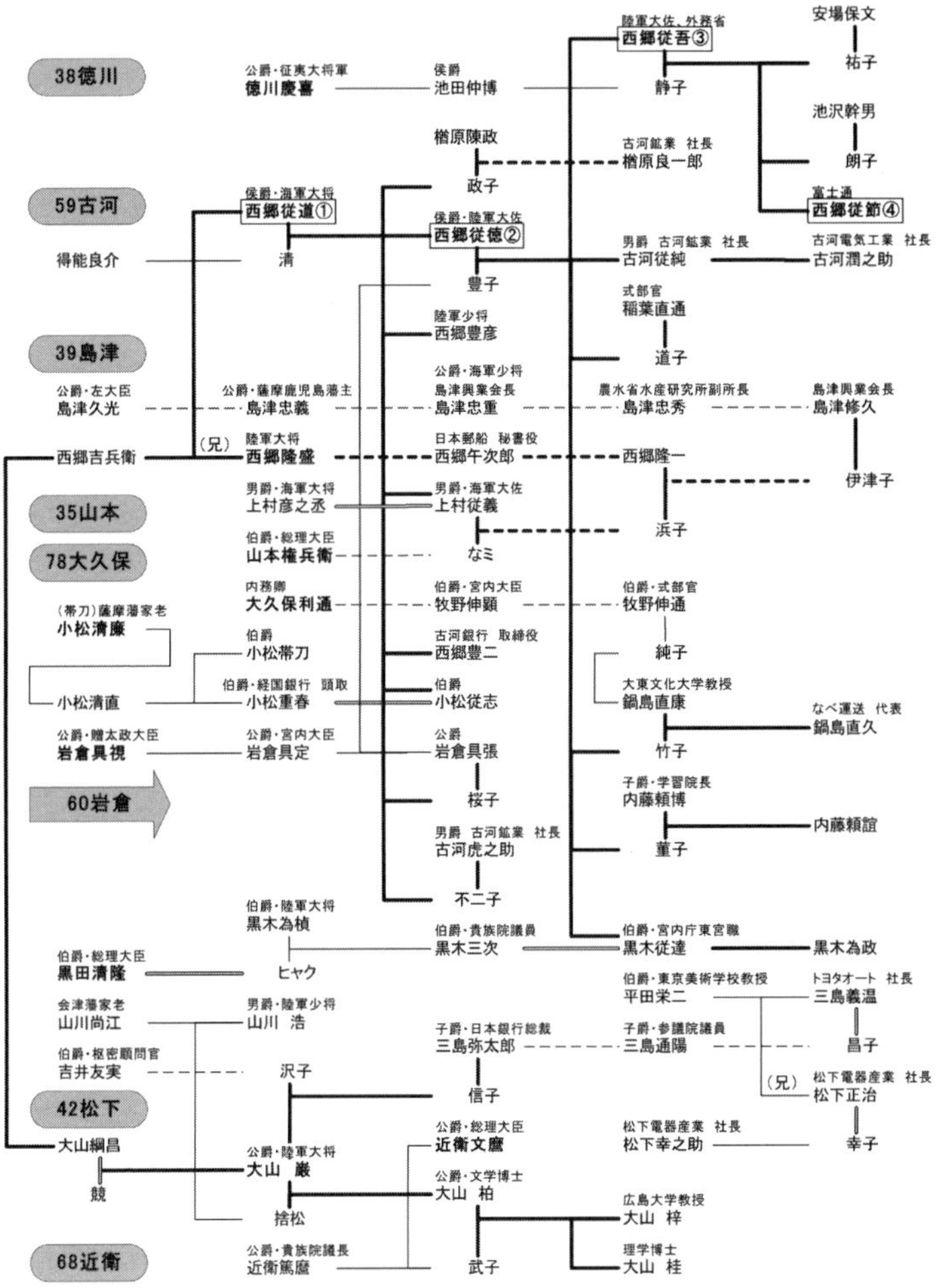

38徳川
59古河
39島津
35山本
78大久保
60岩倉
42松下
68近衛
陸軍大佐、外務省
西郷従吾③
安場保文
祐子
公爵・征夷大将軍
徳川慶喜
侯爵
池田仲博
静子
池沢幹男
朗子
楢原陳政
古河鉱業 社長
楢原良一郎
政子
富士通
西郷従節④
侯爵・海軍大将
西郷従道①
侯爵・陸軍大佐
西郷従徳②
得能良介
清
男爵 古河鉱業 社長
古河従純
古河電気工業 社長
古河潤之助
豊子
式部官
稲葉直通
陸軍少将
西郷豊彦
道子
公爵・海軍少将
公爵・左大臣
島津久光
公爵・薩摩鹿児島藩主
島津忠義
島津興業会長
島津忠重
農水省水産研究所副所長
島津忠秀
島津興業会長
島津修久
西郷吉兵衛
(兄)
陸軍大将
西郷隆盛
日本郵船 秘書役
西郷午次郎
西郷隆一
伊津子
男爵・海軍大将
上村彦之丞
男爵・海軍大佐
上村従義
浜子
伯爵・総理大臣
山本権兵衛
なミ
内務卿
大久保利通
伯爵・宮内大臣
牧野伸顕
伯爵・式部官
牧野伸通
(帯刀)薩摩藩家老
小松清廉
伯爵
小松帯刀
古河銀行 取締役
西郷豊二
純子
大東文化大学教授
鍋島直康
小松清直
伯爵・経国銀行 頭取
小松重春
伯爵
小松従志
なべ運送 代表
鍋島直久
公爵・贈太政大臣
岩倉具視
公爵・宮内大臣
岩倉具定
公爵
岩倉具張
竹子
桜子
子爵・学習院長
内藤頼博
内藤頼誼
男爵 古河鉱業 社長
古河虎之助
董子
不二子
伯爵・陸軍大将
黒木為楨
伯爵・貴族院議員
黒木三次
伯爵・宮内庁東宮職
黒木従達
黒木為政
伯爵・総理大臣
黒田清隆
ヒヤク
伯爵・東京美術学校教授
平田栄二
トヨタオート 社長
三島義温
会津藩家老
山川尚江
男爵・陸軍少将
山川 浩
子爵・日本銀行総裁
三島弥太郎
子爵・参議院議員
三島通陽
昌子
伯爵・枢密顧問官
吉井友実
沢子
(兄)
松下電器産業 社長
松下正治
信子
公爵・総理大臣
近衛文麿
松下電器産業 社長
松下幸之助
幸子
大山綱昌
公爵・陸軍大将
大山 巌
公爵・文学博士
大山 柏
競
捨松
広島大学教授
大山 梓
公爵・貴族院議長
近衛篤麿
武子
理学博士
大山 桂

62. 野村徳七／南方事業が接収されてしまったので

西郷隆盛の孫娘が、初代・**野村徳七**《のむらとくしち》（一八五〇～一九〇七）の孫娘と義理の姉妹にあたる。ただし、野村財閥を打ち立てたのは、二代目・**野村徳七**（一八七八～一九四五）である。二代目・徳七は家業である両替商の将来性を憂い、証券業に進出。従来の証券業者の多くが投機的な商いに終始していたことを批判し、調査に基づく科学的な証券業者を目指し、野村証券（現・野村ホールディングス）、大阪野村銀行（大和銀行を経て、現・りそなホールディングス）などを設立。金融財閥としての体制を整えた。

しかし、野村財閥が「十大財閥」の一つに数えられたのは、二代目・徳七が晩年に進めた南方事業（東南アジアでの植民地事業）によるものだろう。農園経営やゴム精製工場の経営などが主力事業で、野村財閥では大きな比率を占めていたが、第二次世界大戦の敗戦で全て接収されてしまった（ので、その大きさが現在では実感できない）。

南方事業を除くと、野村財閥は大阪の地方財閥に毛が生えていた程度にしか認識されておらず、自ずと閨閥も大阪を中心としたこぢんまりとしたものに終始せざるを得なかった。

62 野村徳七／野村財閥

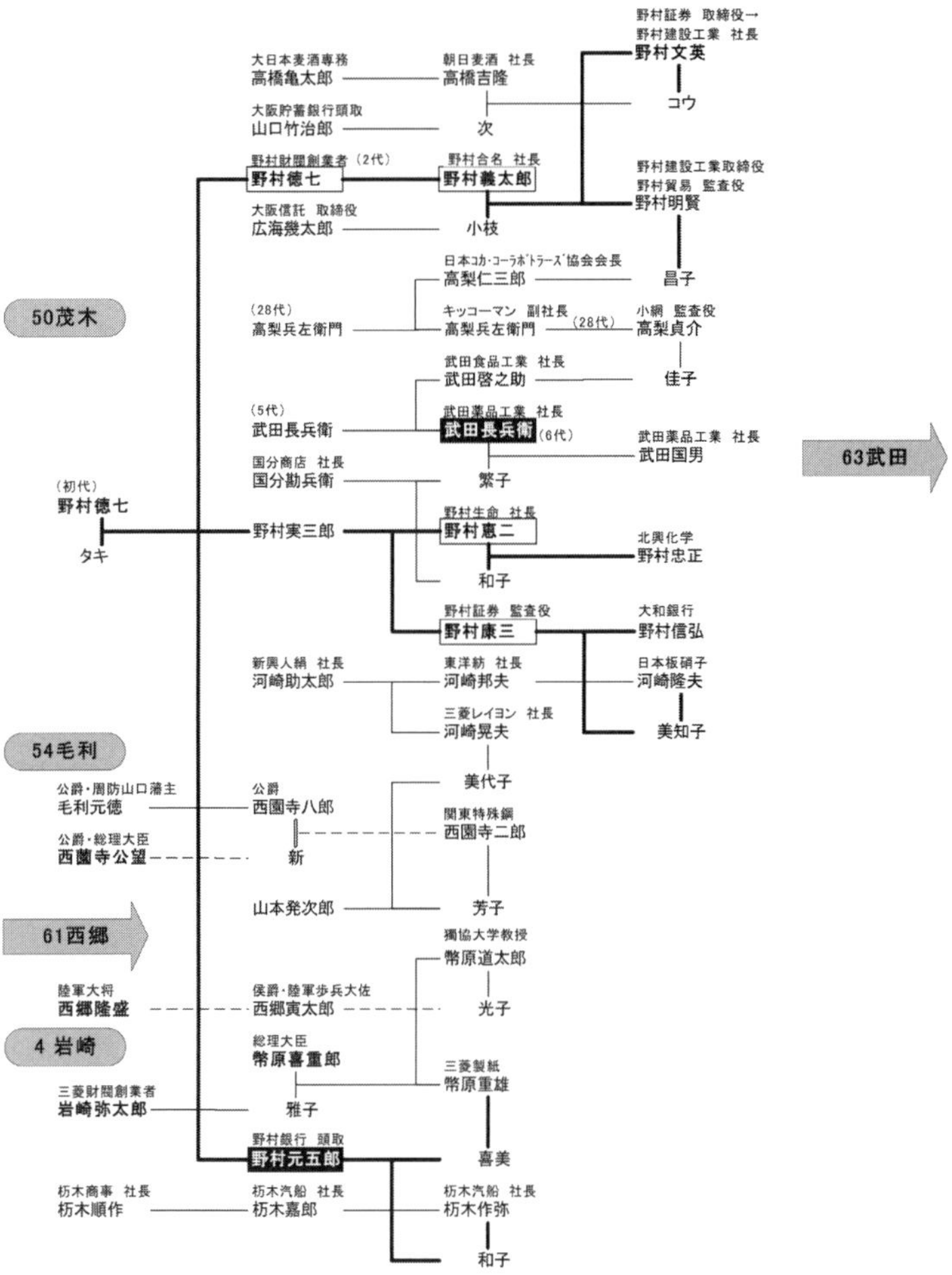
野村証券 取締役→
野村建設工業 社長
野村文英
コウ
大日本麦酒専務
高橋亀太郎
朝日麦酒 社長
高橋吉隆
大阪貯蓄銀行頭取
山口竹治郎
次
野村財閥創業者（2代）
野村徳七
野村合名 社長
野村義太郎
野村建設工業取締役
野村貿易 監査役
野村明賢
大阪信託 取締役
広海幾太郎
小枝
日本コカ・コーラボトラーズ協会会長
高梨仁三郎
昌子
50茂木
（28代）
高梨兵左衛門
キッコーマン 副社長
高梨兵左衛門
（28代）
小網 監査役
高梨貞介
武田食品工業 社長
武田啓之助
佳子
（5代）
武田長兵衛
武田薬品工業 社長
武田長兵衛
（6代）
武田薬品工業 社長
武田国男
63武田
国分商店 社長
国分勘兵衛
繁子
（初代）
野村徳七
タキ
野村実三郎
野村生命 社長
野村恵二
北興化学
野村忠正
和子
野村証券 監査役
野村康三
大和銀行
野村信弘
新興人絹 社長
河崎助太郎
東洋紡 社長
河崎邦夫
日本板硝子
河崎隆夫
三菱レイヨン 社長
河崎晃夫
美知子
54毛利
美代子
公爵・周防山口藩主
毛利元徳
公爵
西園寺八郎
関東特殊鋼
西園寺二郎
公爵・総理大臣
西園寺公望
新
山本発次郎
芳子
61西郷
獨協大学教授
幣原道太郎
陸軍大将
西郷隆盛
侯爵・陸軍歩兵大佐
西郷寅太郎
光子
4 岩崎
総理大臣
幣原喜重郎
三菱製紙
幣原重雄
三菱財閥創業者
岩崎弥太郎
雅子
野村銀行 頭取
野村元五郎
喜美
杤木商事 社長
杤木順作
杤木汽船 社長
杤木嘉郎
杤木汽船 社長
杤木作弥
和子

63. 武田長兵衛／関西の名門らしい華やかな閨閥

初代・野村徳七の孫が、六代・武田長兵衛の義弟にあたる。武田家は代々大阪道修町《どしょうまち》堺筋で和漢薬の仲介業を商《あきな》っていたが、五代目・**武田長兵衛**（和敬《わけい》。一八七〇～一九五九）の代になって製薬事業への進出。六代目・**武田長兵衛**（鋭太郎。一九〇五～一九八〇）の代にビタミン剤「アリナミン」を大ヒットさせ、「タケダ」の社名を一躍全国区たらしめた。六代目の長男・武田彰郎《あきお》（一九三四～一九八〇）がまだ若かったので、繋ぎの社長として、従兄弟の**小西新兵衛**（専一。一九〇七～一九九五）を指名したが、彰郎は四五歳の若さで急死。新兵衛は厚生省ＯＢ等を社長に据えた後、彰郎の末弟・**武田国男**《くにお》（一九四〇～）を社長に指名した。国男は傍流部門を歩んでいたため、客観的に社内の欠点を観察し、社長となるや一大改革を推進。武田薬品工業の「中興の祖」となった。

武田家は関西の名門らしく、西園寺公望・住友家から、学者一族の小川・湯川家まで幅広く閨閥を形成しており、野村財閥よりも華やかである。まぁ、野村が二代目、武田が六代目なので、亀の甲より年の功。年紀が物を言うといったところだろうか。

63. 武田長兵衛／関西の名門らしい華やかな閨閥

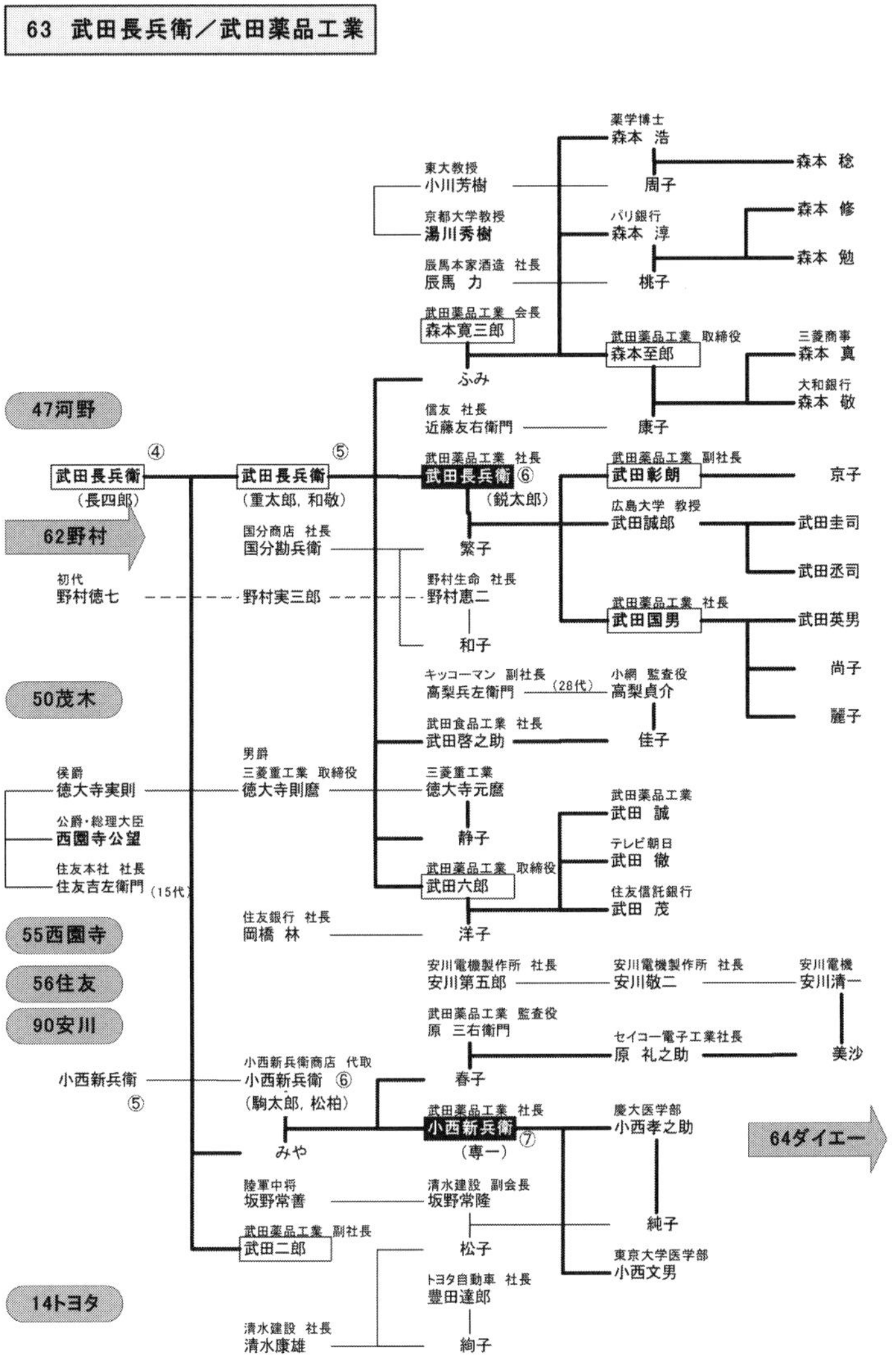

64．中内　㓛／次男の妻は天皇家に繋がり、長女の夫は浅野財閥

例によって、武田長兵衛（というか、実際は小西新兵衛）の遠縁にダイエーの創業者・**中内㓛**《なかうちいさお》（一九二二～二〇〇五）がいる。

中内㓛は神戸の薬品店主の子に生まれ、神戸高商（現・神戸商科大学）卒業後、日綿実《にちめんじつ》業《ぎょう》（のちニチメン、現・双日《そうじつ》）に入社。陸軍に入隊して満州やフィリピンを転戦し、終戦後に父が営む薬品店を手伝った。大栄《だいえい》薬品工業（一九七一年にダイエーと改称）を設立し、「主婦の店ダイエー薬局」を看板に掲げ、薬品のみならず化粧品や日用雑貨を取り扱った。

中内は「流通革命」を掲げ、全国に店舗を展開。一九七二年にダイエーは小売業日本一となったが、一九九〇年代に業績が低迷。二〇〇一年に中内は退任を余儀なくされた。

長男・**中内潤**《じゅん》（一九五五～）は三三歳の若さでダイエー副社長に就任したが、四五歳で退任。夫人は本田技研工業副社長・藤沢武夫の孫娘にあたる。㓛の長女・綾《あや》は浅野総一郎の曾孫と結婚。次男の妻は常陸宮妃の姪と結婚。財閥と天皇家に繋がる閨閥を形成した。新興産業の雄でも真の意味で上流階層入りするには閨閥形成が無視し得なかったのだ。

64. 中内　㓛／次男の妻は天皇家に繋がり、長女の夫は浅野財閥

64 中内㓛／ダイエー

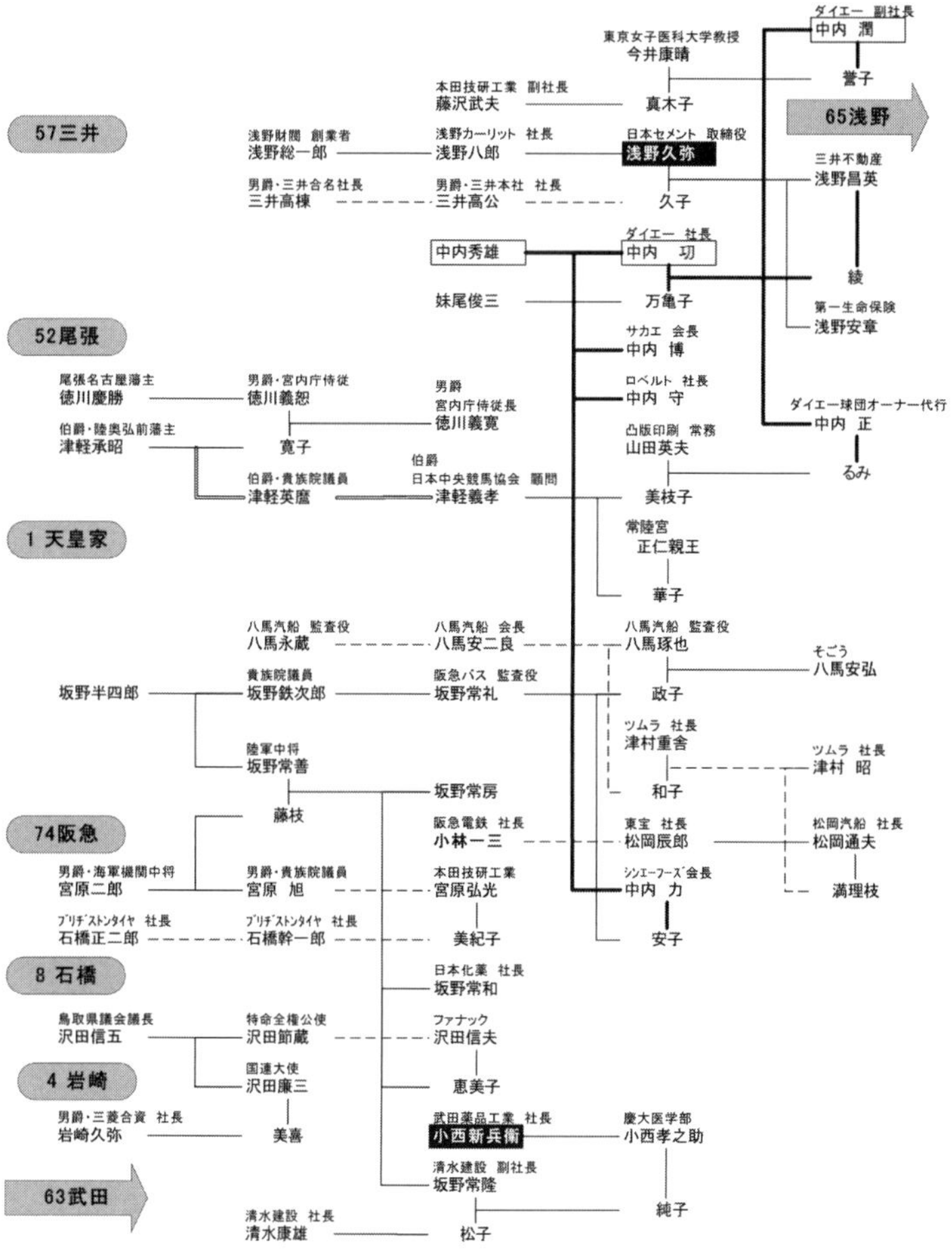

ダイエー 副社長
中内 潤
東京女子医科大学教授
今井康晴
誉子
本田技研工業 副社長
藤沢武夫
真木子
65浅野
57三井
浅野財閥 創業者
浅野総一郎
浅野カーリット 社長
浅野八郎
日本セメント 取締役
浅野久弥
三井不動産
浅野昌英
男爵・三井合名社長
三井高棟
男爵・三井本社 社長
三井高公
久子
ダイエー 社長
中内秀雄
中内 㓛
綾
妹尾俊三
万亀子
第一生命保険
浅野安章
52尾張
サカエ 会長
中内 博
尾張名古屋藩主
徳川慶勝
男爵・宮内庁侍従
徳川義恕
男爵
宮内庁侍従長
徳川義寛
ロベルト 社長
中内 守
ダイエー球団オーナー代行
中内 正
伯爵・陸奥弘前藩主
津軽承昭
寛子
凸版印刷 常務
山田英夫
るみ
伯爵
日本中央競馬協会 顧問
伯爵・貴族院議員
津軽英麿
津軽義孝
美枝子
1 天皇家
常陸宮
正仁親王
華子
八馬汽船 監査役
八馬永蔵
八馬汽船 会長
八馬安二良
八馬汽船 監査役
八馬琢也
そごう
八馬安弘
貴族院議員
坂野半四郎
坂野鉄次郎
阪急バス 監査役
坂野常礼
政子
ツムラ 社長
津村重舎
陸軍中将
坂野常善
ツムラ 社長
津村 昭
坂野常房
和子
藤枝
74阪急
阪急電鉄 社長
小林一三
東宝 社長
松岡辰郎
松岡汽船 社長
松岡通夫
男爵・海軍機関中将
宮原二郎
男爵・貴族院議員
宮原 旭
本田技研工業
宮原弘光
シンエーフーズ会長
中内 力
満理枝
ブリヂストンタイヤ 社長
石橋正二郎
ブリヂストンタイヤ 社長
石橋幹一郎
美紀子
安子
8 石橋
日本化薬 社長
坂野常和
鳥取県議会議長
沢田信五
特命全権公使
沢田節蔵
ファナック
沢田信夫
4 岩崎
国連大使
沢田廉三
恵美子
男爵・三菱合資 社長
岩崎久弥
美喜
武田薬品工業 社長
小西新兵衛
慶大医学部
小西孝之助
63武田
清水建設 副社長
坂野常隆
純子
清水建設 社長
清水康雄
松子

65. 浅野総一郎／戦後、閨閥づくりに花開く

浅野財閥を創業した初代・**浅野総一郎**（一八四八～一九三〇）は越中《えっちゅう》の医師の子として生まれ、渋沢栄一の知己を得て、官営深川セメント製造所の払い下げを受け、浅野セメント（日本セメントを経て、現・太平洋セメント）を設立。製鉄・造船・海運・鉱山経営等へと多角化し、一代で財閥を創設した。

しかし、一九二〇年代の昭和金融危機で経営危機に陥り、同郷の安田善次郎が創設した安田財閥に金融支援を仰いだものの、周旋を待たずに実質的に破綻。戦後の財閥解体でとどめを刺され、再結集することもなく現在に至っている。

戦前、浅野家の閨閥は三大財閥（三井・三菱・住友）に比べようのないくらい地味な閨閥だったが、戦後、総一郎の子・浅野八郎が三井・住友・安田家と婚姻を結び、一転して「財閥家族の集積点」になった。新興のダイエーと婚姻を結んだのもそういった文脈から理解されるべきだろう。ただし、閨閥を整えたくらいで、浅野一族が再浮上するようなことはなかった。人生はそんな甘いもんじゃないということだ。

65. 浅野総一郎／戦後、閨閥づくりに花開く

65 浅野総一郎／浅野財閥

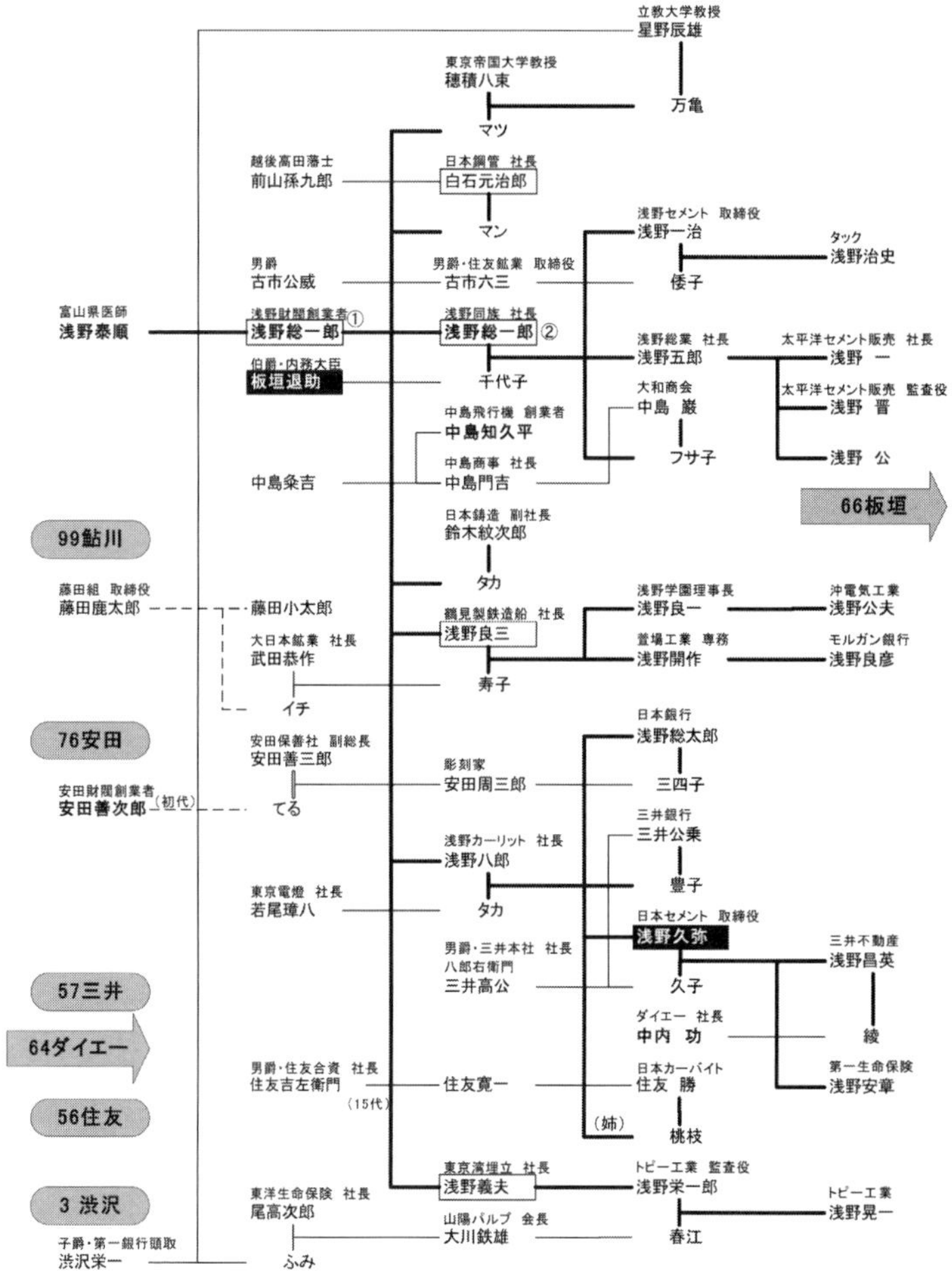

立教大学教授
星野辰雄
東京帝国大学教授
穂積八束
万亀
マツ
越後高田藩士
前山孫九郎
日本鋼管 社長
白石元治郎
マン
浅野セメント 取締役
浅野一治
タック
浅野治史
倭子
男爵
古市公威
男爵・住友鉱業 取締役
古市六三
富山県医師
浅野泰順
浅野財閥創業者
浅野総一郎①
浅野同族 社長
浅野総一郎②
浅野総業 社長
浅野五郎
太平洋セメント販売 社長
浅野 一
伯爵・内務大臣
板垣退助
千代子
大和商会
中島 巖
太平洋セメント販売 監査役
浅野 晋
中島飛行機 創業者
中島知久平
フサ子
浅野 公
中島粂吉
中島商事 社長
中島門吉
66板垣
日本鋳造 副社長
鈴木紋次郎
99鮎川
タカ
藤田組 取締役
藤田鹿太郎
藤田小太郎
浅野学園理事長
浅野良一
沖電気工業
浅野公夫
鶴見製鉄造船 社長
浅野良三
大日本鉱業 社長
武田恭作
営場工業 専務
浅野開作
モルガン銀行
浅野良彦
寿子
イチ
日本銀行
浅野総太郎
76安田
安田保善社 副総長
安田善三郎
彫刻家
安田周三郎
三四子
安田財閥創業者
安田善次郎（初代）
てる
三井銀行
三井公乗
浅野カーリット 社長
浅野八郎
豊子
東京電燈 社長
若尾璋八
タカ
日本セメント 取締役
浅野久弥
男爵・三井本社 社長
八郎右衛門
三井高公
三井不動産
浅野昌英
久子
57三井
ダイエー 社長
中内 功
綾
64ダイエー
男爵・住友合資 社長
住友吉左衛門
（15代）
住友寛一
日本カーバイト
住友 勝
第一生命保険
浅野安章
56住友
（姉）
桃枝
東京湾埋立 社長
浅野義夫
トピー工業 監査役
浅野栄一郎
3 渋沢
東洋生命保険 社長
尾高次郎
トピー工業
浅野晃一
山陽パルプ 会長
大川鉄雄
春江
子爵・第一銀行頭取
渋沢栄一
ふみ

66．板垣退助／華族制度も世襲も否定。だから閨閥がない

二代目・浅野総一郎夫人が**板垣退助**《いたがきたいすけ》（一八三七～一九一九）の長女なのだが、なぜこんな組み合わせの縁談が成立したのか。浅学菲才の筆者には突き止められなかった。

板垣退助は土佐藩の上級藩士・乾《いぬい》家に生まれ、旧名は乾《いぬい》退助正形《まさかた》。戊辰戦争で甲府制圧に向かう際、武田二十四将の一人・板垣信形《のぶかた》（信方）の子孫を名乗り、板垣に改姓した。

幕府寄りの藩主・山内容堂《ようどう》の意に反して薩摩藩と薩土《さつど》同盟を結び、討幕運動に加担。藩論を無視して藩兵を率い、戊辰戦争に参加。天才的な軍略家で、戦には滅法強く、土佐藩を薩長土肥の一角に押し上げた。明治新政府で参議に就任するが、征韓論に敗れ下野《げや》。自由民権運動を指導。大隈重信首班の隈板《わいはん》内閣を組閣し、内務大臣を務めたが、旧党の派閥抗争で内閣は崩壊、政界を引退した。議員政治家の先駆けとして戦後百円札の肖像となる。

華族制度に批判的で授爵を拒み続けたが、板垣が授爵しないことには旧土佐藩出身者が授爵できないので、周囲が困ってしまい、明治天皇に頼んで伯爵授爵を承知させたという。

そんなことだから閨閥もなく、「例によって」遠戚を探して細川家にたどりついた。

66. 板垣退助／華族制度も世襲も否定。だから閨閥がない

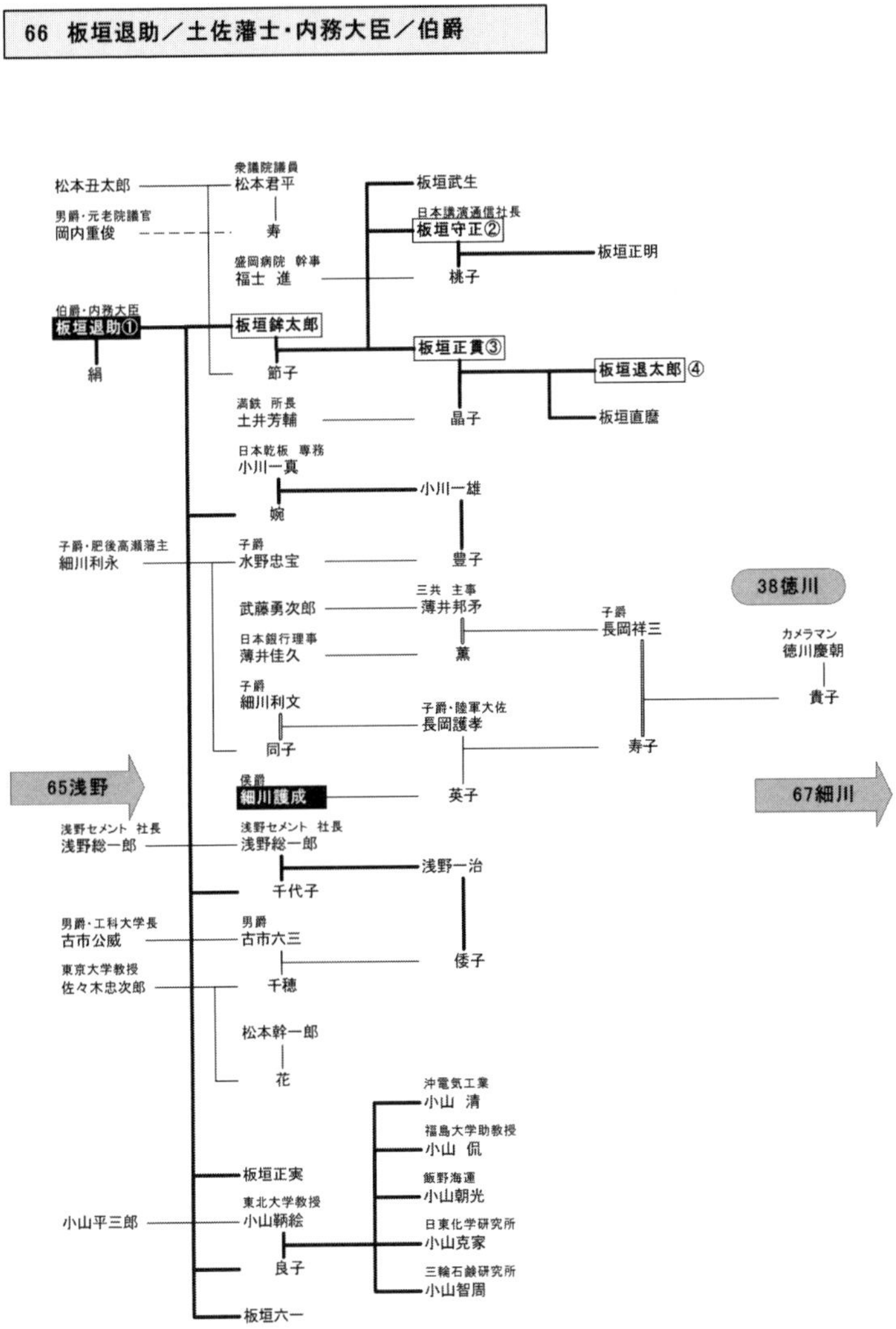

67. 細川護熙／おじいさんは近衛文麿

細川家は足利氏の有力な支流で、**細川藤孝《ふじたか》**（**幽斎《ゆうさい》**）は一五代将軍・足利義昭の擁立に貢献したが、義昭が信長から離反すると信長についた。嫡男・**細川忠興《ただおき》**は、明智光秀の三女・ガラシャと結婚したが、本能寺の変では光秀と距離を置き、豊臣秀吉に評価される。関ヶ原の合戦では、石田三成が大名の妻子を人質に取ろうとすると、細川ガラシャはこれを拒んで自刃。忠興は東軍（徳川方）につき、豊前小倉藩三九万九〇〇〇石を与えられ、忠興の子・**細川忠利《ただとし》**は肥後熊本藩五四万石に転じた。

大正期の当主・**細川護立《もりたつ》**は「大名家に生まれなければ財閥を興していた」と噂されるほど英邁で、子の**細川護貞《もりさだ》**は近衛文麿《このえふみまろ》の次女と結婚。これが政略結婚ではなく、恋愛結婚だというから上流階層の家族付き合いには驚かされる。近衛文麿が総理大臣になると、護貞はその側近として暗躍。当時の日記『細川日記』は政治史の貴重な史料となっている。護貞の子・**細川護熙《もりひろ》**（一九三八〜）は日本新党を設立して自民党政権を倒し、総理大臣に就任した。近衛文麿の長男が死去したため、護熙の弟が近衛家の家督を継いでいる。

67 細川護熙／総理大臣・肥後熊本藩／侯爵

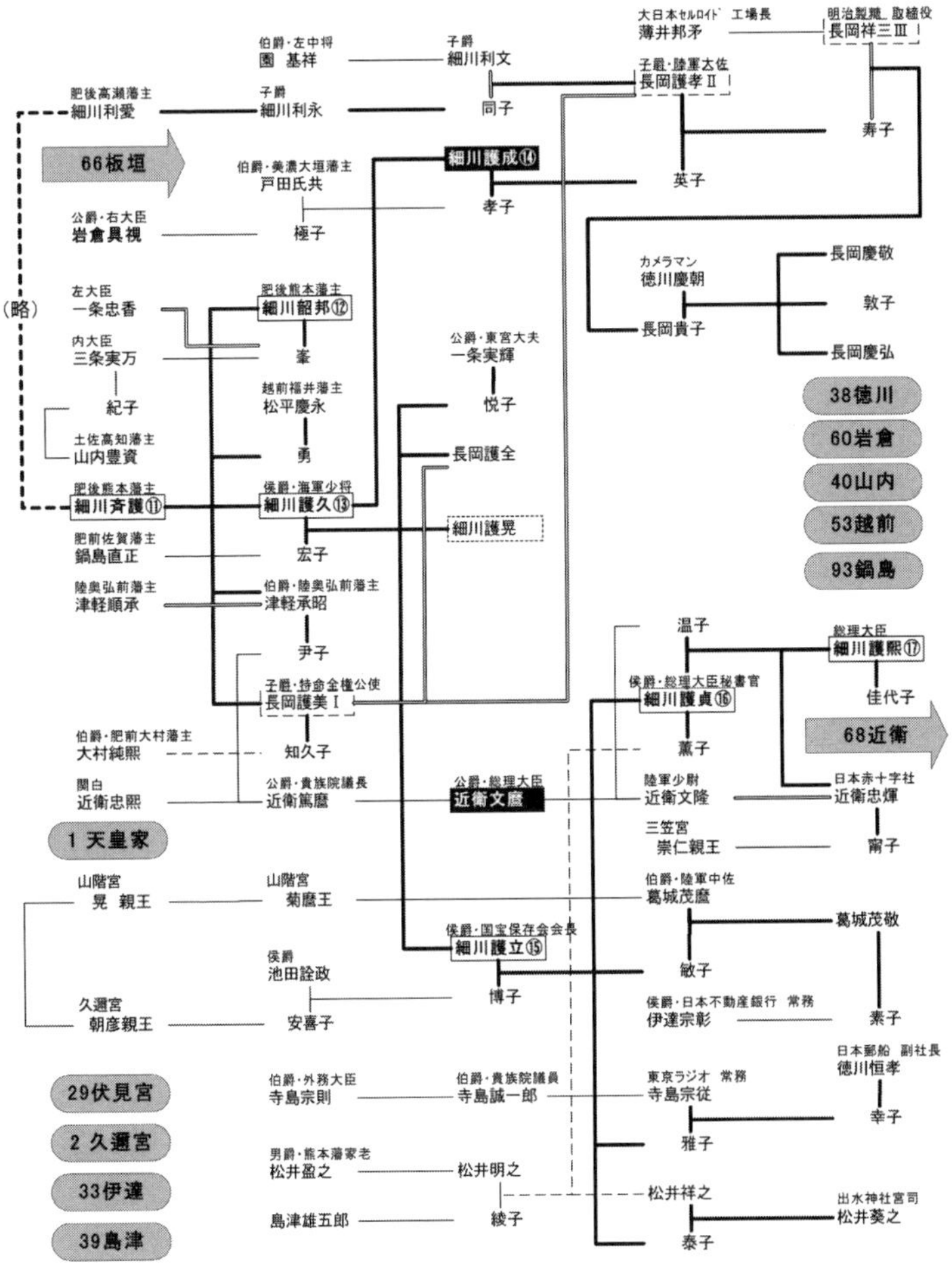

68. 近衛文麿／公家の筆頭、総理大臣も出す

近衛家は公家の頂点に位置する「五摂家」の筆頭である。藤原道長の直系の子孫で、京都近衛に邸宅を構えたことから近衛を家名とした。戦国時代の近衛前久《さきひさ》、その子で「寛永の三筆」の一人・近衛信尹《のぶただ》、明治期の政治家・近衛篤麿《あつまろ》、その子で総理大臣の近衛文麿《ふみまろ》が有名である。信尹に子がなかったため、甥で後陽成《ごようぜい》天皇の第四子・近衛信尋《のぶひろ》を養子に迎えた。天皇家直系の子孫にあたり、皇別摂家の一つに数えられる。

近衛文麿（一八九一〜一九四五）は東京大学哲学科、京都大学法科に学び、西園寺公望の随員としてベルサイユ講和会議に出席。貴族院議長を経て、一九三七年に総理大臣に就任。貴公子然とした振る舞いから圧倒的な国民人気を誇った。一九四〇、一九四一年にも組閣し、都合三度総理大臣に就任するが、性格的に弱い面があり、いずれも軍部との対立に抗しきれず退陣している。戦犯容疑者に指名され、服毒自殺した。

文麿の長男・近衛文隆《ふみたか》（一九一五〜一九五六）がシベリア抑留で死去したため、外孫で細川護熙の実弟・近衛忠煇《ただてる》（旧名・細川護煇《もりてる》。一九三九〜）が近衛家の家督を継いだ。

68 近衛文麿／総理大臣・公家（摂家）／公爵

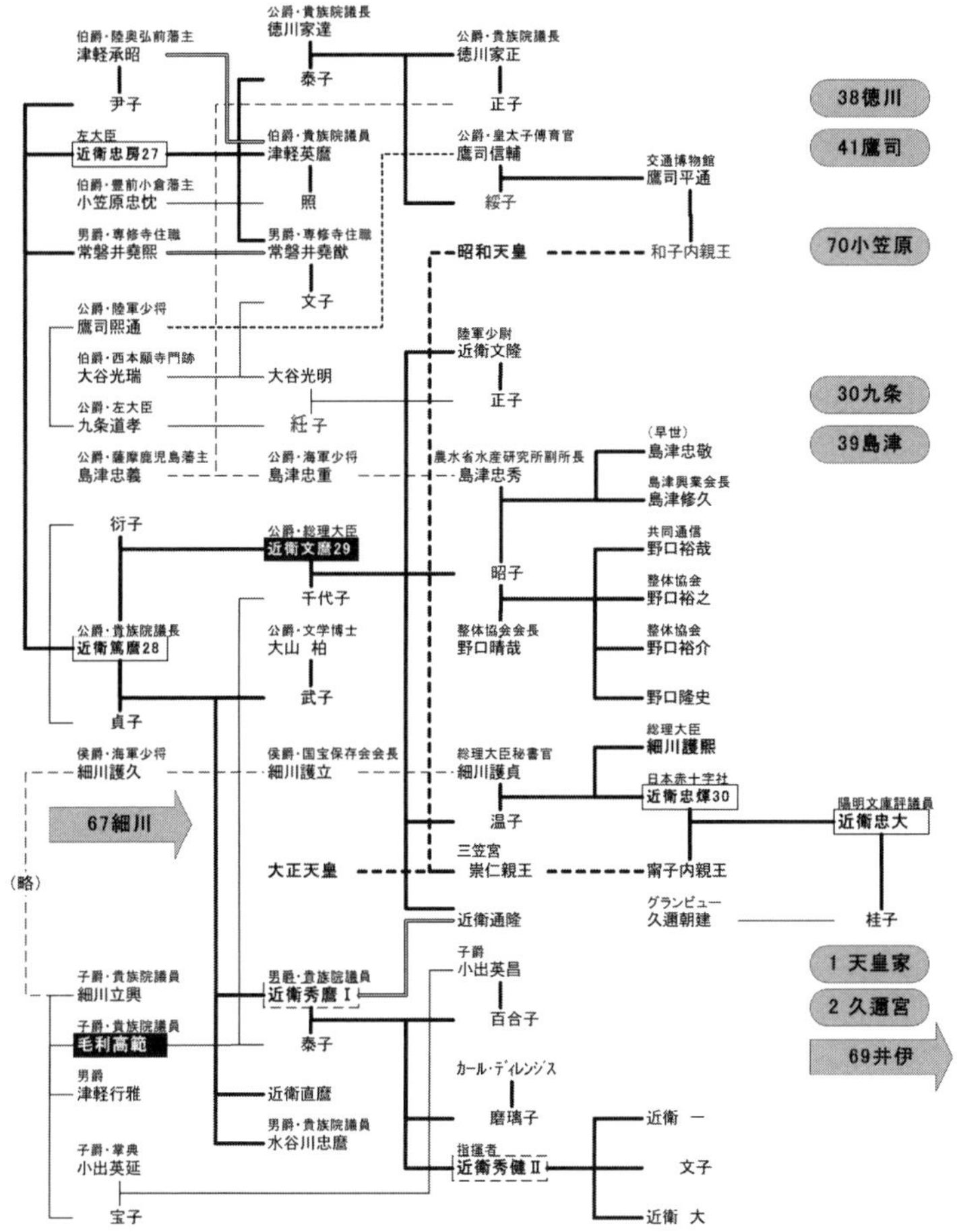

伯爵・陸奥弘前藩主
津軽承昭
尹子
左大臣
近衛忠房27
伯爵・豊前小倉藩主
小笠原忠忱
男爵・専修寺住職
常磐井堯熙
公爵・陸軍少将
鷹司熙通
伯爵・西本願寺門跡
大谷光瑞
公爵・左大臣
九条道孝
公爵・薩摩鹿児島藩主
島津忠義
衍子
公爵・貴族院議長
近衛篤麿28
貞子
侯爵・海軍少将
細川護久
67細川
（略）
子爵・貴族院議員
細川立興
子爵・貴族院議員
毛利高範
男爵
津軽行雅
子爵・掌典
小出英延
宝子
公爵・貴族院議長
徳川家達
泰子
伯爵・貴族院議員
津軽英麿
照
男爵・専修寺住職
常磐井堯猷
文子
大谷光明
紝子
公爵・海軍少将
島津忠重
公爵・総理大臣
近衛文麿29
千代子
公爵・文学博士
大山 柏
武子
侯爵・国宝保存会会長
細川護立
大正天皇
近衛通隆
男爵・貴族院議員
近衛秀麿Ⅰ
泰子
近衛直麿
男爵・貴族院議員
水谷川忠麿
公爵・貴族院議長
徳川家正
正子
公爵・皇太子傅育官
鷹司信輔
綏子
昭和天皇
陸軍少尉
近衛文隆
正子
農水省水産研究所副所長
島津忠秀
昭子
整体協会会長
野口晴哉
総理大臣秘書官
細川護貞
温子
三笠宮
崇仁親王
子爵
小出英昌
百合子
カール・ディレンジス
磨璃子
指揮者
近衛秀健Ⅱ
交通博物館
鷹司平通
和子内親王
（早世）
島津忠敬
島津興業会長
島津修久
共同通信
野口裕哉
整体協会
野口裕之
整体協会
野口裕介
野口隆史
総理大臣
細川護熙
日本赤十字社
近衛忠煇30
寬子内親王
グランビュー
久邇朝建
近衛 一
文子
近衛 大
陽明文庫評議員
近衛忠大
桂子
38徳川
41鷹司
70小笠原
30九条
39島津
1 天皇家
2 久邇宮
69井伊

69. 井伊家／井伊直弼《なおすけ》で有名。子孫は彦根市長を務める

近衛文麿は毛利高範《もうりたかのり》の次女・千代子と恋愛結婚をしたが、この毛利家は長州藩の毛利家とは全く別物である。先祖は豊臣秀吉の家臣・毛利高政で、旧姓を森といい、毛利家の人質となり、毛利姓を賜り、子孫は豊後佐伯藩の大名となった。この高範の妻が**井伊直弼**《いいなおすけ》（一八一五～一八六〇）の孫娘にあたる（つまり、文麿夫人は井伊直弼の曾孫にあたる）。

井伊家は譜代大名筆頭の家柄で、「徳川四天王」の一人・**井伊直政**を藩祖とし、近江彦根藩三五万石を領し、五人の大老を輩出した。西国の抑え、譜代筆頭の自負を持ち、他家からの養子は原則として行わなかった。現当主・**井伊直岳**《なおたけ》は初の婿養子となる。

一五代藩主・井伊直弼は幕末の大老として有名。将軍継嗣問題で徳川家茂《いえもち》を将軍に指名、勅許を待たずに日米修好通商条約を結んで、反対派を「安政の大獄」で粛清。「桜田門外の変」で暗殺された。直弼の死後、一〇万石を減封されて、明治維新に至る。一七代・**井伊直愛**《なおよし》（一九一〇～一九九三）は彦根市長を務めた。その子・井伊直豪《なおひで》の妻・章恵《のりえ》は、小倉《こくら》藩主の孫・小笠原忠統《おがさわらただむね》の長女である。

69. 井伊家／井伊直弼で有名。子孫は彦根市長を務める

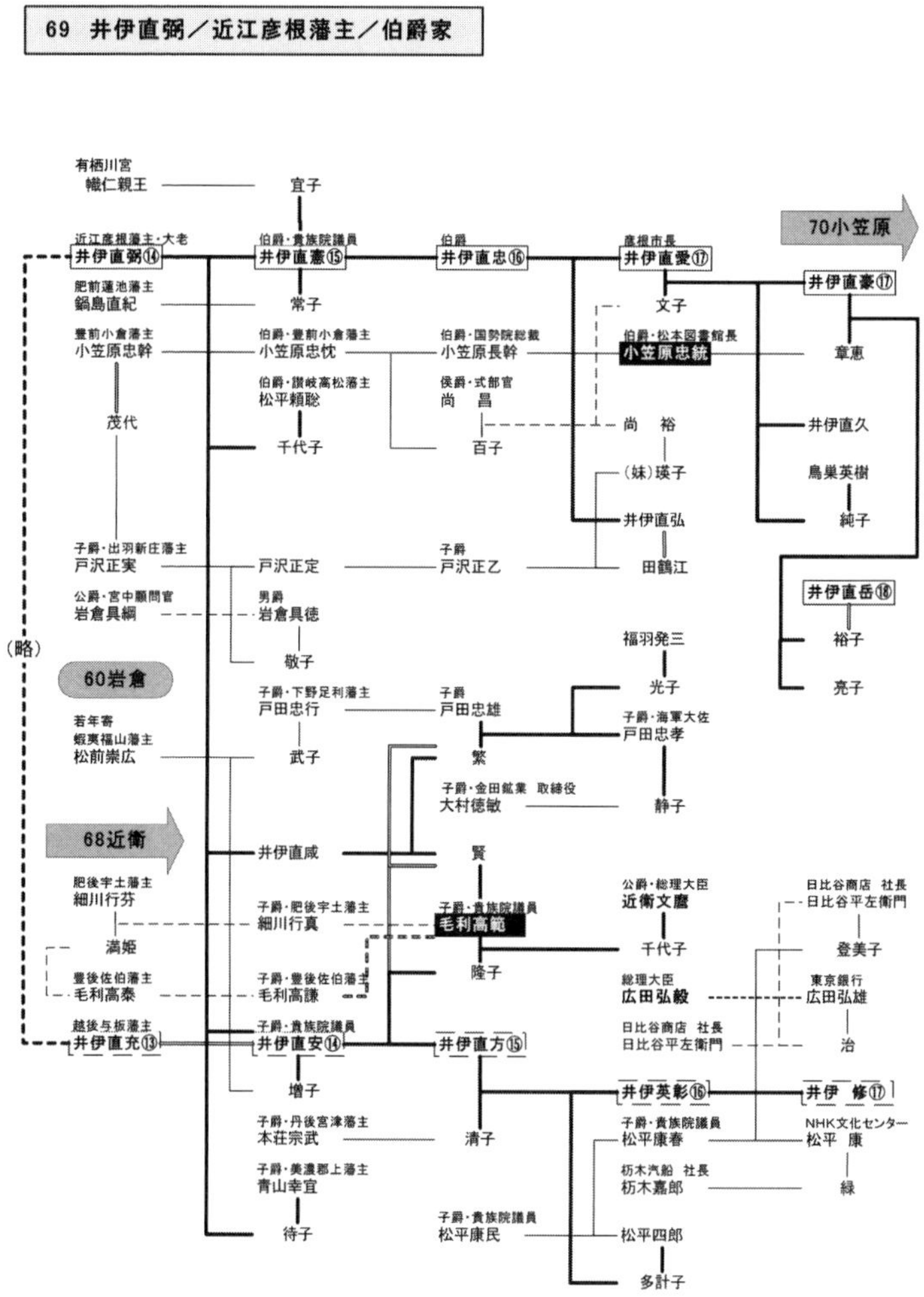

70. 小笠原家／礼法・小笠原流の宗家

小笠原家は甲斐武田氏の庶流、鎌倉時代以降の名門で、信濃《しなの》を拠点とした。室町幕府六代将軍・足利義教《よしのり》の頃に「弓馬師範」の地位を確立して以降、武家の礼法を司《つかさど》る武家故実（有職故実《ゆうそくこじつ》）の「小笠原流」を打ち立てた。

戦国時代に入ると、隣国甲斐の武田信玄《しんげん》の信濃攻略で、**小笠原長時**《ながとき》は信濃を追われ各地を放浪した。武田家滅亡後、孫の**小笠原秀政**《ひでまさ》は信濃復帰を果たし、徳川家康に仕え、家康の初孫と結婚。秀政の子・**小笠原忠真**《ただざね》は豊前小倉《こくら》藩一五万石に封ぜられて九州の諸大名の監視を任され、西国統治の要となった。

幕末の第二次長州征伐では、長州藩攻めの拠点になるも、長州藩の猛攻に遭い、小笠原家臣は城に火を放ち、幼主を奉じて退却したという残念な歴史がある。

戦後の当主・**小笠原忠統**《おがさわらただむね》（一九一九〜一九九六）は、秘伝とされた小笠原礼法を一般に広めるべく尽力。また、忠統は小笠原茶道《さどう》古流という茶道の家元でもあるが、忠統の又従兄弟が、裏千家の一四代目・千宗室《せんそうしつ》の次女と結婚している。

70 小笠原家／小笠原流礼法家元／豊前小倉藩／伯爵

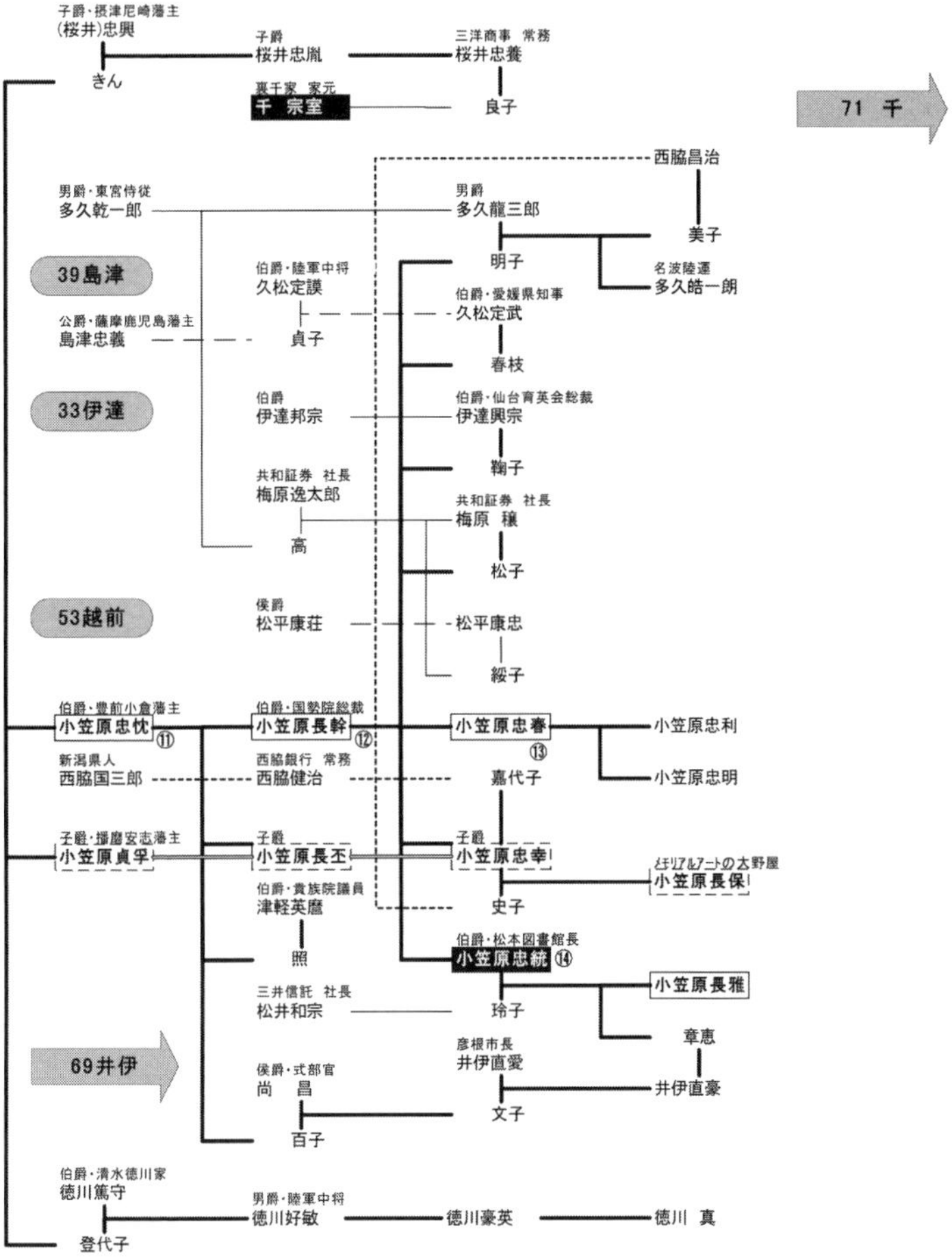

子爵、摂津尼崎藩主
(桜井)忠興
きん
子爵
桜井忠胤
三洋商事 常務
桜井忠養
裏千家 家元
千 宗室
良子
71 千
西脇昌治
男爵・東宮侍従
多久乾一郎
男爵
多久龍三郎
美子
39島津
明子
名波陸運
多久皓一朗
伯爵・陸軍中将
久松定謨
伯爵・愛媛県知事
久松定武
公爵・薩摩鹿児島藩主
島津忠義
貞子
春枝
33伊達
伯爵
伊達邦宗
伯爵・仙台育英会総裁
伊達興宗
鞠子
共和証券 社長
梅原逸太郎
共和証券 社長
梅原 穣
高
松子
53越前
侯爵
松平康荘
松平康忠
綏子
伯爵・豊前小倉藩主
小笠原忠忱 ⑪
伯爵・国勢院総裁
小笠原長幹 ⑫
小笠原忠春 ⑬
小笠原忠利
新潟県人
西脇国三郎
西脇銀行 常務
西脇健治
嘉代子
小笠原忠明
子爵・播磨安志藩主
小笠原貞学
子爵
小笠原長丕
子爵
小笠原忠幸
メモリアルアートの大野屋
小笠原長保
伯爵・貴族院議員
津軽英麿
史子
照
伯爵・松本図書館長
小笠原忠統 ⑭
小笠原長雅
三井信託 社長
松井和宗
玲子
章恵
69井伊
彦根市長
井伊直愛
侯爵・式部官
尚 昌
井伊直豪
文子
百子
伯爵・清水徳川家
徳川篤守
男爵・陸軍中将
徳川好敏
徳川豪英
徳川 真
登代子

71. 千　宗室／三つの千家で最大の裏千家、皇室から妻を迎える

茶道を大成した**千利休**《せんのりきゅう》（宗易《そうえき》）の（後妻の連れ子の）孫・**千宗旦**《そうたん》は四人の子どもたちに茶道を伝え、長男の家は一代で絶えたが、次男・**千宗左**《そうさ》の子孫が表千家《おもてせんけ》、三男・**千宗室**《そうしつ》の子孫が裏千家《うらせんけ》、四男・千宗守《そうしゅ》の子孫が武者小路千家《むしゃのこうじせんけ》を称した（三千家）。中でも最大規模の門弟を擁しているのが裏千家である。

明治維新初年の一一世・**千宗室**（玄々斎。一八一〇〜一八七七）はお手前を簡略化し、家元制度を考案するなどのアイデアで茶道の衰退を防いだ。また、一三世・**千宗室**（円能斎。一八七二〜一九二四）は女性を師匠に登用することで茶道の大衆化を広めた（それまでは茶道は男性中心だったらしい）。一四世・**千宗室**（淡々斎。一八九三〜一九六四）は全国組織の淡交会を組織し、海外にも普及活動を広めた。一六世・**千宗室**（政之《まさゆき》、坐忘斎。一九五六〜）は三笠宮崇仁《みかさのみやたかひと》親王の次女・容子《まさこ》と結婚して世間を驚かせた。また、皇太子・浩宮《ひろのみや》（令和の天皇）妃の最右翼といわれた三井史子《ふみこ》は、一四世・千宗室の孫の義姪にあたり、日本生命保険社長・弘世現《ひろせげん》の孫と結婚している。

71. 千　宗室／三つの千家で最大の裏千家、皇室から妻を迎える

71 千 宗室／茶道・裏千家家元

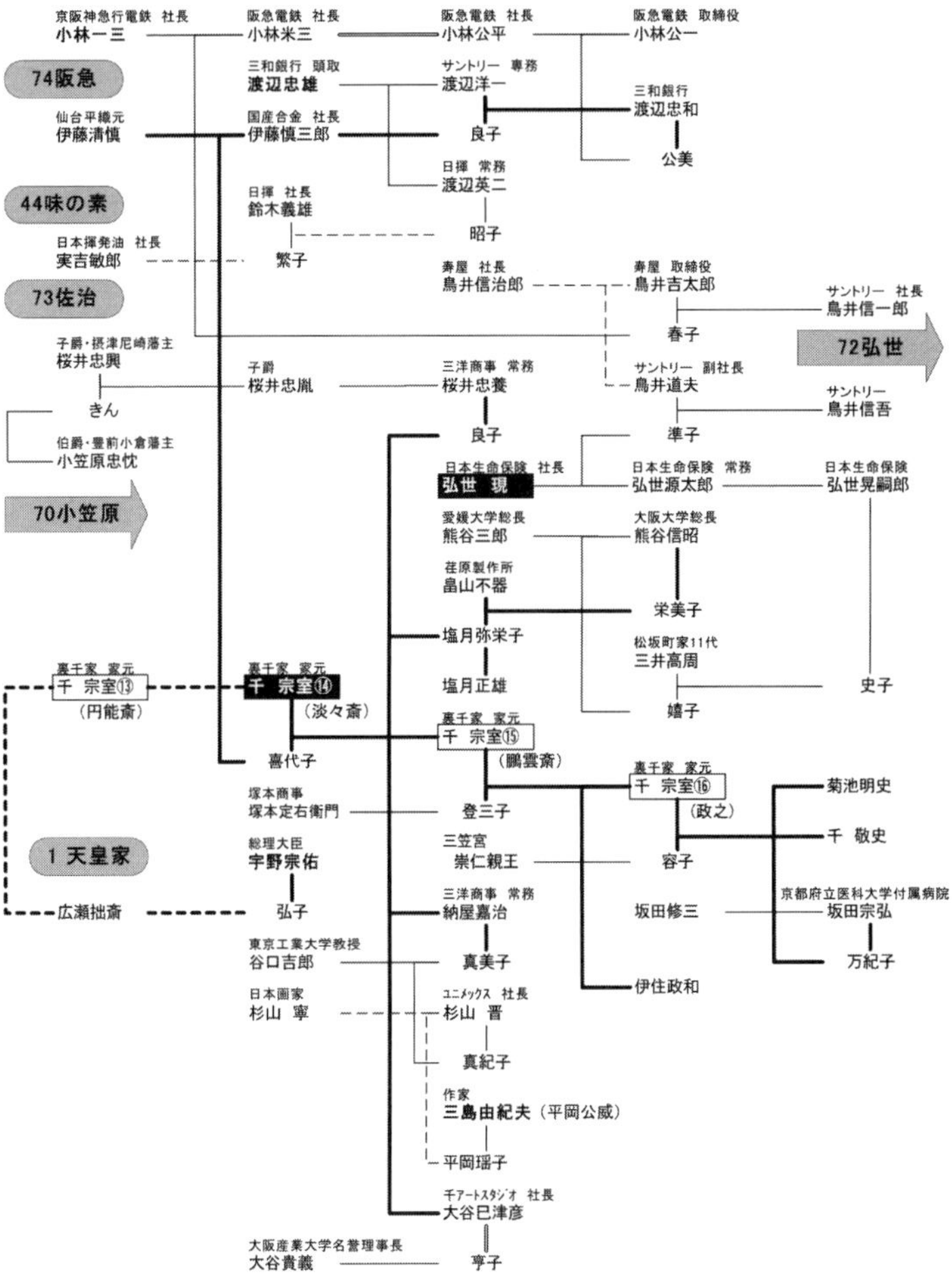

72. 弘世 現／跡取り息子が急死して世襲が途絶える

日本生命保険社長・**弘世現**《ひろせげん》（一九〇四〜一九九六）は一九四八年から一九八二年の三四年もの間、社長を務めた。日本生命保険は相互会社という保険会社に許される特殊な会社組織で、株主からのプレッシャーが少ないため、長期政権が可能だったのだ。

日本生命保険は一八八九年に彦根の富商・**弘世助三郎**《ひろせすけさぶろう》（一八四三〜一九一三）により創設されたが、助三郎は常務に就任し、社長には就任しなかった。助三郎の長男・**弘世助太**《すけた》**郎**《ろう》（一八七一〜一九三六）は弘世家の人間として初めて社長に就任した。

助太郎には男子がおらず、貴族院書記官長の成瀬達《なるせたつ》の末弟・現を婿養子に迎え、達を常務として招聘。助太郎の死後、達が社長に就任した。戦後、弘世現が社長に就任。長男の**弘世源太郎**（一九三〇〜一九七五）を三井物産から日本生命保険に転職させたが、激務が祟ったのか、四十四歳という若さで急死。世襲が途絶えた。

弘世現の次女はサントリーの創業者一族の鳥井道夫《とりいみちお》、三女は旧皇族の久邇邦昭《くにくにあき》に嫁いでおり、孫娘は松下幸之助の孫と結婚している。

72. 弘世　現／跡取り息子が急死して世襲が途絶える

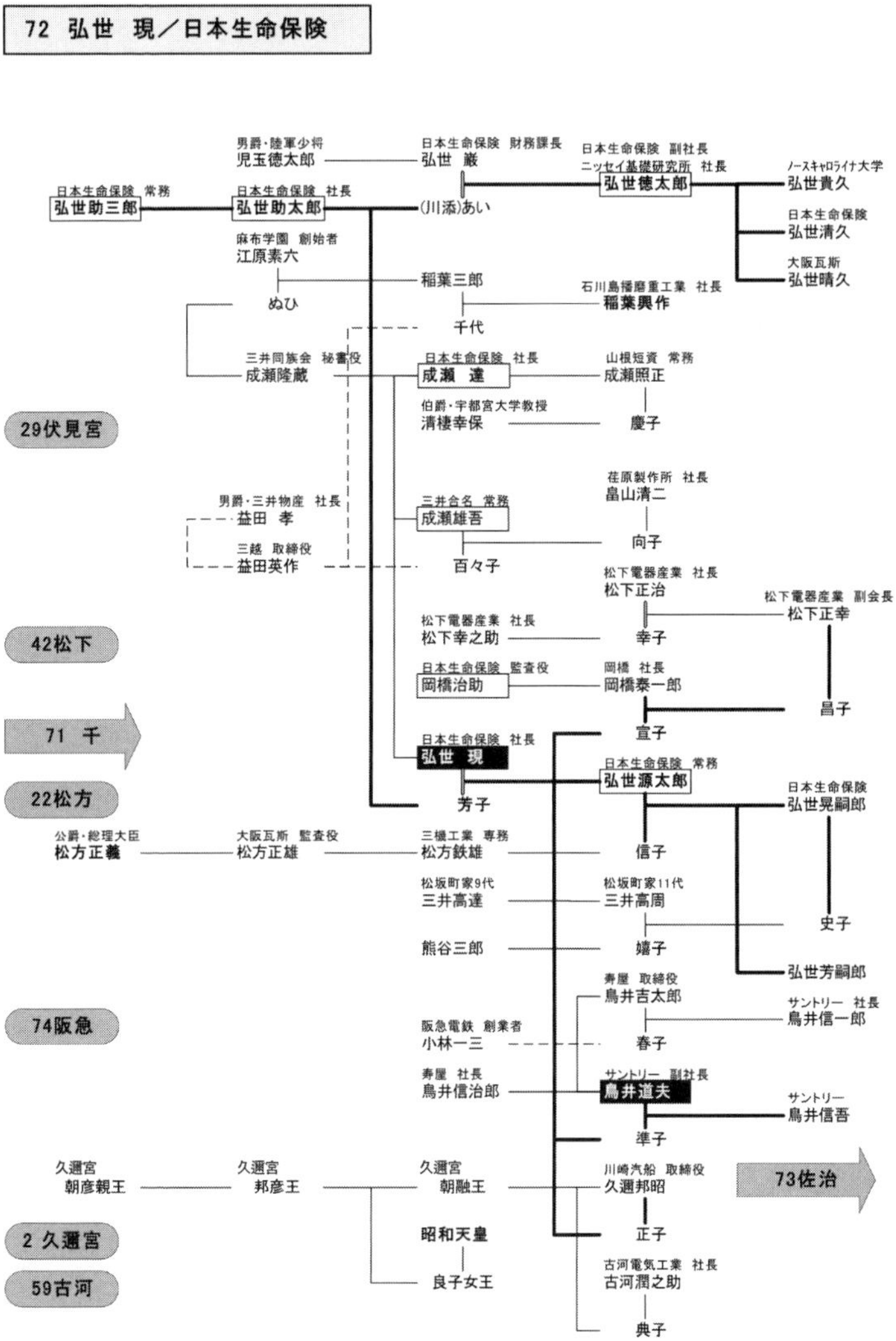

73. 佐治敬三／「やってみなはれ」で日本有数の企業＋資産家へ

サントリー（旧・寿屋《ことぶきや》）の社名は創業者一族の鳥井家に由来するのだが、歴代社長で最も有名であるのは、佐治家の養子となった**佐治敬三**《さじけいぞう》（一九一九～一九九九）だ。

佐治敬三はサントリーの創業者・鳥井信治郎の次男に生まれ、母・クニの遠縁にあたる佐治家の養子となった（養子縁組は名義だけの話で、その後も鳥井家で育ったらしい）。大阪帝国大学卒業後に海軍に入隊。戦後、寿屋（現・サントリーホールディングス）に入社、社長となった。「やってみなはれ」が口癖で、広告活動に精力的に取り組み、ビール事業、清涼飲料水、食品、洋酒輸入と事業を多角化して一時代を築いた。さらに美術館や音楽ホール、文化財団を設立して、企業の文化活動にも力を入れた。サントリーは日本を代表する企業の一つであるが、非上場企業でその株式は鳥井・佐治一族が保有しており、両家は日本でも有数の資産家といわれている。

佐治敬三の実兄・鳥井吉太郎は、阪急・東宝グループの創業者として有名な小林一三《こばやしいちぞう》の末娘・春子と結婚している。

73 佐治敬三・信忠／サントリー

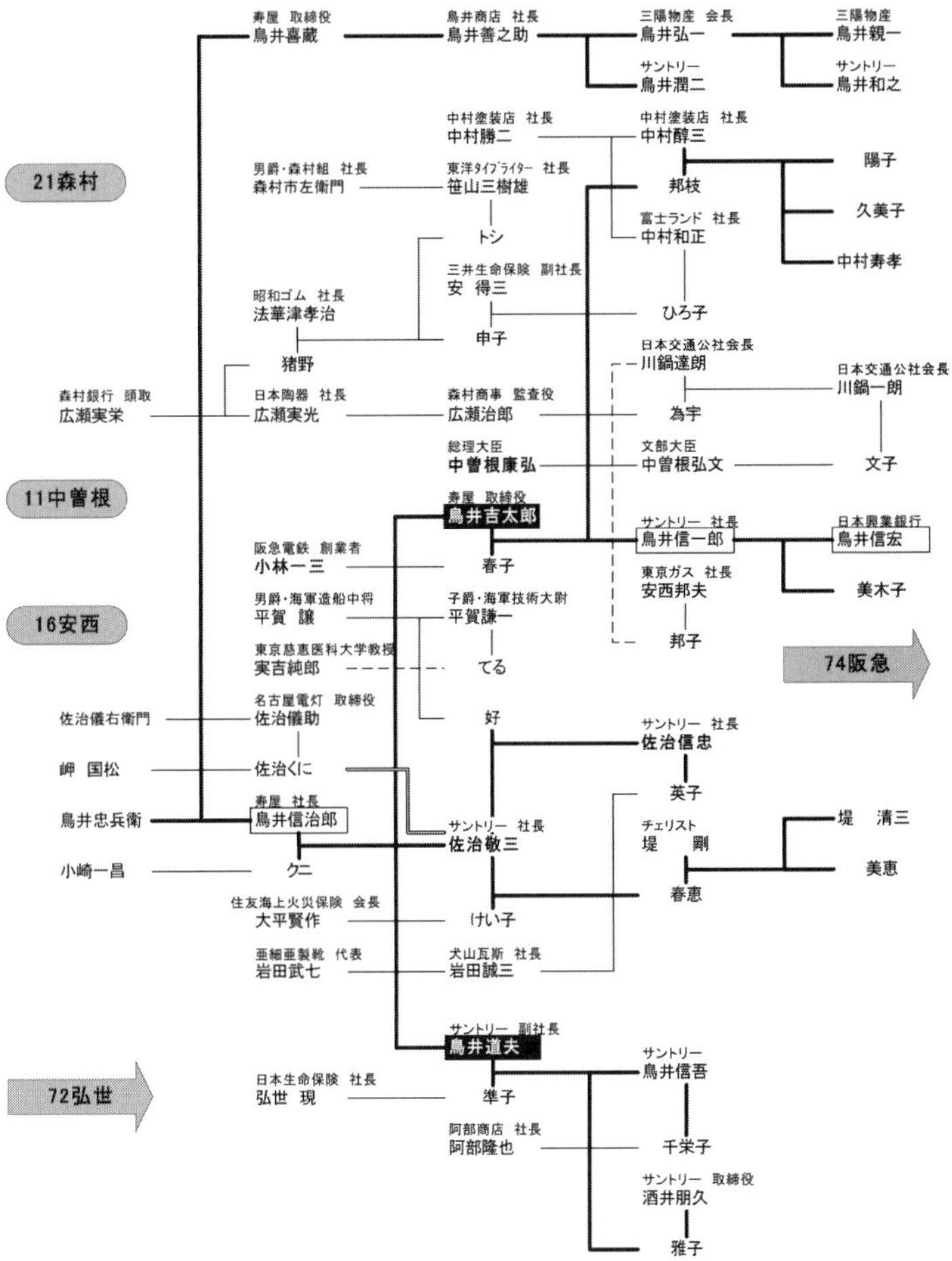

74. 小林一三／松岡修造の曾祖父。私鉄経営の基礎を固める

小林一三《いちぞう》（一八七三～一九五七）は甲斐《かい》国北巨摩《きたこま》郡韮崎（山梨県韮崎市）に生まれ、慶応義塾を卒業し、小説家になるために新聞社入社を希望したが失敗。やむなく三井銀行（現・三井住友銀行）に入行したが、ダメ社員で、知人の紹介で阪鶴《はんかく》鉄道（大阪―舞鶴間）の監査役に就任。支線として大阪梅田―箕面《みのお》宝塚―有馬、および宝塚―西宮間の路線設立のため、箕面有馬電鉄（現・阪急電鉄）が設立されると、一三は沿線予定地の不動産を買って宅地開発することを発案。また、終点の宝塚が温泉地であったことに目を付け、温泉施設を充実するとともに、催し物の一つに「宝塚唱歌隊」（現・宝塚歌劇団）、その東京進出のために東京宝塚劇場（現・東宝）を設立する一方、ターミナル・デパートの阪急百貨店（現・阪急阪神百貨店）を設立。日本の私鉄経営のアイデアを叩きだした。

長男・**小林富佐雄**《ふさお》（一九〇一～一九五七）、次男・**松岡辰郎**《まつおかたつろう》（一九〇四～一九七四）は東宝社長、三男・**小林米三**《よねぞう》（一九〇九～一九六九）が阪急電鉄社長に就任した。テニスプレイヤー・**松岡修造**《しゅうぞう》（一九六七～）が曾孫であることは有名である。

74. 小林一三／松岡修造の曾祖父。私鉄経営の基礎を固める

74 小林一三／阪急電鉄・東宝

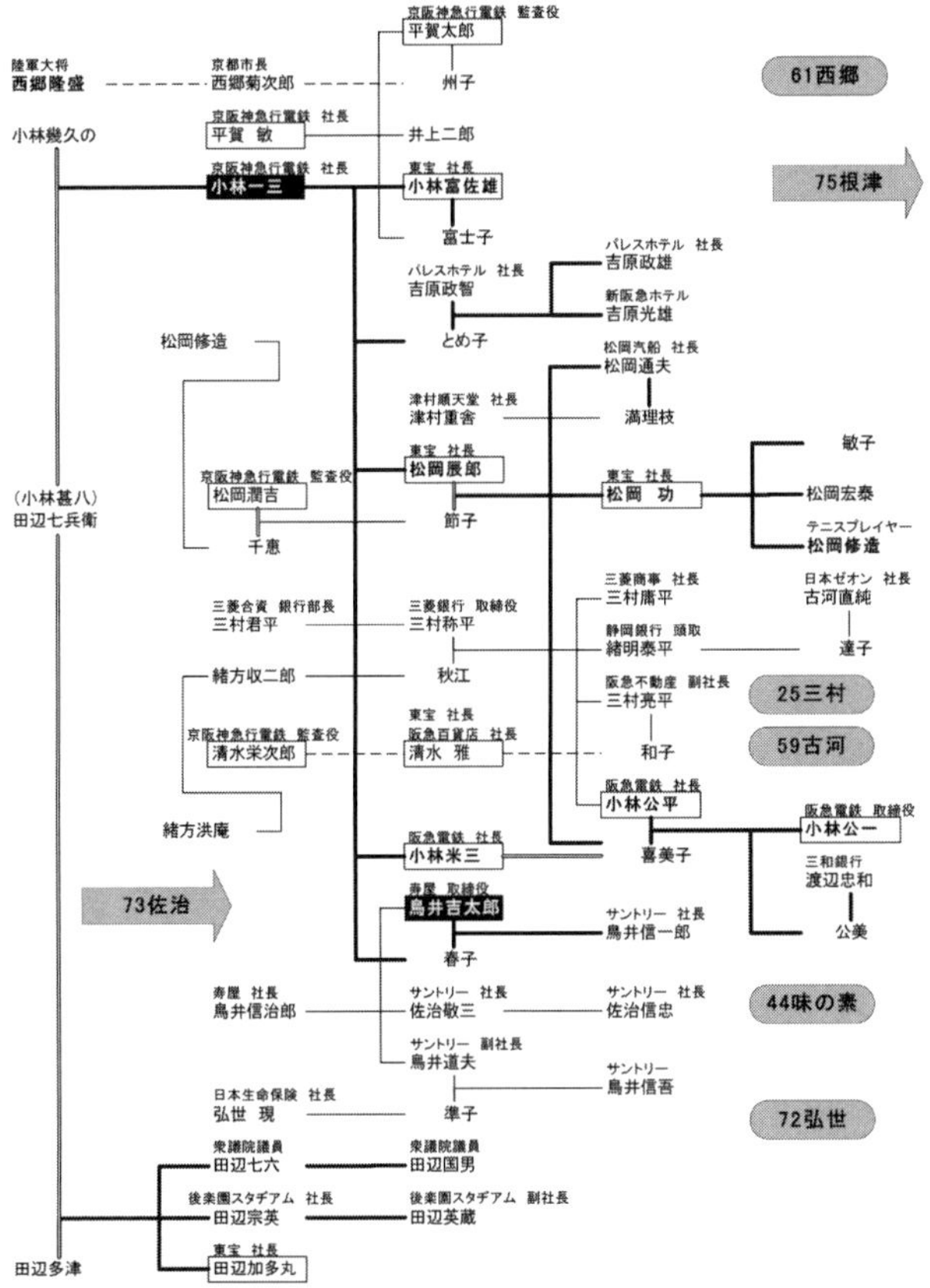

75. 根津嘉一郎／二代目は五三年間、社長に在任

小林一三は山梨県の素封家《そほうか》の生まれで、血縁者を辿っていくと、巡りめぐって同郷の財界人に行き当たる。そのうちの一人が東武鉄道の実質的な創業者となる初代・**根津嘉一郎**《ねづかいちろう》（一八六〇～一九四〇）だ。

初代・根津嘉一郎は甲斐国東山梨郡平等村（山梨市）の豪農に生まれ、倒産寸前の東武鉄道を買収。巨費を投じて利根川に架橋、足利・伊勢崎・日光・鬼怒川まで路線延長し、経営再建に成功した。さらに群馬県館林市の館林製粉（のちの日清製粉）に横浜の日清製粉を吸収合併させて飛躍の足掛かりをつくり、群馬県太田の中島飛行機（富士重工業を経て、現・スバル）には敷地や建物を無償提供するなど、沿線の観光地や企業への支援にも積極的だった。また私財を投じて武蔵高校、根津美術館を創設したことでも名高い。

二代目・**根津嘉一郎**（一九一三～二〇〇二）は安田善次郎《やすだぜんじろう》の孫娘と結婚し、五三年の長期にわたり東武鉄道社長に君臨。後継社長に次男・**根津嘉澄**《よしずみ》（一九五一～）を指名。長男・**根津公一**《こういち》（一九五〇～）は東武百貨店社長に就任した。

75. 根津嘉一郎／二代目は五三年間、社長に在任

75 根津嘉一郎／東武鉄道

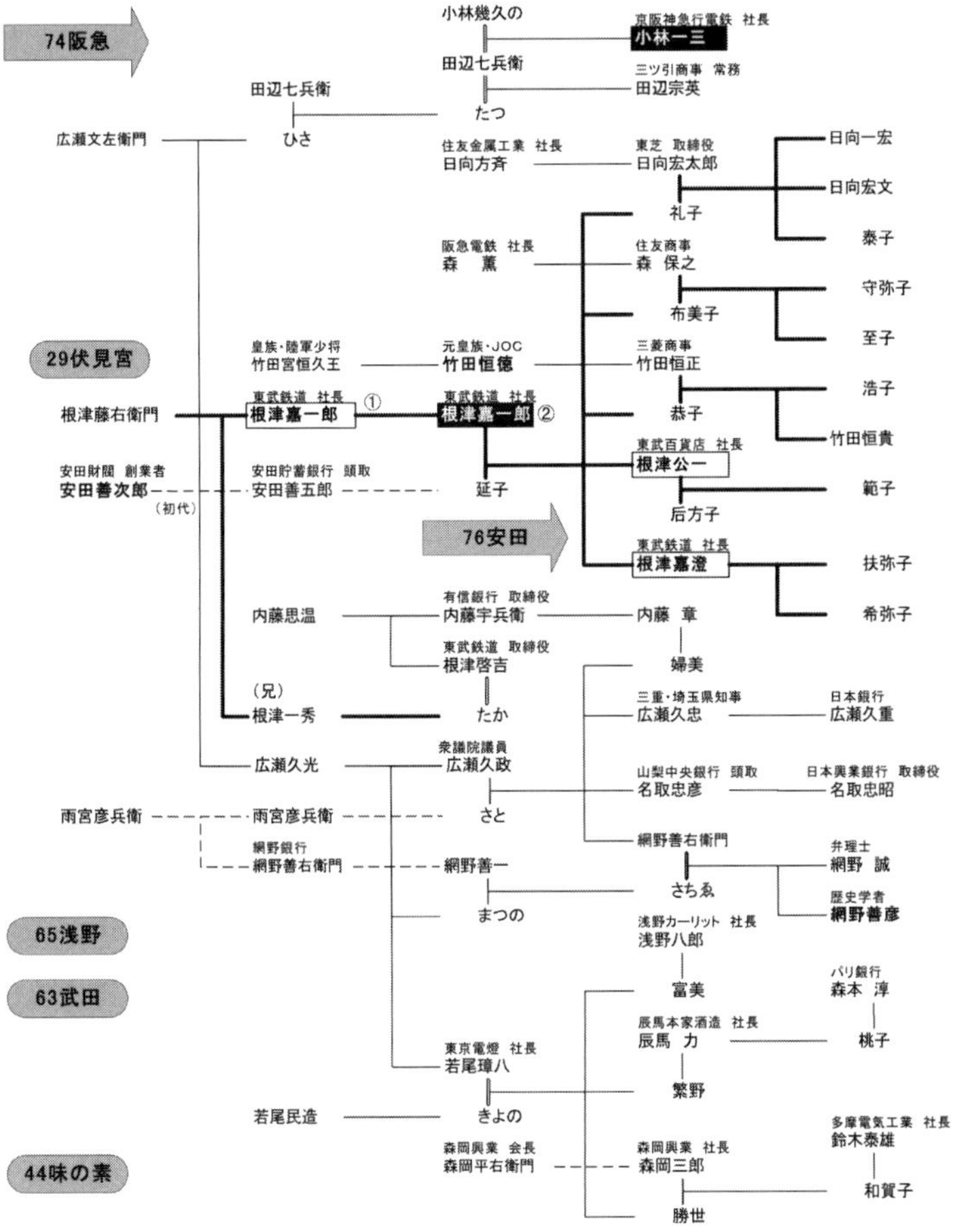

76. 安田善次郎／金融財閥と財政家・高橋是清の合体

初代・**安田善次郎**《やすだぜんじろう》（一八三八～一九二一）は富山藩の下級武士の子として生まれ、武士身分での栄達が困難と悟り、江戸で商人になることを志す。善次郎は両替商としての鑑定眼にすぐれ、古金銀の取引で利益を上げ、明治維新後は政府が発行した太政官札（最初の紙幣）の取引で、一躍財を成した。善次郎は大蔵省から銀行の開設を勧められ、第三国立銀行、安田銀行（富士銀行を経て、現・みずほ銀行）を設立。生損保にも進出し、金融財閥の体裁を整えた。

長男の二代目・**安田善次郎**（一八七九～一九三六）は温厚な趣味人だったが、その長男・**安田一**《はじめ》（一九〇七～一九九一）は事業に関心を持っていた。若き三代目は安田財閥の改革を進めていったが、間もなく終戦を迎えてしまった。

安田一の妻は、総理大臣・高橋是清《たかはしこれきよ》の孫娘である。是清が安田家の顧問のような立場にあったため、この縁談が成立したらしい。

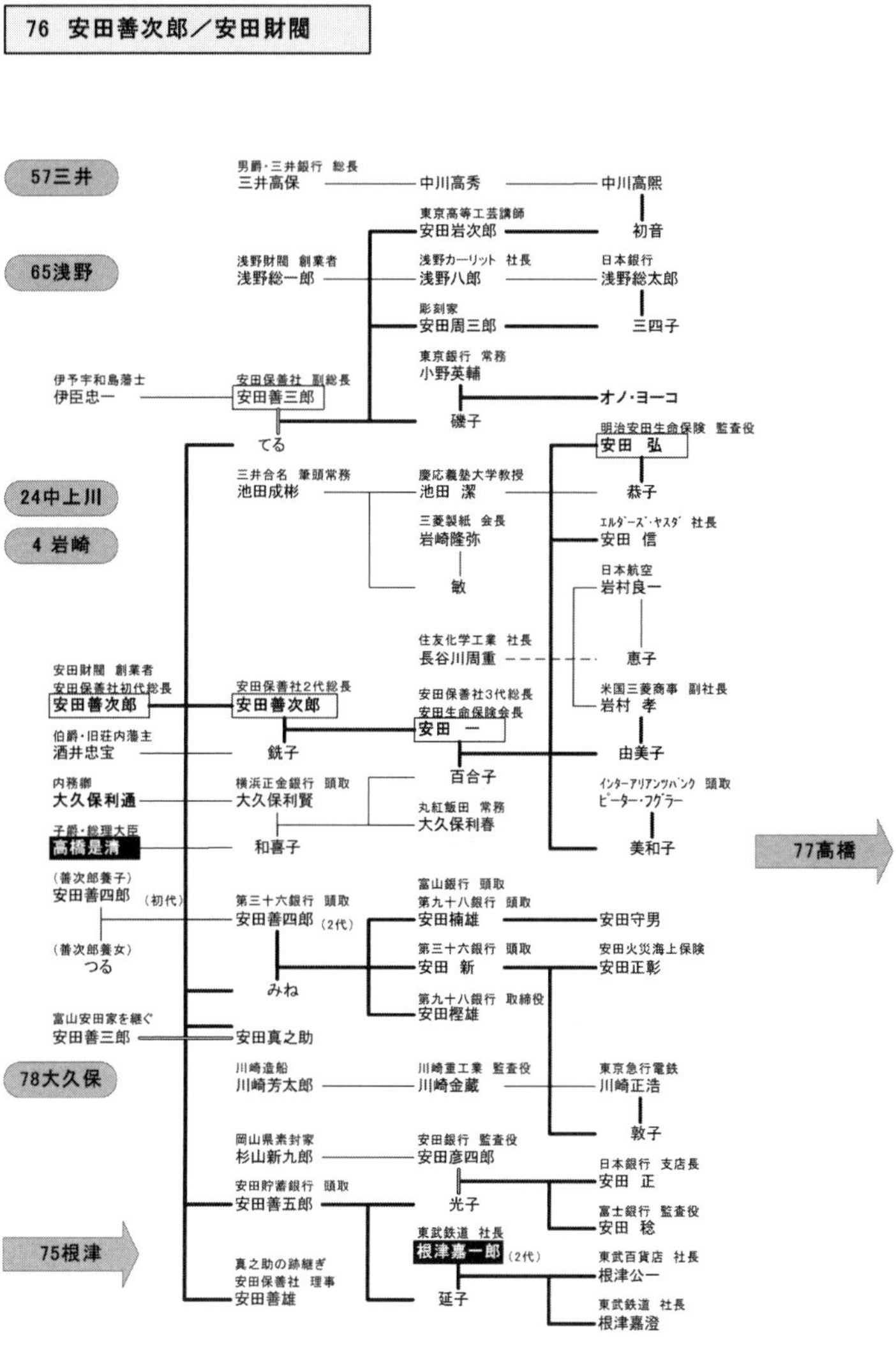
76 安田善次郎／安田財閥
57三井
65浅野
24中上川
4 岩崎
78大久保
75根津
77高橋
男爵・三井銀行 総長
三井高保
中川高秀
中川高熙
東京高等工芸講師
安田岩次郎
初音
浅野財閥 創業者
浅野総一郎
浅野カーリット 社長
浅野八郎
日本銀行
浅野総太郎
彫刻家
安田周三郎
三四子
東京銀行 常務
小野英輔
オノ・ヨーコ
伊予宇和島藩士
伊臣忠一
安田保善社 副総長
安田善三郎
てる
磯子
明治安田生命保険 監査役
安田 弘
三井合名 筆頭常務
池田成彬
慶応義塾大学教授
池田 潔
恭子
三菱製紙 会長
岩崎隆弥
敏
エルダーズ・ヤスダ 社長
安田 信
日本航空
岩村良一
住友化学工業 社長
長谷川周重
恵子
安田財閥 創業者
安田保善社初代総長
安田善次郎
安田保善社2代総長
安田善次郎
安田保善社3代総長
安田生命保険会長
安田 一
米国三菱商事 副社長
岩村 孝
伯爵・旧荘内藩主
酒井忠宝
銈子
由美子
百合子
内務卿
大久保利通
横浜正金銀行 頭取
大久保利賢
丸紅飯田 常務
大久保利春
インターアリアンツバンク 頭取
ピーター・フグラー
子爵・総理大臣
高橋是清
和喜子
美和子
(善次郎養子)
安田善四郎 (初代)
第三十六銀行 頭取
安田善四郎 (2代)
富山銀行 頭取
第九十八銀行 頭取
安田楠雄
安田守男
(善次郎養女)
つる
みね
第三十六銀行 頭取
安田 新
安田火災海上保険
安田正彰
第九十八銀行 取締役
安田桎雄
富山安田家を継ぐ
安田善三郎
安田真之助
川崎造船
川崎芳太郎
川崎重工業 監査役
川崎金蔵
東京急行電鉄
川崎正浩
敦子
岡山県素封家
杉山新九郎
安田銀行 監査役
安田彦四郎
日本銀行 支店長
安田 正
安田貯蓄銀行 頭取
安田善五郎
光子
富士銀行 監査役
安田 稔
東武鉄道 社長
根津嘉一郎 (2代)
東武百貨店 社長
根津公一
真之助の跡継ぎ
安田保善社 理事
安田善雄
延子
東武鉄道 社長
根津嘉澄

77. 高橋是清／姻戚関係からみれば、横浜正金閥

高橋是清《たかはしこれきよ》（一八五四〜一九三六）は江戸幕府のお抱え絵師の私生児として生まれ、仙台藩足軽・高橋家の養子となる。藩命によって渡米するが、米国人に騙されて人身売買され、奴隷同様の扱いを受ける。在米中に森有礼《ありのり》（のちの文部大臣）の知遇を得て、帰国後にその書生となり、文部省を経て農商務省に入省。ペルーでの鉱山経営を経て、日本銀行と横浜正金《しょうきん》銀行（東京銀行を経て、現・三菱ＵＦＪ銀行）を往復して日本銀行副総裁となり、日露戦争の外債募集に功があった。日本銀行総裁、大蔵大臣を歴任。原敬《はらたかし》の暗殺後、総理大臣・政友会総裁に就任するが、半年で総辞職に追い込まれる。昭和恐慌で大蔵大臣に登用され、支払猶予令（モラトリアム）を発動して収拾。財政家として名高い。二・二六事件で暗殺された。

高橋是清が形成した閨閥は一言でいって「横浜正金閥」である。長女は横浜正金銀行頭取・大久保利賢《としかた》（大久保利通の末男）と結婚。横浜正金銀行頭取・児玉謙次《こだまけんじ》と二重の姻戚関係がある。

77. 高橋是清／姻戚関係からみれば、横浜正金閥

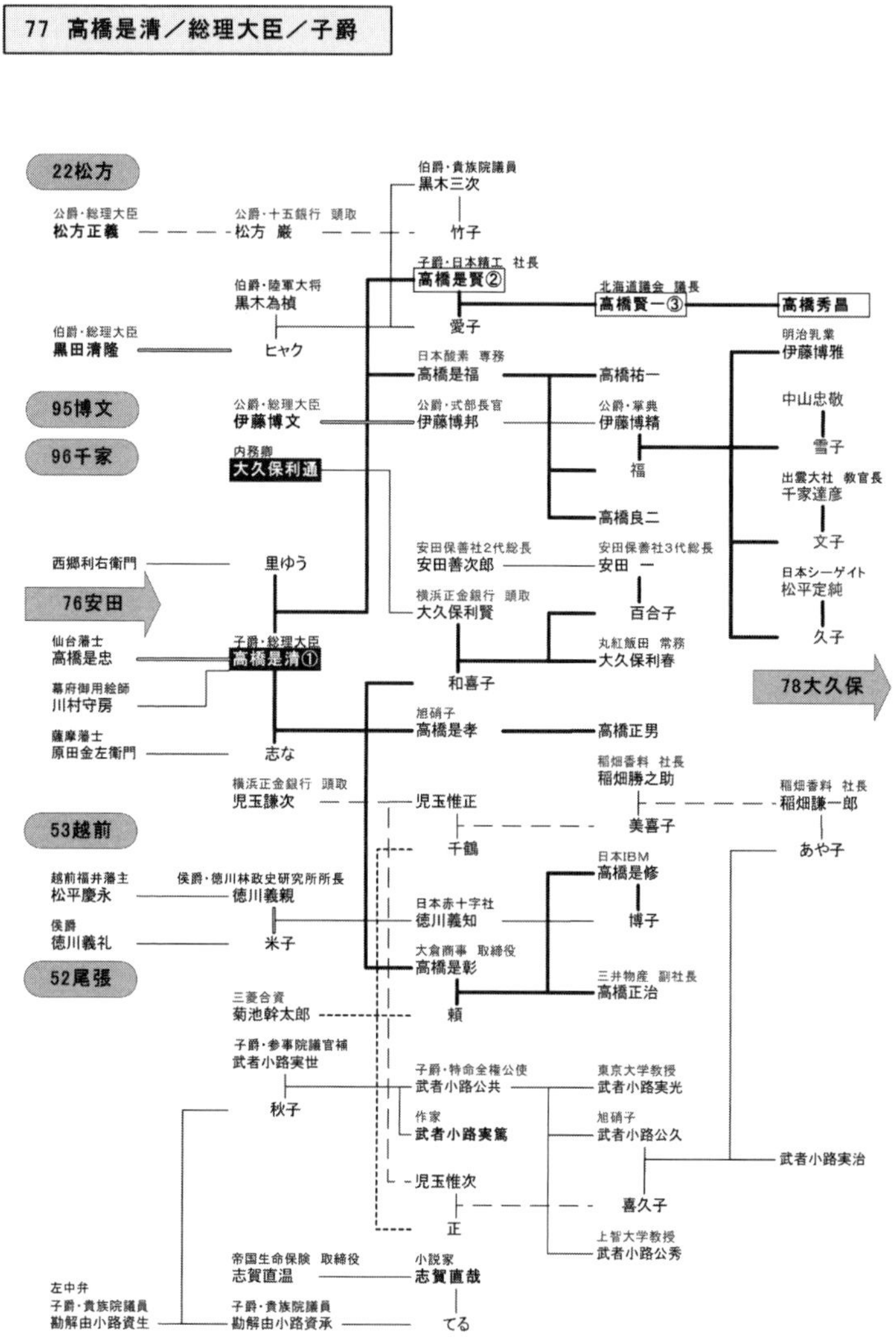

78. 大久保利通／事実上の初代総理大臣

大久保利通（一八三〇～一八七八）は下級薩摩藩士の子として生まれ、明治維新を成し遂げた「維新の三傑」の一人。薩摩藩の下級武士に生まれ、幼なじみの西郷隆盛らと公武合体運動に奔走、岩倉具視らと結託して倒幕運動に転じる。明治新政府を樹立すると、版籍奉還、廃藩置県を断行。岩倉使節団の副使として随行し、一八七三年に内務卿に就任。事実上の首班として富国強兵政策を推し進め、日本の近代化に努めたが、紀尾井坂の変で暗殺された。松本清張は著書『史観宰相論』の中で、利通を事実上の初代総理大臣と評価している。

大久保は寡黙で剛腕。政敵に恐れられたが、子煩悩で家庭的には満点パパだった。洋行かぶれで西洋建築の邸宅に住み、妻を説得して子どもたちを留学させた。子どもたちは官僚となり、次男の伯爵・牧野伸顕《のぶあき》（一八六一～一九四九）は宮内大臣として昭和天皇の信任が厚かった。ロッキード事件で逮捕、起訴された丸紅専務・大久保利春は、利通の孫にあたり、「じいさんにあわせる顔がない」が口癖だったという。

78 大久保利通／薩摩藩士・内務卿／侯爵家

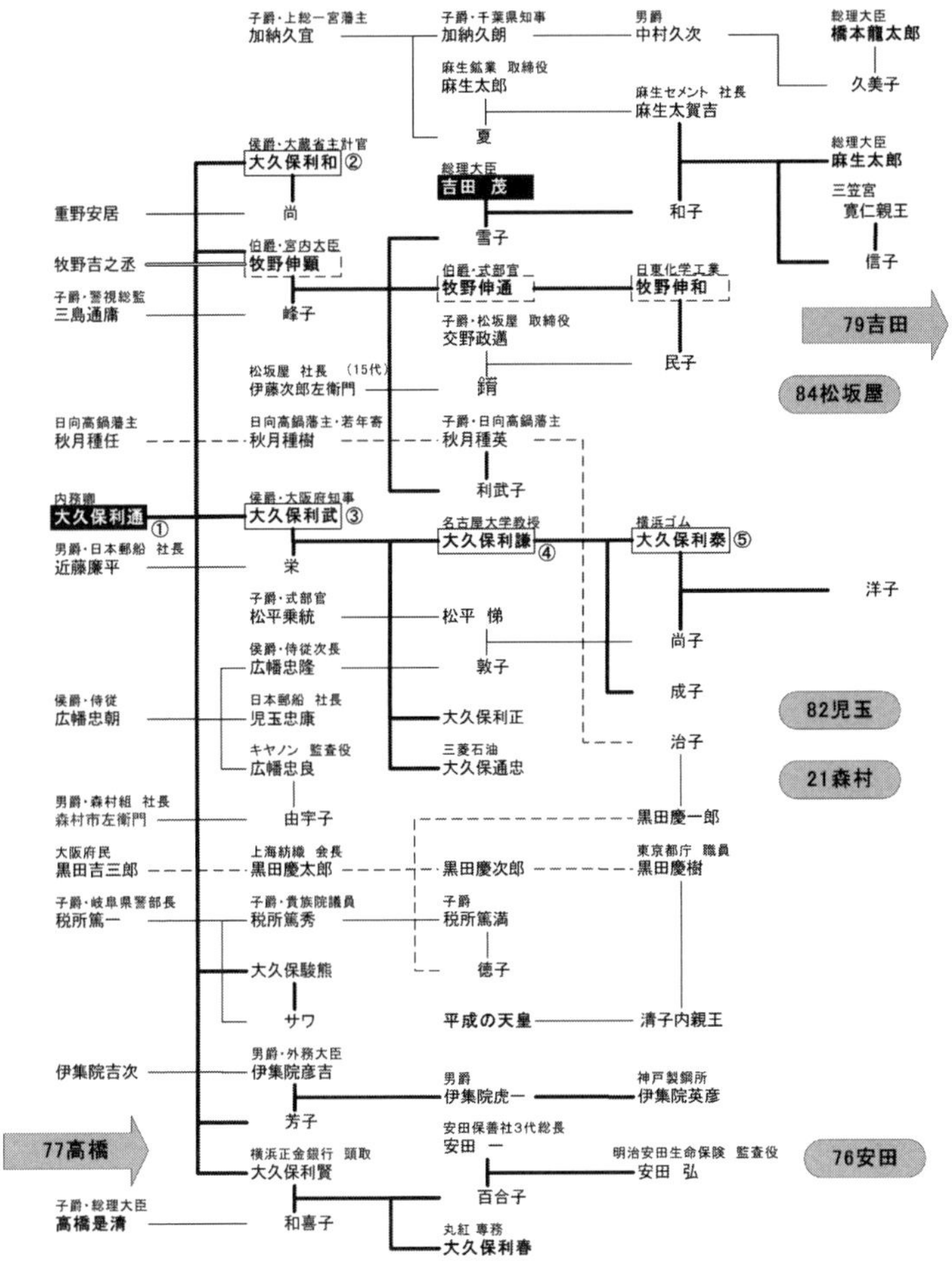

79．吉田　茂／戦後日本を代表する政治家

総理大臣・**吉田茂**《よしだしげる》（一八七八〜一九六七）が牧野伸顕《まきののぶあき》の長女、つまりは大久保利通の孫娘であることは有名である。鹿児島遊説の際、大久保家の墓参りし、西郷隆盛の墓に立ち寄らなかったので、県民感情を逆なでするると批判されたが、「いや義理の祖父だから」と困惑したという。

吉田茂は土佐藩士・竹内綱《たけうちつな》の四男に生まれ、旧福井藩士の貿易商・吉田健三の養子となった。旧制学習院高等学科を経て東京帝国大学を卒業して外務省に入省。親米派の外交官と認識され、東久邇宮《ひがしくにのみや》内閣、幣原《しではら》内閣の外務大臣に就任。一九四六年に鳩山一郎が公職追放で日本自由党（現・自由民主党）総裁の辞任を余儀なくされると、後任総裁となり、総理大臣となった。終戦直後の五期七年を務め、米国寄りの日本の保守政治を確立、戦後日本を代表する政治家となった。

吉田茂の息子はいずれも学問の道に進んだ。長女の婿は吉田姓の外交官だが、茂自身の親戚ではない。次女の婿は麻生太賀吉《たかきち》。総理大臣・麻生太郎が孫にあたることは有名だ。

79. 吉田　茂／戦後日本を代表する政治家

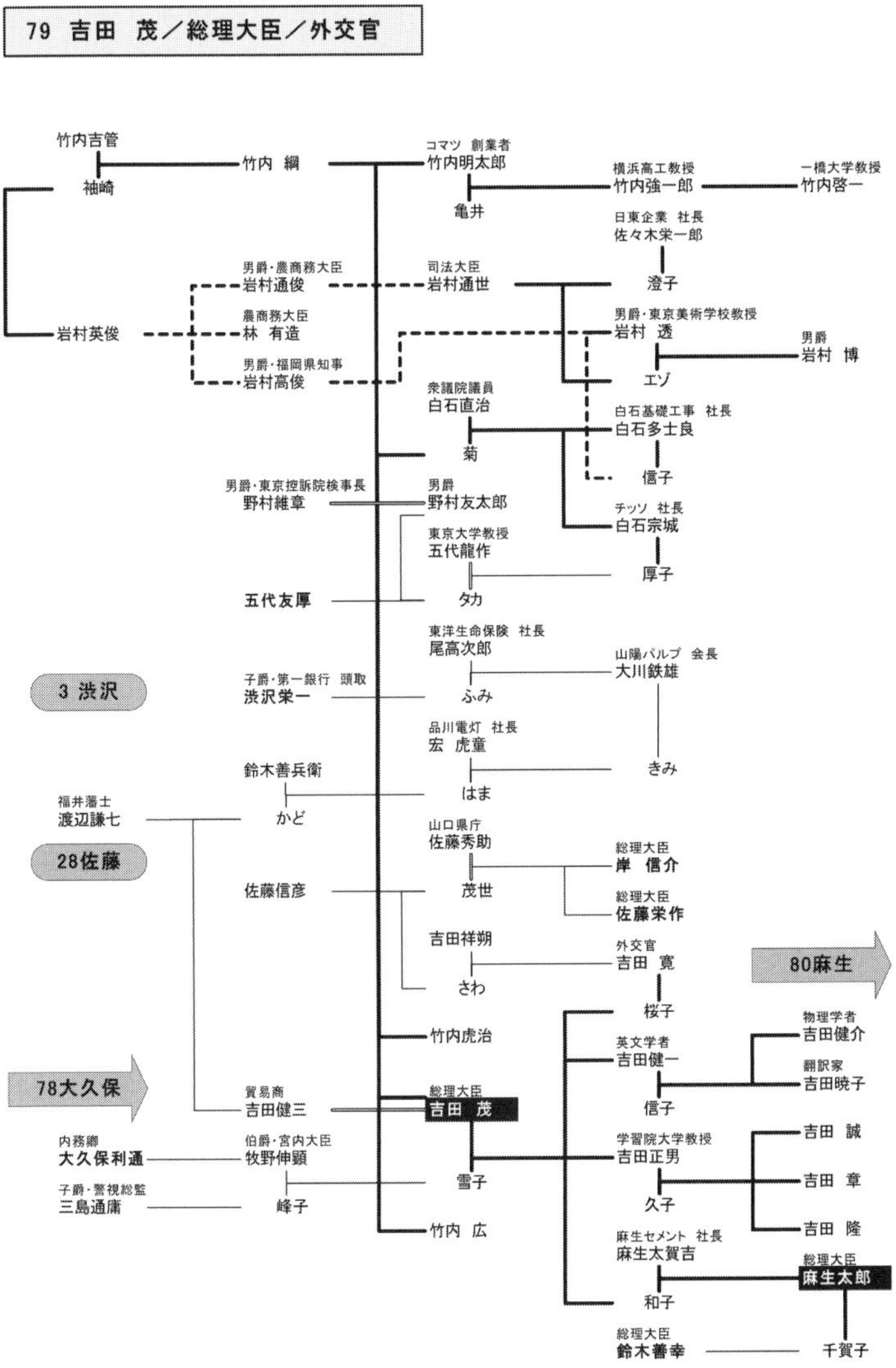
79 吉田 茂／総理大臣／外交官
竹内吉管
袖崎
竹内 綱
コマツ 創業者
竹内明太郎
亀井
横浜高工教授
竹内強一郎
一橋大学教授
竹内啓一
日東企業 社長
佐々木栄一郎
澄子
男爵・農商務大臣
岩村通俊
司法大臣
岩村通世
農商務大臣
林 有造
岩村英俊
男爵・東京美術学校教授
岩村 透
男爵
岩村 博
エゾ
男爵・福岡県知事
岩村高俊
衆議院議員
白石直治
菊
白石基礎工事 社長
白石多士良
信子
男爵・東京控訴院検事長
野村維章
男爵
野村友太郎
チッソ 社長
白石宗城
東京大学教授
五代龍作
厚子
五代友厚
タカ
東洋生命保険 社長
尾高次郎
ふみ
山陽パルプ 会長
大川鉄雄
3 渋沢
子爵・第一銀行 頭取
渋沢栄一
品川電灯 社長
宏 虎童
はま
きみ
鈴木善兵衛
かど
福井藩士
渡辺謙七
28佐藤
山口県庁
佐藤秀助
茂世
総理大臣
岸 信介
佐藤信彦
総理大臣
佐藤栄作
吉田祥朔
さわ
外交官
吉田 寛
80麻生
桜子
竹内虎治
物理学者
吉田健介
英文学者
吉田健一
翻訳家
吉田暁子
78大久保
貿易商
吉田健三
総理大臣
吉田 茂
信子
内務卿
大久保利通
伯爵・宮内大臣
牧野伸顕
雪子
学習院大学教授
吉田正男
吉田 誠
吉田 章
子爵・警視総監
三島通庸
峰子
久子
竹内 広
吉田 隆
麻生セメント 社長
麻生太賀吉
総理大臣
麻生太郎
和子
総理大臣
鈴木善幸
千賀子

80・麻生太郎／吉田茂の孫＋地方財閥の跡取り息子

麻生家は代々庄屋を務め、筑前国嘉麻郡立岩村（現・福岡県飯塚市）近辺を治め、この地で豊富な石炭が出炭したため、幕末から炭礦経営に参加していた。麻生太郎の高祖父（祖父の祖父）は先見性のある人物で、石炭の将来性に着目し、幾つかの鑛区を買い入れた。曾祖父・**麻生太吉**（一八五七～一九三三）は炭礦経営をさらに推し進め、「筑豊御三家」と称される富豪になり、セメント・電力・鉄道へと多角化した。

太吉の孫・**麻生太賀吉**（一九一一～一九八〇）は祖父の死後、欧米視察で羽を伸ばし、白洲次郎《しらすじろう》の紹介で駐英大使・吉田茂と知り合って、貴族趣味の吉田にかわいがられ、次女の和子と結婚した。吉田茂が戦後を代表する総理大臣になると、太賀吉はその側近として、外部とのパイプ役を務めるなど活躍した。

その長男・**麻生太郎**《あそうたろう》（一九四〇～）は二六歳で麻生商店（現・麻生）の取締役、三九歳で衆議院議員に当選。六八歳で総理大臣に就任。元総理の孫にして大金持ち。上から目線の発言でしばしば批判を受けている。

80. 麻生太郎／吉田茂の孫＋地方財閥の跡取り息子

80 麻生太郎／総理大臣／麻生セメント

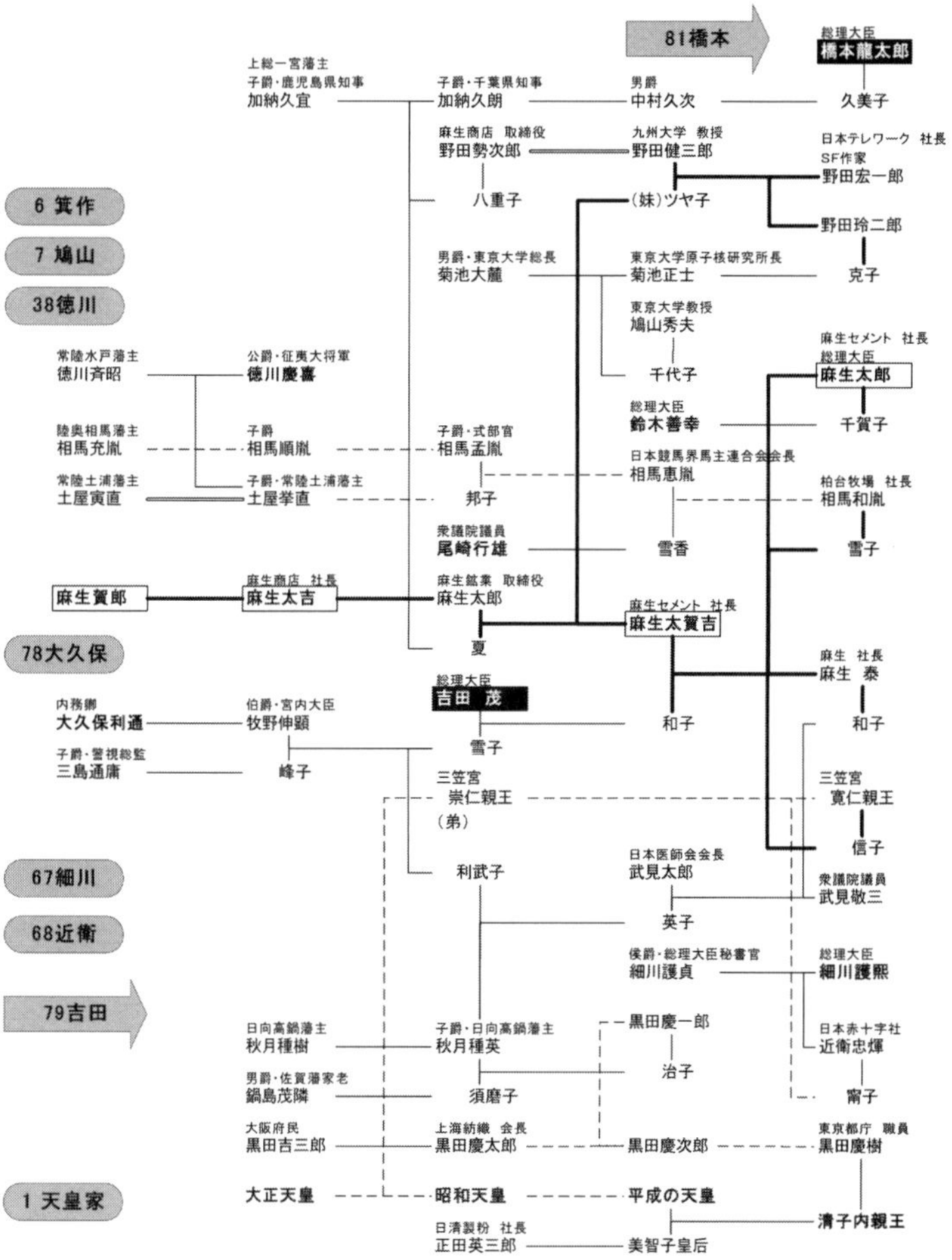

81．橋本龍太郎／政界の杉良太郎。妻は義理の従姉妹の娘

総理大臣・**橋本龍太郎**《はしもとりゅうたろう》（一九三七～二〇〇六）の妻・久美子は、継母の姪（龍太郎の義理の従姉妹）の娘にあたり、麻生太郎の又従姉妹にあたる。また、久美子の母方の大叔母（祖父の妹）が児玉源太郎の三男に嫁いでいる。

橋本龍太郎は、大蔵省出身の厚生大臣・**橋本龍伍**《りゅうご》（一九〇六～一九六二）の長男として生まれ、慶応義塾大学を卒業、呉羽《くれは》紡績（現・東洋紡）に入社。父の急死によって、急遽、衆議院議員に出馬した。父・龍伍は次男の**橋本大二郎**《だいじろう》（のち高知県知事）を政治家にするつもりで、画数の少ない名前に命名したのだが、当時はまだ被選挙権がなかったため、龍太郎が後継候補になったという。父・龍伍は少年期から足が不自由だったので、厚生行政に深く関心を持ち、龍太郎もその志を受け継いで猛勉強し、親子二代の厚生大臣に就任した。おおよそ政治家らしくない、「ポマードべったり」の髪型で、むさ苦しいおっさんばかりの政界にあって、バッグンにハンサムで「政界の杉良太郎《すぎりょうたろう》」とあだ名された。庶民（オバサマ方の）人気が高く、（その人気も背景にして）総理大臣に就任した。

81. 橋本龍太郎／政界の杉良太郎。妻は義理の従姉妹の娘

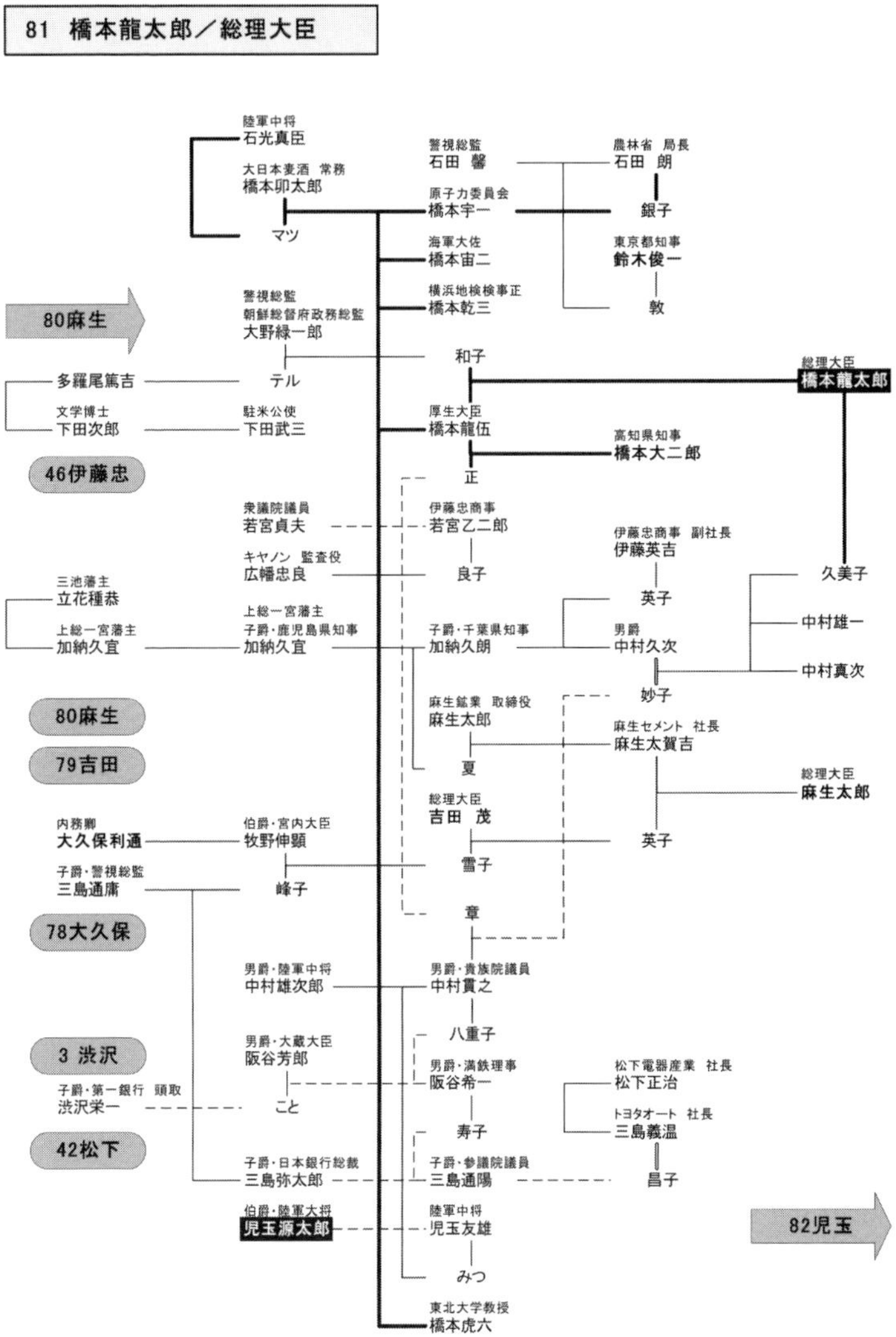

81 橋本龍太郎／総理大臣
陸軍中将
石光真臣
大日本麦酒 常務
橋本卯太郎
マツ
警視総監
石田 馨
原子力委員会
橋本宇一
海軍大佐
橋本宙二
横浜地検検事正
橋本乾三
農林省 局長
石田 朗
銀子
東京都知事
鈴木俊一
敦
80麻生
警視総監
朝鮮総督府政務総監
大野緑一郎
テル
和子
総理大臣
橋本龍太郎
多羅尾篤吉
文学博士
下田次郎
駐米公使
下田武三
厚生大臣
橋本龍伍
高知県知事
橋本大二郎
正
46伊藤忠
衆議院議員
若宮貞夫
伊藤忠商事
若宮乙二郎
良子
伊藤忠商事 副社長
伊藤英吉
キヤノン 監査役
広幡忠良
英子
久美子
三池藩主
立花種恭
上総一宮藩主
加納久宜
上総一宮藩主
子爵・鹿児島県知事
加納久宜
子爵・千葉県知事
加納久朗
男爵
中村久次
中村雄一
中村真次
妙子
80麻生
79吉田
麻生鉱業 取締役
麻生太郎
夏
麻生セメント 社長
麻生太賀吉
総理大臣
麻生太郎
総理大臣
吉田 茂
英子
内務卿
大久保利通
伯爵・宮内大臣
牧野伸顕
雪子
子爵・警視総監
三島通庸
峰子
78大久保
章
男爵・陸軍中将
中村雄次郎
男爵・貴族院議員
中村貫之
八重子
3 渋沢
男爵・大蔵大臣
阪谷芳郎
男爵・満鉄理事
阪谷希一
松下電器産業 社長
松下正治
子爵・第一銀行 頭取
渋沢栄一
こと
寿子
トヨタオート 社長
三島義温
42松下
子爵・日本銀行総裁
三島弥太郎
子爵・参議院議員
三島通陽
昌子
伯爵・陸軍大将
児玉源太郎
陸軍中将
児玉友雄
みつ
82児玉
東北大学教授
橋本虎六

82. 児玉源太郎／木戸孝允と二重の婚姻関係

児玉源太郎《こだまげんたろう》（一八五二～一九〇六）は周防徳山藩（長州藩の支藩）の中級藩士に生まれ、箱館戦争に従軍後、陸軍に入った。ドイツ式戦術の導入、歩兵操典改正等に当たる。台湾総督、伊藤博文内閣の陸軍大臣を歴任。日露戦争にあたって、大山巌の懇請により内務大臣から降格して参謀本部次長、満州軍総参謀長に着任。二〇〇九～二〇一一年放映のNHKスペシャルドラマ『坂の上の雲』で天才的な軍略家ぶりが描かれている。

長男・**児玉秀雄**《ひでお》（一八七六～一九四七）も父に似て優秀。東京帝国大学を卒業して大蔵省に入省。拓務大臣、逓信大臣、内務大臣、国務大臣、文部大臣を歴任。夫人は総理大臣・寺内正毅《てらうちまさたけ》の長女。公家の名門・広幡《ひろはた》家から**児玉忠康**《こだまただやす》（一八九八～一九九〇）を婿養子に迎えたが、忠康も極めて優秀で、戦後、日本郵船社長にまで上り詰めた。その子・**児玉進**《すすむ》（一九二六～一九八七）は東宝の映画監督である。

源太郎の末娘・ツルは、木戸孝允《たかよし》の養孫・木戸幸一の妻で、幸一の妹の八重子が源太郎の三男・児玉常雄に嫁いでいる。

82 児玉源太郎／陸軍大将／伯爵

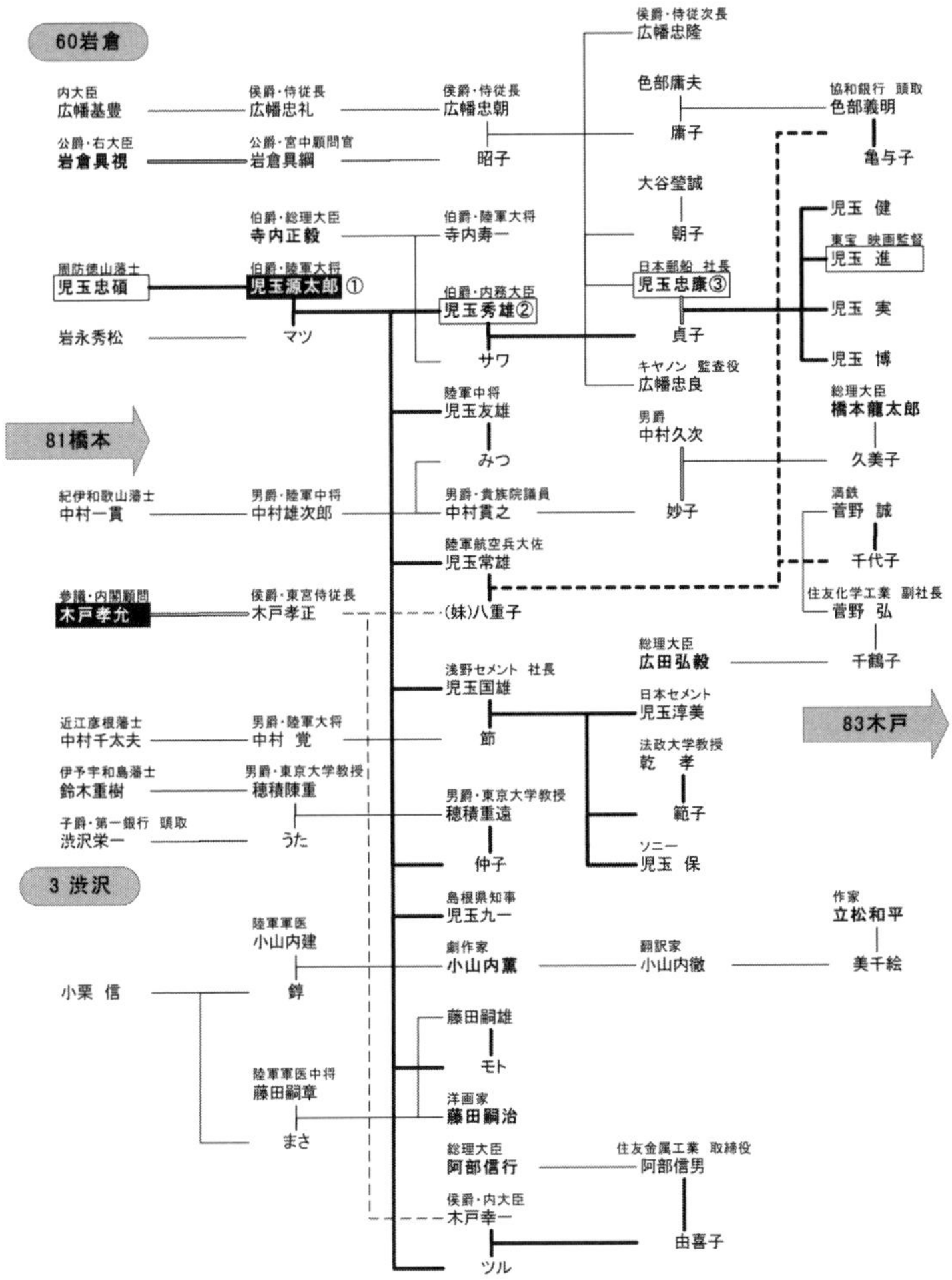

83. 木戸孝允／養孫は昭和天皇の側近

木戸孝允《きどたかよし》（一八三三〜一八七七）は幕末維新の志士で、「維新の三傑」の一人。長州藩の藩医・和田家に生まれ、隣家の桂家の養子となり、桂小五郎を名乗る。吉田松陰に師事。京都で政界工作に暗躍するとともに、薩長連合を成立させ、倒幕運動の中心となる。明治新政府では「五ヵ条の誓文」の起草や版籍奉還を主導。岩倉使節団の副使として外遊後は内治優先を唱えた。西南戦争の最中、病床にあって「西郷もう大抵にせんか」との言葉を残して死去した。

孝允には男子がいなかったので、姉の子・**木戸孝正**《たかまさ》（一八五七〜一九一七）を婿養子に迎えた。孝正が後妻ともうけた子が**木戸幸一**《こういち》（一八八九〜一九七七）である。幸一は友人の近衛文麿の推挙で内大臣秘書官に就任。のち内大臣となり、昭和天皇の側近として総理大臣候補の選定、東条英機内閣の成立、ポツダム宣言受諾などに暗躍した。

幸一の実弟・和田小六（一八九〇〜一九五二）は日本の航空工学の権威として知られる。その子・和田昭允《あきよし》の夫人を経由して、松坂屋の伊藤次郎左衛門《じろうざえもん》家に繋がる。

83 木戸孝允／長州藩士・内閣顧問／侯爵家

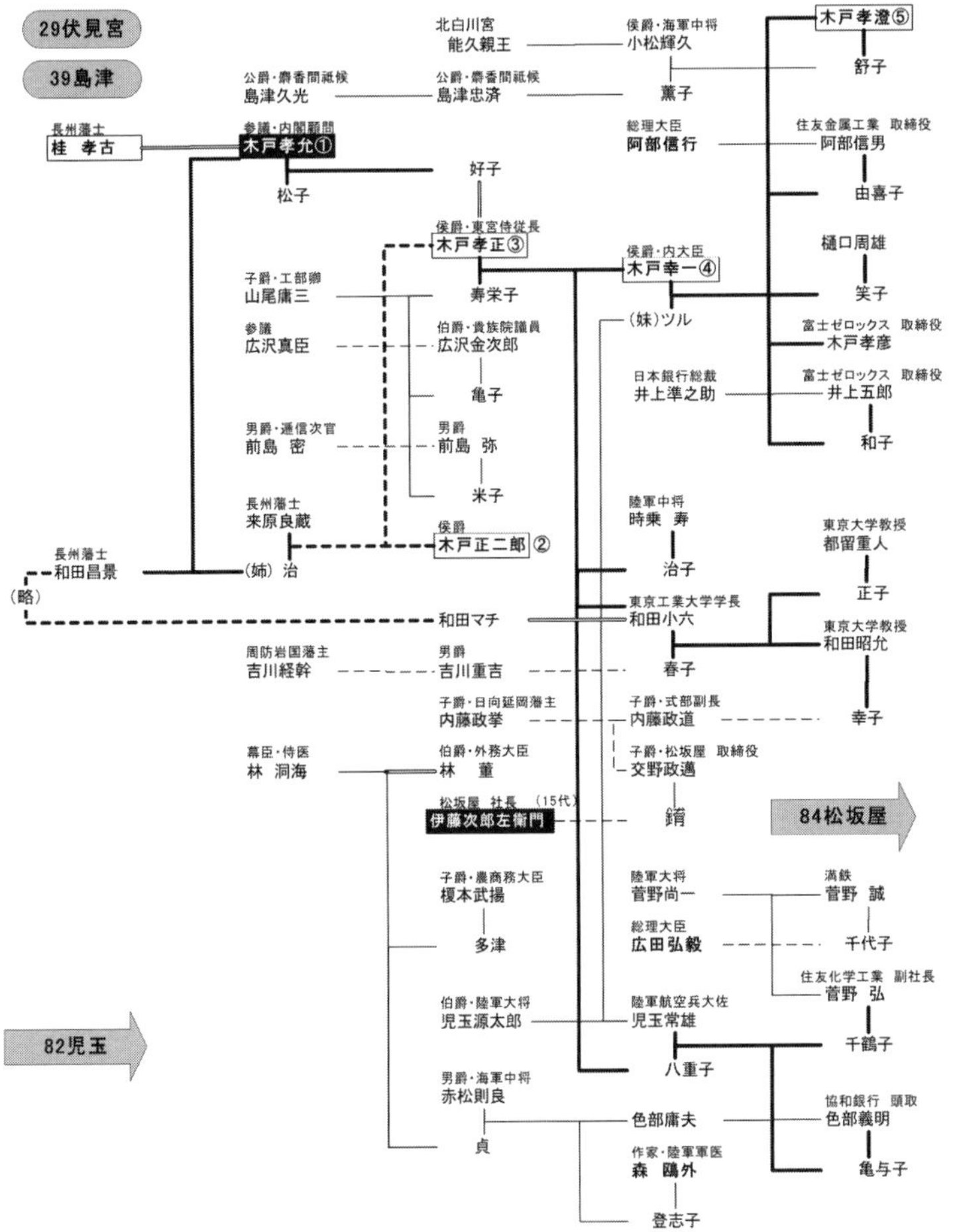

84. 伊藤次郎左衛門／社内クーデターで没落

伊藤次郎左衛門《じろうざえもん》家の先祖は織田信長の家来・伊藤蘭丸祐広《らんまるすけひろ》（？～一五七三）といわれ、一七九六（寛政八）年に尾張徳川家の御用掛を仰せつけられ、名古屋商人筆頭と称された。明治時代の当主、一五代目・**伊藤次郎左衛門祐民**《すけたみ》（一八七八～一九四〇）は松坂屋（現・大丸松坂屋百貨店）をデパートメントストア方式に改装して、学卒者や女店員の採用を積極的に行い、松坂屋の近代化を図った。

戦後、東京、大阪の中間点として名古屋の地位が向上すると、一六代目・**伊藤次郎左衛門祐茲**《すけしげ》（一九〇二～一九八四）は名古屋を代表する資産家、財界人、名望家として高い評価を受け、名古屋商工会議所会頭、通産省顧問、経団連・日経連常任理事などを歴任、財界人としてめざましい活躍を遂げた。

しかし、一九八五年に一七代目・**伊藤次郎左衛門祐洋**《すけひろ》（洋太郎。一九三二～二〇一八）は社内クーデターに遭って社長の座を追われ、伊藤次郎左衛門家は没落してしまった。なお、祐洋の妻は白鶴《はくつる》酒造社長の八代目・嘉納治兵衛《かのうじへえ》の娘である。

84 伊藤次郎左衛門／松坂屋

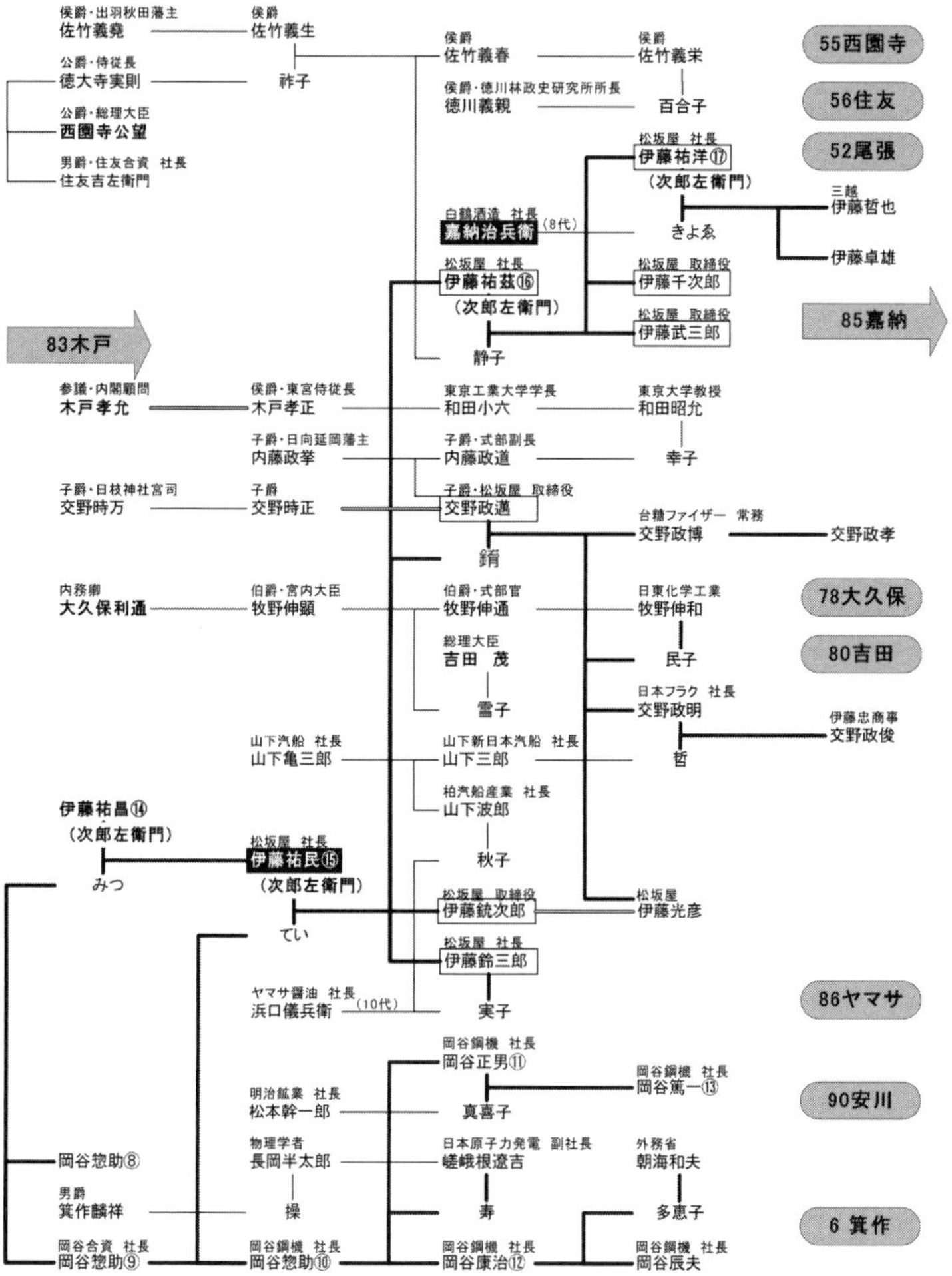

85. 嘉納治郎右衛門・治兵衛／養子相続が多い名門

嘉納《かのう》家は灘《なだ》地方の豪農で、一六五九（万治二）年に七代目・嘉納治郎太夫《じろうだいふ》（一六〇七〜一六六八）が副業として酒造業を始めた。これが今に続く菊正宗《きくまさむね》酒造の創業である。その子孫は代々「治郎右衛門《じろうえもん》」を襲名し、菊正宗酒造の「本嘉納《ほん》家」と呼ばれた。ちなみに清酒の商標を「菊正宗」と定めたのは八代目・**嘉納治郎右衛門**（秋香、一八五三〜一九三五）の時、明治時代になってからである。

七代目・嘉納治郎太夫の孫にあたる初代・**嘉納治兵衛**《じへえ》（良清、一六六七〜一七四二）は分家して材木業となり、二代目・嘉納治兵衛（長好、一六九七〜一七八〇）が副業として清酒醸造をはじめ、清酒の銘柄を「白鶴《はくつる》」と名付けた。これが白鶴酒造の創業である。子孫は代々「治兵衛」を襲名し、白鶴酒造の「白《しろ》嘉納家」と呼ばれた。ちなみに柔道家・嘉納治五郎《じごろう》（一八六〇〜一九三八）は「白嘉納家」の分家にあたる。

本嘉納・白嘉納家ともに養子相続が多く、本嘉納家の一〇代目・**嘉納毅六**《きろく》（一九一四〜二〇〇四）は、ヤマサ醤油の一〇代目・浜口儀兵衛《ぎへえ》の六男に生まれ、婿養子となった。

85. 嘉納治郎右衛門・治兵衛／養子相続が多い名門

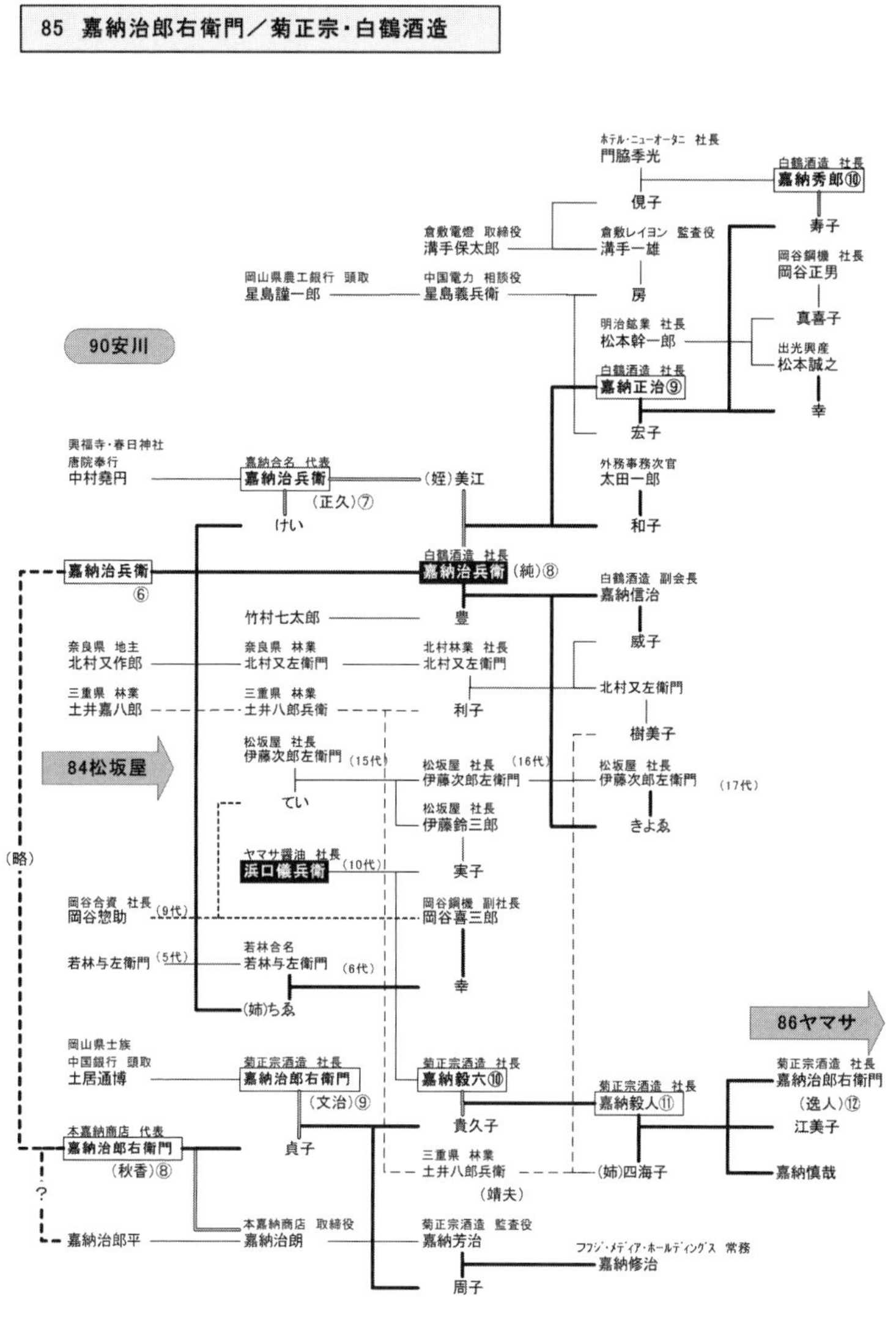

86. 浜口儀兵衛／地方財閥の名門閨閥

ヤマサ醤油の初代・浜口儀兵衛は紀伊国有田郡広村（現・広川町）に生まれ、下総《しもうさ》銚子に渡って、一六四五（正保二）年に醤油醸造をはじめたという。七代目・**浜口儀兵衛**（梧陵《ごりょう》。一八二〇〜一八八五）は一八五四（安政元）年の大津波で稲むらに火を放って住民の避難を先導し、多くの人命を救った（稲むらの火）。

一〇代目・**浜口儀兵衛**（梧洞《ごどう》。一八七四〜一九六二）は国内初の醤油研究所を設立。積極的に設備投資を行い、機械化を推し進め、生産量を飛躍的に増加させた（三五年間で約三十倍）。その一方、事業拡大にあわせて家業を法人化し、ヤマサ醤油を設立した。

一〇代目・儀兵衛が形成する閨閥は地方財閥の名門を取りそろえている。嫡男の一一代・**浜口儀兵衛**（勉太。一九〇三〜？）の妻は福岡の太田清蔵《おおたせいぞう》の娘。七男・浜口慎七郎の妻は久原房之助《くはらふさのすけ》の娘。六男・嘉納毅六《きろく》は菊正宗酒造の嘉納治郎右衛門の婿養子。次女は名古屋松坂屋の伊藤次郎左衛門家、三女は山下汽船の山下家に嫁いでいる。また、四男の妻から、阪急・東宝の創業者である小林一三家に繋がっている。

86 浜口儀兵衛／ヤマサ醤油

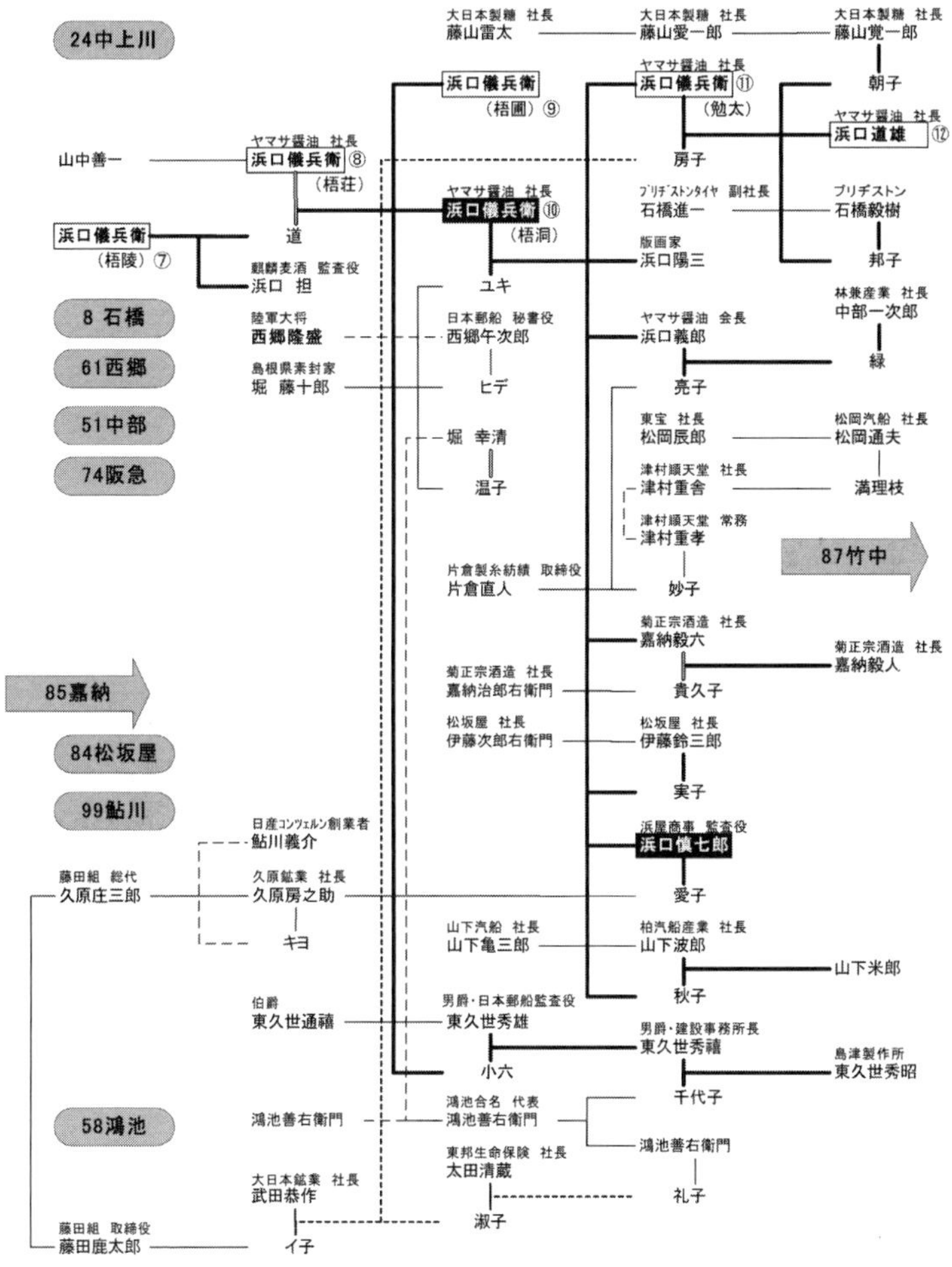

87. 竹中藤右衛門／江戸時代以来の世襲、平成に終わる

一〇代目・浜口儀兵衛の七男の義弟の義弟にあたるのが、竹中工務店社長の**竹中宏平**《こうへい》（一九二九〜一九七七）だ。

竹中家は織田信長の普請奉行・竹中藤兵衛正高《とうべえまさたか》の子孫で、一四代・**竹中藤右衛門**（一八七七〜一九六五）が神戸に進出して近代的建築を志し、竹中工務店を設立した。竹中工務店は大手ゼネコン五社（鹿島、竹中工務店、大林組、大成建設、清水建設）で唯一の非上場会社で、同族色が強い。藤右衛門の長男・**竹中錬一**《れんいち》（一九一一〜一九九六）が一九四五年から一九七七年まで社長を務め、弟の竹中宏平に社長を譲ったが、半年も経たずに急死。再び錬一が社長に復帰し、一九八〇年に長男・**竹中統一**《とういち》（一九四二〜）に社長を譲った。統一は二〇一三年に創業家以外からサラリーマン社長を抜擢し、会長に退いた。

その竹中宏平の次男が、総理大臣・竹下登《たけしたのぼる》の三女と結婚している。総理大臣候補と資産家の縁組みは、鳩山―石橋、中曽根―鹿島、大平―上原と数多いが、このカップルは慶応義塾大学の同窓で、恋愛結婚だという。

87. 竹中藤右衛門／江戸時代以来の世襲、平成に終わる

87 竹中藤右衛門／竹中工務店

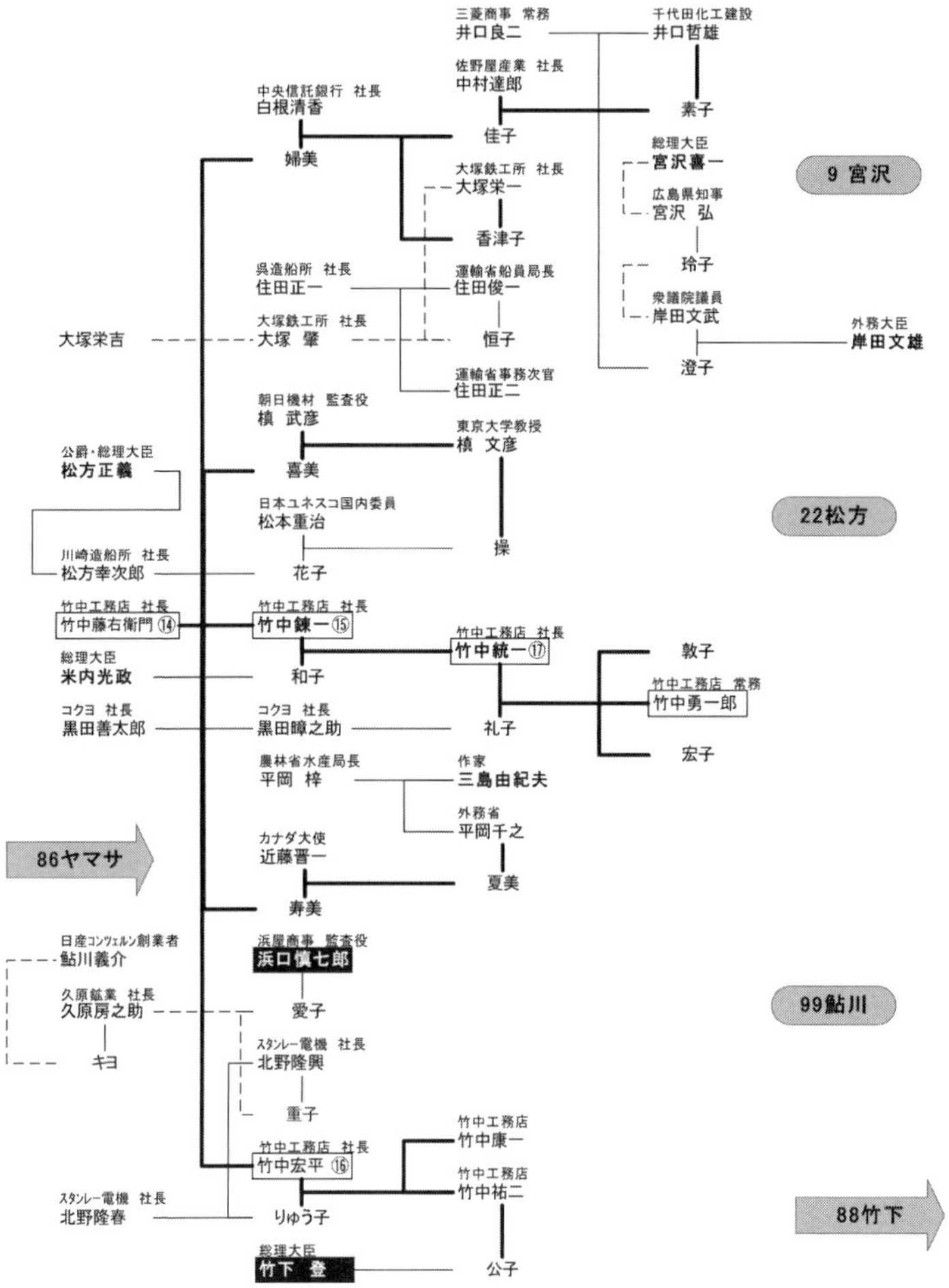

88. 竹下　登／「コンチクショウ」からDAIGOの祖父へイメージアップ

竹下登（一九二四〜二〇〇〇）は島根県に生まれ、早稲田大学卒業後、中学校の代用教員、島根県議を経て衆議院議員に当選。佐藤（栄作）―田中（角栄）派の有力議員として頭角を現し、官房長官、建設大臣、大蔵大臣を歴任。派閥を割って創政会（のち経世会）・竹下派を創設。中曽根裁定で総理大臣に就任し、消費税の導入、平成の年号発表などを行ったが、リクルート事件で総辞職を余儀なくされた。

近年ではタレントのDAIGO（内藤大湖《だいご》）の「おじいちゃん」としてかなり好感度アップしたイメージで語られることが多いが、生前は「金竹小《こんちくしょう》」を構成する政治家として揶揄され、そこまでイメージは良くなかった（DAIGO効果だ）。「金竹小」とは、当時権力の中枢にいた副総理の金丸信《かなまるしん》、辣腕幹事長の小沢一郎が、竹下登と強力なタッグを組み、しかも姻戚関係にあることを示した造語である。

竹下登にはこの「金竹小」の他に竹中家との姻戚関係があるくらいで、それ以外には閨閥を捻り出せなかった。そこでまた「例によって」遠縁を探り当て、出光《いでみつ》家に行き着いた。

88. 竹下　登／「コンチクショウ」からＤＡＩＧＯの祖父へイメージアップ

88 竹下 登／総理大臣

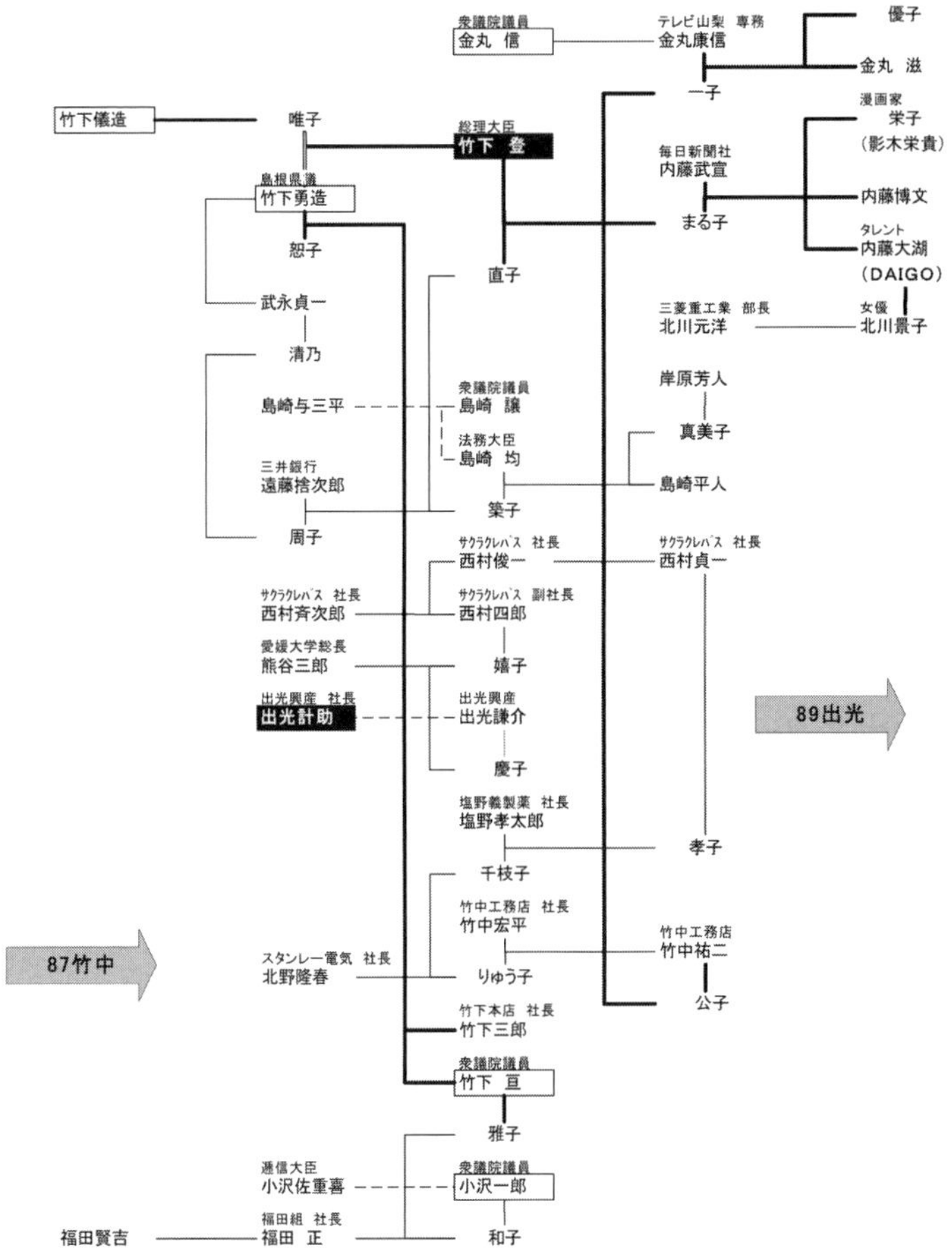
衆議院議員
金丸 信
テレビ山梨 専務
金丸康信
優子
金丸 滋
一子
竹下儀造
唯子
総理大臣
竹下 登
漫画家
栄子
（影木栄貴）
毎日新聞社
内藤武宣
内藤博文
島根県議
竹下勇造
まる子
タレント
内藤大湖
（DAIGO）
恕子
直子
三菱重工業 部長
北川元洋
女優
北川景子
武永貞一
清乃
岸原芳人
真美子
島崎与三平
衆議院議員
島崎 譲
法務大臣
島崎 均
三井銀行
遠藤捨次郎
島崎平人
周子
箕子
サクラクレパス 社長
西村俊一
サクラクレパス 社長
西村貞一
サクラクレパス 社長
西村斉次郎
サクラクレパス 副社長
西村四郎
愛媛大学総長
熊谷三郎
嬉子
出光興産 社長
出光計助
出光興産
出光謙介
89出光
慶子
塩野義製薬 社長
塩野孝太郎
孝子
千枝子
竹中工務店 社長
竹中宏平
竹中工務店
竹中祐二
87竹中
スタンレー電気 社長
北野隆春
りゅう子
公子
竹下本店 社長
竹下三郎
衆議院議員
竹下 亘
雅子
逓信大臣
小沢佐重喜
衆議院議員
小沢一郎
福田組 社長
福田 正
福田賢吉
和子

89. 出光佐三／ユニークな社風を守る非上場

出光佐三《いでみつさぞう》（一八八五〜一九八一）は福岡県宗像《むなかた》郡の藍問屋の次男に生まれ、神戸高商（現・神戸大学）を卒業し、神戸の酒井商会に入店。独立して山口県門司《もじ》に出光商会（現・出光興産）を設立。石油販売業を開始した。佐三には独自の人生哲学があり、「出光の七不思議」と呼ばれる固有の社風が醸成された。出勤簿、定年制、解雇もない。規則の類もなければ、労働組合もない。従業員は残業代を受け取らない。給料は発表しない。給料は生活の保障であって労働の切り売りではない。これらのユニークな社風は一九八〇年代まで続いていたという。また、その理念を固守するため、出光興産は二〇〇六年に東証一部に上場するまで、出光一族（およびその関連団体）が一〇〇パーセント株式を所有し、第三者の出資を拒んでいた。そして、当然の如く、社長が世襲されたが、サラリーマン社長の天坊昭彦《てんぼうあきひこ》は出光興産の現状を憂いて脱同族・株式上場を進めた。

二〇二一年にトヨタ自動車社長の長男・豊田大輔と元タカラジェンヌ・星蘭《せいら》ひとみ（吉原真由）の結婚が発表された。星蘭は出光一族との噂があったが、確認できなかった。

89 出光佐三／出光興産

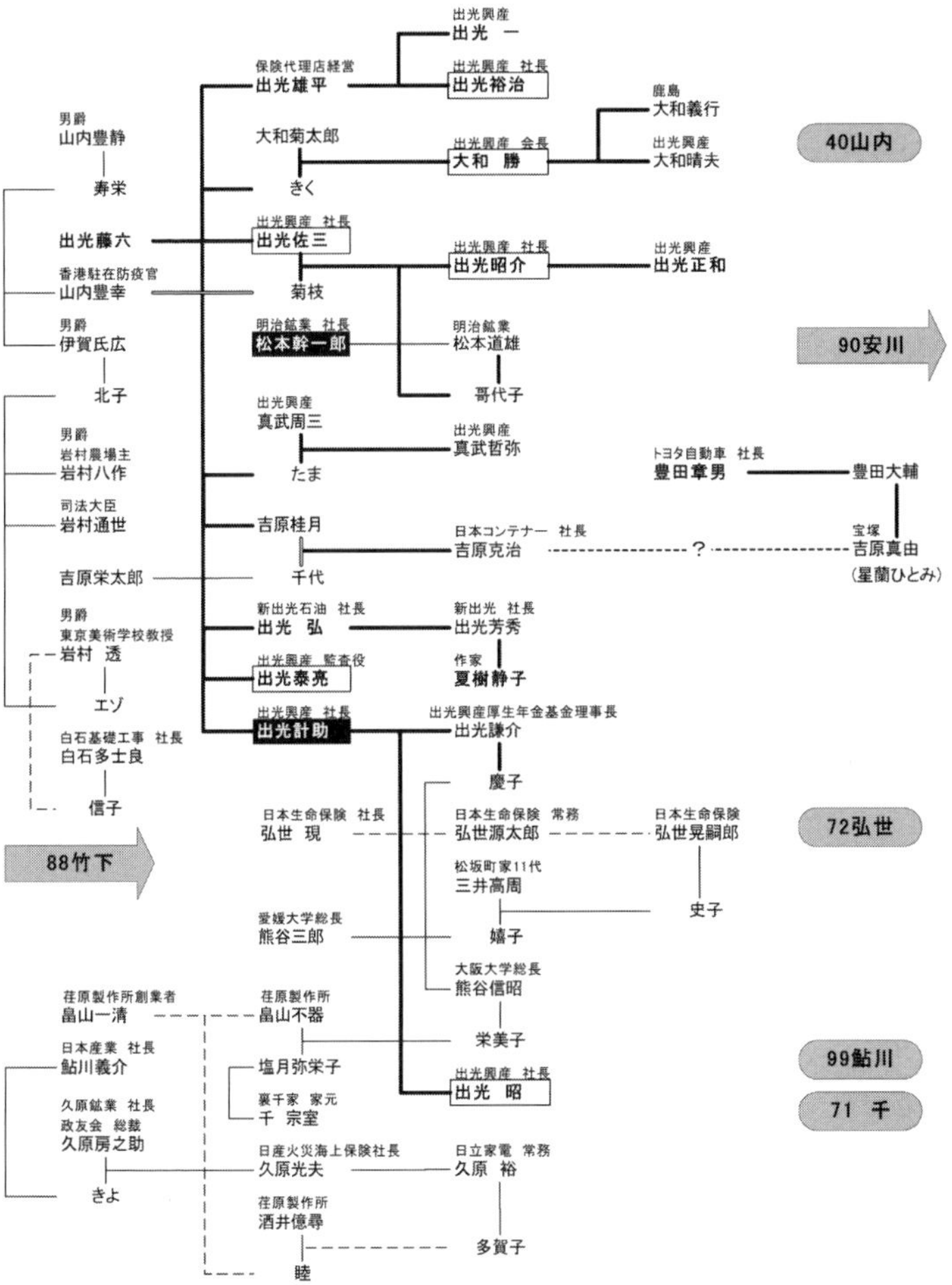
出光興産
出光 一
保険代理店経営
出光雄平
出光興産 社長
出光裕治
鹿島
大和義行
男爵
山内豊静
寿栄
大和菊太郎
きく
出光興産 会長
大和 勝
出光興産
大和晴夫
40山内
出光藤六
出光興産 社長
出光佐三
出光興産 社長
出光昭介
出光興産
出光正和
香港駐在防疫官
山内豊幸
菊枝
男爵
伊賀氏広
明治鉱業 社長
松本幹一郎
明治鉱業
松本道雄
90安川
北子
哥代子
出光興産
真武周三
出光興産
真武哲弥
男爵
岩村農場主
岩村八作
たま
トヨタ自動車 社長
豊田章男
豊田大輔
司法大臣
岩村通世
吉原桂月
日本コンテナー 社長
吉原克治
?
宝塚
吉原真由
(星蘭ひとみ)
吉原栄太郎
千代
男爵
東京美術学校教授
岩村 透
新出光石油 社長
出光 弘
新出光 社長
出光芳秀
出光興産 監査役
出光泰亮
作家
夏樹静子
エゾ
出光興産 社長
出光計助
出光興産厚生年金基金理事長
出光謙介
白石基礎工事 社長
白石多士良
慶子
信子
日本生命保険 社長
弘世 現
日本生命保険 常務
弘世源太郎
日本生命保険
弘世晃嗣郎
72弘世
88竹下
松坂町家11代
三井高周
史子
愛媛大学総長
熊谷三郎
嬉子
大阪大学総長
熊谷信昭
荏原製作所創業者
畠山一清
荏原製作所
畠山不器
栄美子
日本産業 社長
鮎川義介
塩月弥栄子
99鮎川
出光興産 社長
出光 昭
71 千
久原鉱業 社長
政友会 総裁
久原房之助
裏千家 家元
千 宗室
日産火災海上保険社長
久原光夫
日立家電 常務
久原 裕
きよ
荏原製作所
酒井億尋
多賀子
睦

90. 安川敬一郎／炭礦財閥から電気機器メーカーへ

出光佐三の娘が安川財閥の**松本健次郎**《まつもとけんじろう》（一八七〇～一九六三）の孫と結婚している。

安川財閥の創業者・**安川敬一郎**《やすかわけいいちろう》（一八四九～一九三四）は福岡藩士の徳永家に生まれ、安川家の婿養子となった。同様に敬一郎の兄・**松本潜**《ひそむ》も松本家の養子に出され、さらに敬一郎の次男・松本健次郎が松本潜の婿養子となり、あたかも両家が一体になっていることから安川・松本財閥とも呼ばれる。

明治維新後に武士は家禄を失い、自ら商売を興したり、官庁に勤めることによって自活することを余儀なくされた。安川・松本家は共同で炭礦業の経営を開始した。筑豊地域の炭坑家（貝島《かいじま》家、麻生家など）は石炭販売を三井物産に委ねていたが、松本家が旧藩時代から石炭流通の統制を経験して販売の重要性を認識していたため、石炭販売店「安川商店」を開業して石炭販売の直営を始めた。松本潜は「外部との交渉のような仕事は自分でも適任でない」と敬一郎に販売を任せ、次第に事業の主導権は敬一郎に移っていった。

安川家の主力事業であった明治鉱業は、戦後、石炭から石油へのエネルギー革命で斜陽し、一九六九年に解散してしまう。今も安川家の事業としてその名を残しているのは、敬一郎の五男・**安川第五郎**《だいごろう》（一八八六〜一九七六）が創業した安川電機製作所（現・安川電機）である。第五郎は父から「資本を出してやるから何か仕事をしろ」と命ぜられ、明治鉱業向けの炭坑用電気機器修理工場を創業。この工場が安川電機製作所となったのだ。

戦後、炭礦業の斜陽から埋没してしまった貝島家、政治家への道を歩んだ麻生家に比べ、安川家は九州を代表する財界人となった。特に安川第五郎は日銀政策委員、日本原子力発電社長、オリンピック東京大会組織委員会委員、日本電気協会副会長などを歴任。第五郎の後任として、甥の安川電機製作所社長・**安川寛**《ひろし》（一九〇三〜一九九九）も福岡経済同友会代表幹事、北九州商工会議所会頭等を歴任した。

安川・松本家は九州を代表する地方財閥だけあって、先述した出光家以外にも、三井財閥、名古屋の岡谷家、兵庫灘の嘉納家、経団連会長の植村甲午郎《うえむらこうごろう》、東大一家の箕作《みつくり》・坪井家など華麗な閨閥を誇る。敬一郎の曾孫が、陸軍大将・阿南惟幾《あなみこれちか》の孫と結婚しており、惟幾の五男の養子先・講談社の野間家に繋がっている。

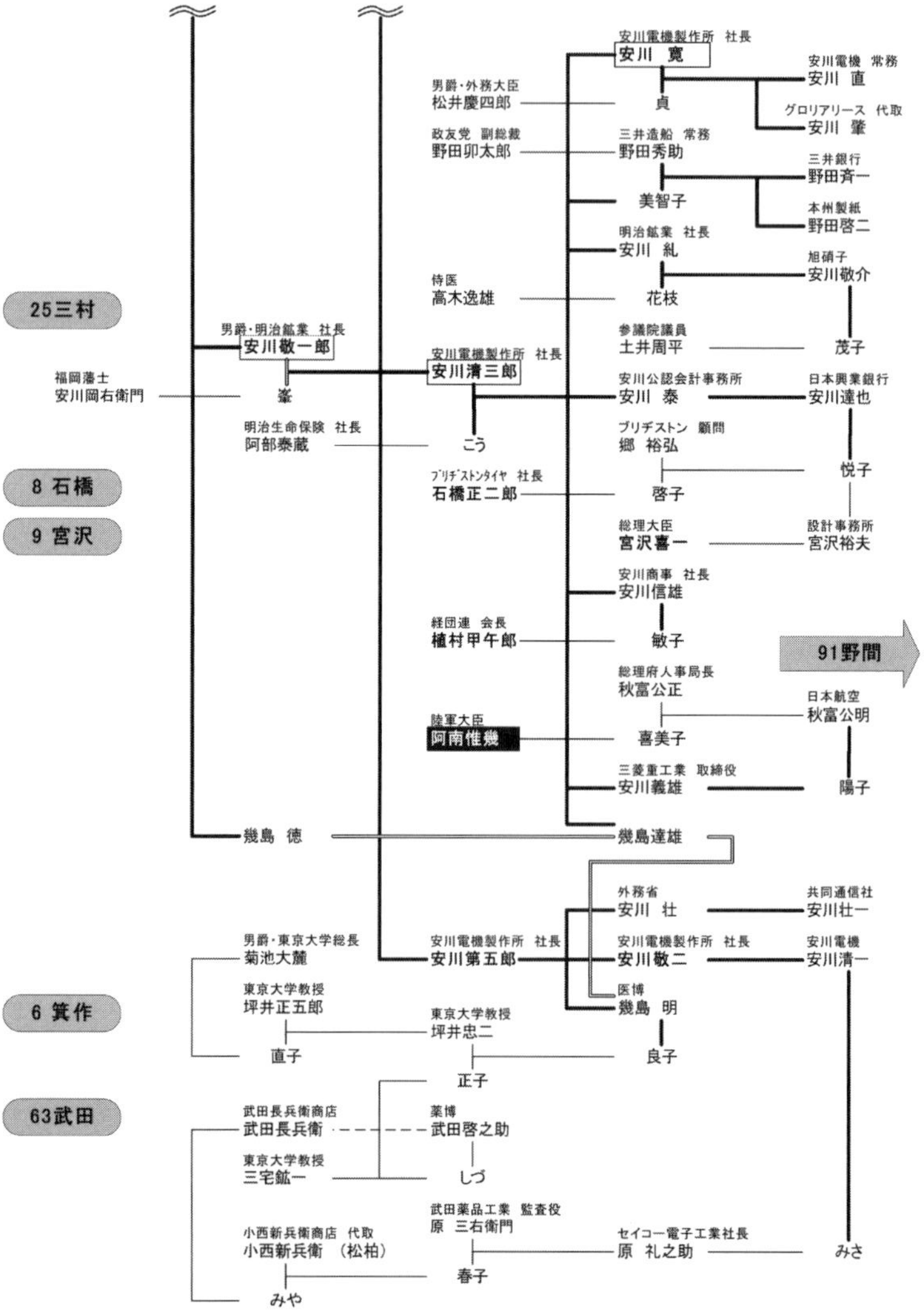

25三村
8 石橋
9 宮沢
6 箕作
63武田
91野間
男爵・明治鉱業 社長
安川敬一郎
福岡藩士
安川岡右衛門
峯
明治生命保険 社長
阿部泰蔵
こう
安川電機製作所 社長
安川清三郎
男爵・外務大臣
松井慶四郎
政友党 副総裁
野田卯太郎
侍医
高木逸雄
ﾌﾞﾘﾁﾞｽﾄﾝﾀｲﾔ 社長
石橋正二郎
経団連 会長
植村甲午郎
陸軍大臣
阿南惟幾
安川電機製作所 社長
安川 寛
貞
三井造船 常務
野田秀助
美智子
明治鉱業 社長
安川 紀
花枝
参議院議員
土井周平
安川公認会計事務所
安川 泰
ブリヂストン 顧問
郷 裕弘
啓子
総理大臣
宮沢喜一
安川商事 社長
安川信雄
敏子
総理府人事局長
秋富公正
喜美子
三菱重工業 取締役
安川義雄
幾島達雄
安川電機 常務
安川 直
グロリアリース 代取
安川 肇
三井銀行
野田斉一
本州製紙
野田啓二
旭硝子
安川敬介
茂子
日本興業銀行
安川達也
悦子
設計事務所
宮沢裕夫
日本航空
秋富公明
陽子
幾島 徳
外務省
安川 壮
安川電機製作所 社長
安川第五郎
安川電機製作所 社長
安川敬二
医博
幾島 明
良子
共同通信社
安川壮一
安川電機
安川清一
男爵・東京大学総長
菊池大麓
東京大学教授
坪井正五郎
直子
東京大学教授
坪井忠二
正子
武田長兵衛商店
武田長兵衛
薬博
武田啓之助
東京大学教授
三宅鉱一
しづ
武田薬品工業 監査役
原 三右衛門
小西新兵衛商店 代取
小西新兵衛 （松柏）
春子
みや
セイコー電子工業社長
原 礼之助
みさ

90 安川清三郎／安川電機製作所／男爵家

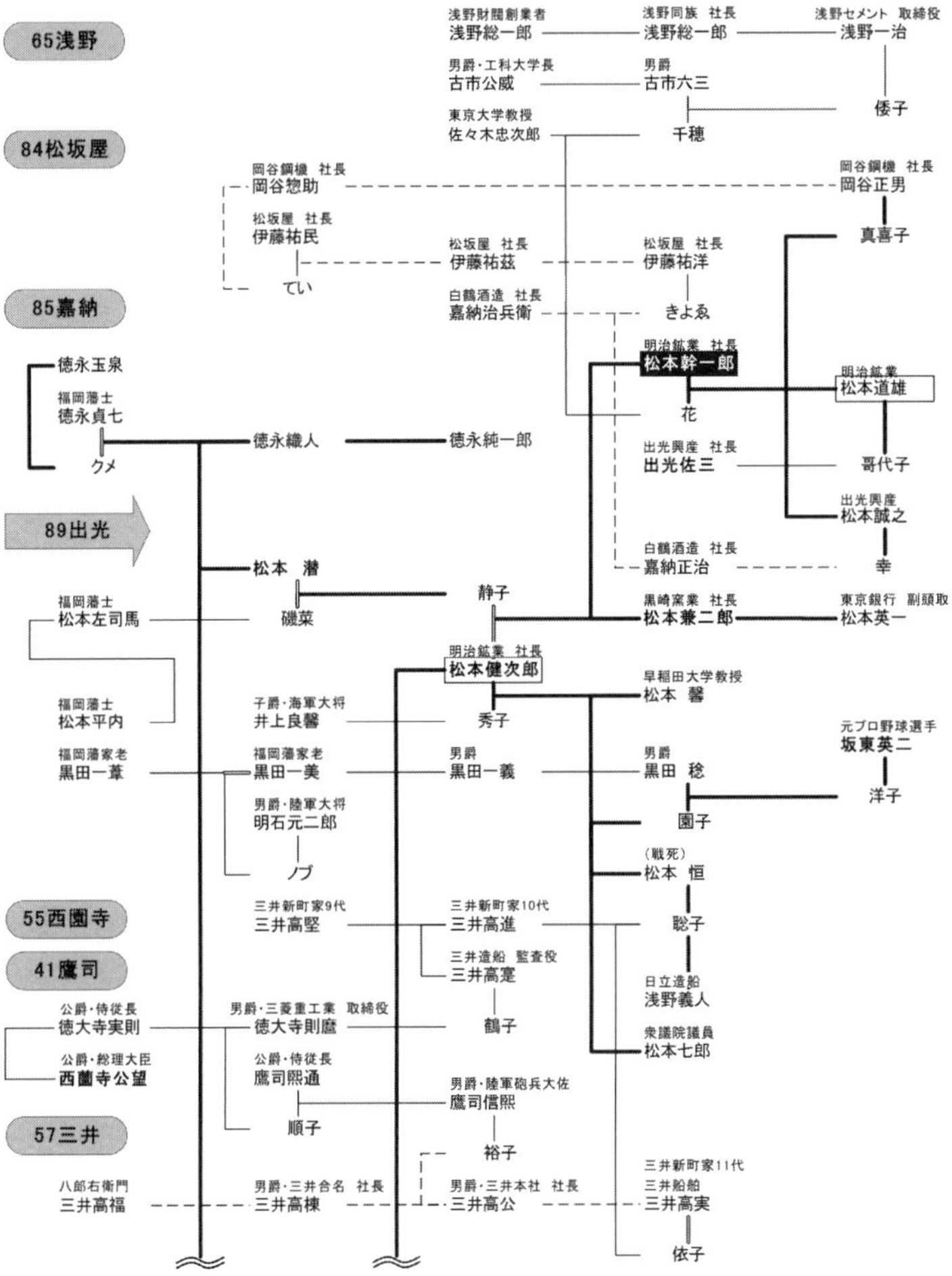
65浅野
84松坂屋
85嘉納
89出光
55西園寺
41鷹司
57三井
浅野財閥創業者
浅野総一郎
浅野同族 社長
浅野総一郎
浅野セメント 取締役
浅野一治
男爵・工科大学長
古市公威
男爵
古市六三
倭子
東京大学教授
佐々木忠次郎
千穂
岡谷鋼機 社長
岡谷惣助
岡谷鋼機 社長
岡谷正男
松坂屋 社長
伊藤祐民
真喜子
松坂屋 社長
伊藤祐茲
松坂屋 社長
伊藤祐洋
てい
白鶴酒造 社長
嘉納治兵衛
きよゑ
明治鉱業 社長
松本幹一郎
徳永玉泉
明治鉱業
松本道雄
福岡藩士
徳永貞七
花
徳永織人
徳永純一郎
クメ
出光興産 社長
出光佐三
哥代子
出光興産
松本誠之
白鶴酒造 社長
嘉納正治
松本 潜
幸
静子
福岡藩士
松本左司馬
礎菜
黒崎窯業 社長
松本兼二郎
東京銀行 副頭取
松本英一
明治鉱業 社長
松本健次郎
早稲田大学教授
松本 馨
福岡藩士
松本平内
子爵・海軍大将
井上良馨
秀子
元プロ野球選手
坂東英二
福岡藩家老
黒田一葦
福岡藩家老
黒田一美
男爵
黒田一義
男爵
黒田 稔
洋子
男爵・陸軍大将
明石元二郎
園子
ノブ
(戦死)
松本 恒
三井新町家9代
三井高堅
三井新町家10代
三井高進
聡子
三井造船 監査役
三井高寛
日立造船
浅野義人
公爵・侍従長
徳大寺実則
男爵・三菱重工業 取締役
徳大寺則麿
鶴子
衆議院議員
松本七郎
公爵・総理大臣
西園寺公望
公爵・侍従長
鷹司熙通
男爵・陸軍砲兵大佐
鷹司信熙
順子
裕子
三井新町家11代
八郎右衛門
三井高福
男爵・三井合名 社長
三井高棟
男爵・三井本社 社長
三井高公
三井船舶
三井高実
依子

91. 野間省一／出版社の一人娘に陸軍大将の御曹司

講談社を創業した**野間清治**《のませいじ》（一八七八〜一九三八）は群馬県の教員の子として生まれ、群馬師範学校、帝国大学臨時中等教員養成所に進み、沖縄県に中学校教員として赴任した。のちに東京帝国大学の書記に転じたが、「我が一生の使命は、雄弁家を創るにある」と一念発起し、大日本雄弁会および講談社を設立した（両社が後に合併し、現・講談社）。

野間清治の死後一ヶ月も経たないうちに一人息子の**野間恒**《ひさし》（一九〇九〜一九三八）も死去。そこで、野間家は講談社取締役・高木三吉の弟、**野間省一**《しょういち》（一九一一〜一九八四）を養子に迎えた。省一には男子が恵まれず、一人娘の**野間佐和子**《さわこ》（一九四三〜二〇一一）に阿南惟幾《あなみこれちか》の五男、**野間惟道**《これみち》（一九三七〜一九八七）を婿養子に迎えた。惟道が急死すると、佐和子が暫定的に社長を務め、子の**野間省伸**《よしのぶ》（一九六九〜）に社長を譲った。

野間惟道の義兄（秋富公正《あきとみきみまさ》）の義姉（秋田淳子）の義妹（八馬笑子《はちうまえみこ》）が会津松平容保《かたもり》の曾孫にあたる。

91. 野間省一／出版社の一人娘に陸軍大将の御曹司

91 野間省一／講談社

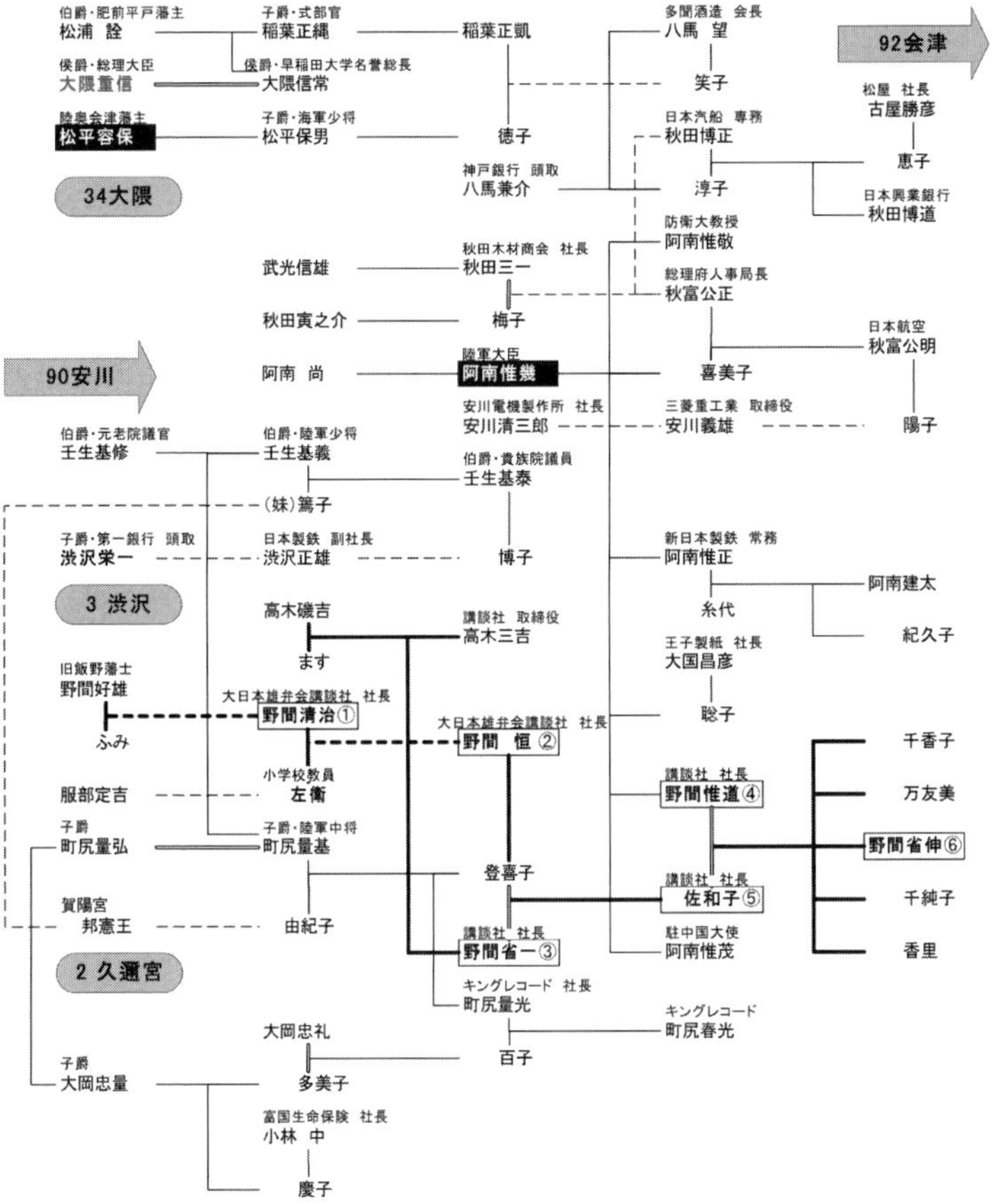

伯爵・肥前平戸藩主
松浦 詮
子爵・式部官
稲葉正縄
稲葉正凱
多聞酒造 会長
八馬 望
92会津
侯爵・総理大臣
大隈重信
侯爵・早稲田大学名誉総長
大隈信常
笑子
松屋 社長
古屋勝彦
陸奥会津藩主
松平容保
子爵・海軍少将
松平保男
徳子
日本汽船 専務
秋田博正
恵子
神戸銀行 頭取
八馬兼介
淳子
34大隈
日本興業銀行
秋田博道
防衛大教授
阿南惟敬
秋田木材商会 社長
武光信雄
秋田三一
総理府人事局長
秋富公正
秋田寅之介
梅子
日本航空
秋富公明
90安川
阿南 尚
陸軍大臣
阿南惟幾
喜美子
安川電機製作所 社長
安川清三郎
三菱重工業 取締役
安川義雄
陽子
伯爵・元老院議官
壬生基修
伯爵・陸軍少将
壬生基義
伯爵・貴族院議員
壬生基泰
(妹)篤子
子爵・第一銀行 頭取
渋沢栄一
日本製鉄 副社長
渋沢正雄
博子
新日本製鉄 常務
阿南惟正
3 渋沢
阿南建太
糸代
高木礒吉
講談社 取締役
高木三吉
紀久子
王子製紙 社長
大国昌彦
ます
旧飯野藩士
野間好雄
大日本雄弁会講談社 社長
野間清治①
聡子
ふみ
大日本雄弁会講談社 社長
野間 恒②
千香子
小学校教員
服部定吉
左衛
講談社 社長
野間惟道④
万友美
子爵
町尻量弘
子爵・陸軍中将
町尻量基
野間省伸⑥
登喜子
賀陽宮
邦憲王
講談社 社長
佐和子⑤
千純子
由紀子
講談社 社長
野間省一③
駐中国大使
阿南惟茂
香里
2 久邇宮
キングレコード 社長
町尻量光
キングレコード
町尻春光
大岡忠礼
百子
子爵
大岡忠量
多美子
富国生命保険 社長
小林 中
慶子

92．会津松平家／娘が秩父宮妃になって会津市民の汚名が晴らされる

会津松平家は、二代将軍・徳川秀忠の庶子である保科正之《ほしなまさゆき》（一六一一〜一六七二）を祖として、陸奥会津若松二八万石を代々治めた。正之は異母兄の三代将軍・家光の信任を得、家光の死後、遺児・家綱の後見役となり、幕政で重きをなした。

九代・**松平容保《かたもり》**（一八三五〜一八九三）は「美濃高須四兄弟」の六男で、京都守護職に任じられ、一〇〇〇人の藩士を率いて上洛。新撰組を用いて京都市中の治安維持にあたった。大政奉還の後、戊辰戦争が勃発すると、会津松平家は会津戦争に敗れ、本州の北端・陸奥斗南《となみ》（青森県の下北半島）藩三万石に転封された。

一九二八年に松平恒雄《つねお》（松平容保の次男）の長女・勢津子《せつこ》（旧名・節子。義母にあたる節子《さだこ》皇后に遠慮して改名）が松平保男《もりお》（恒雄の実弟）の養女として秩父宮雍仁《やすひと》親王妃に迎えられ、会津市民は「賊軍の汚名は晴らされた」と沸き立った。恒雄の妻・信子は鍋島直大《なべしまなお》《ひろ》の四女で、華族女学校（学習院女子部）のOG会・常磐会《ときわかい》会長として宮廷内で大きな発言力を持ち、平民出身の正田美智子が皇太子妃（当時）となることに反対したという。

92. 会津松平家／娘が秩父宮妃になって会津市民の汚名が晴らされる

92 松平容保／陸奥会津若松藩主／子爵

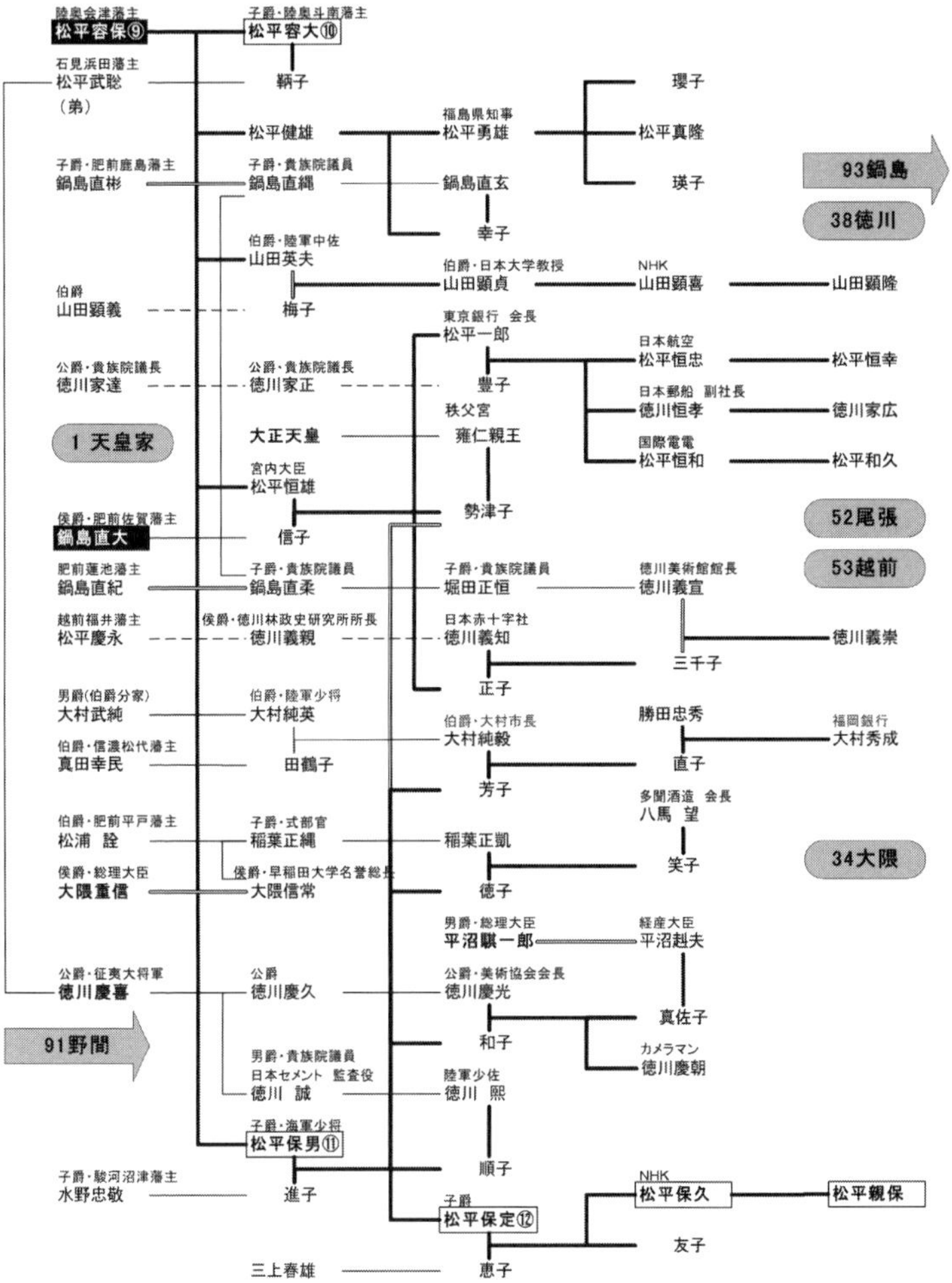

93. 鍋島閑叟／洋学オタク、戊辰戦争の勝利に貢献する

戦国時代に北九州を制覇した龍造寺隆信《りゅうぞうじたかのぶ》。その隆信が討ち死にすると、有力家臣・**鍋島**《なべしま》**直茂**《なおしげ》が家政を切り盛りし、豊臣秀吉も江戸幕府も龍造寺家の後継者は鍋島家であると認めるようになった。隆信の嫡孫・龍造寺高房《たかふさ》が前途を悲観して自殺すると、断絶の危機に瀕した龍造寺家臣は、直茂の子・**鍋島勝茂**《かつしげ》を龍造寺家の家督に据え、龍造寺家の版図・家臣を鍋島家に譲渡した。世間ではこの不可解な相続劇を、化け猫が登場する御家騒動に見立て、講談「佐賀の夜桜」、歌舞伎狂言「花埜嵯峨猫魔稿《はなのさがねこまたぞうし》」などに脚色した。

一〇代藩主・**鍋島直正**《なおまさ》（閑叟《かんそう》。一八一四〜一八七一）は島津斉彬《しまづなりあきら》の母方の従兄弟で、洋学に深く関心を寄せ、家柄よりも勉学を重視した藩政改革を実施（佐賀藩士・大隈重信は、余りに汲々とした佐賀藩の英才教育に嫌気が差し、バンカラ気風の早稲田大学を創ったとも伝えられる）。本格的な産業振興・軍備拡張を企図。江戸時代に鉄製の大砲や蒸気船を国産化し、イギリスからアームストロング砲を輸入して軍備大国となった。これらの軍備が戊辰戦争で大活躍した結果、肥前佐賀藩は幕末の勤王運動に全く関わらなかったのにも拘わらず、「薩長土肥」の一角に食い込むことができた。

洋学かぶれの直正の嗣子・**鍋島直大**《なおひろ》（一八四六～一九二一）は、維新後に早々と英国オックスフォード大学に留学。西欧各地を廻り、外国語・社交術を学んだ。夫人同伴で晩餐会・舞踏会に参加、「プリンス・ナベシマ」と讃えられた（鍋島家は資産運用に秀で、大名華族の中でも資産家として有名だった。西欧の上流階層と交流するだけのカネがあったのだ）。帰国後は外務省に出仕。駐イタリア特命全権公使、式部長官を歴任した。嫡孫・**鍋島直泰**《なおやす》（一九〇七～一九八一）はアマチュア・ゴルファーとして有名。その孫・**鍋島直晶**《なおまさ》（一九五九～）は国際結婚している。

直正・直大父子はともに子沢山《こだくさん》で、直正の息子二人と直大の息子一人が支藩の養子になっている。直大の四男・**鍋島直縄**《なおただ》が肥前鹿島藩主の家系を継ぎ、その子・**鍋島直紹**《なおつぐ》（一九一二～一九八一）は佐賀県知事、参議院議員を務めた。また、直正の八男・**鍋島直柔**《なおとう》が肥前蓮池藩主の家系を継ぎ、その孫が尾張徳川家の婿養子になっている。また、直正の子孫ではないが、直柔の義甥の子が鷹司家の養子になっている。徳川御三家と五摂家を鍋島家の血筋としたことは、見事というほかない。

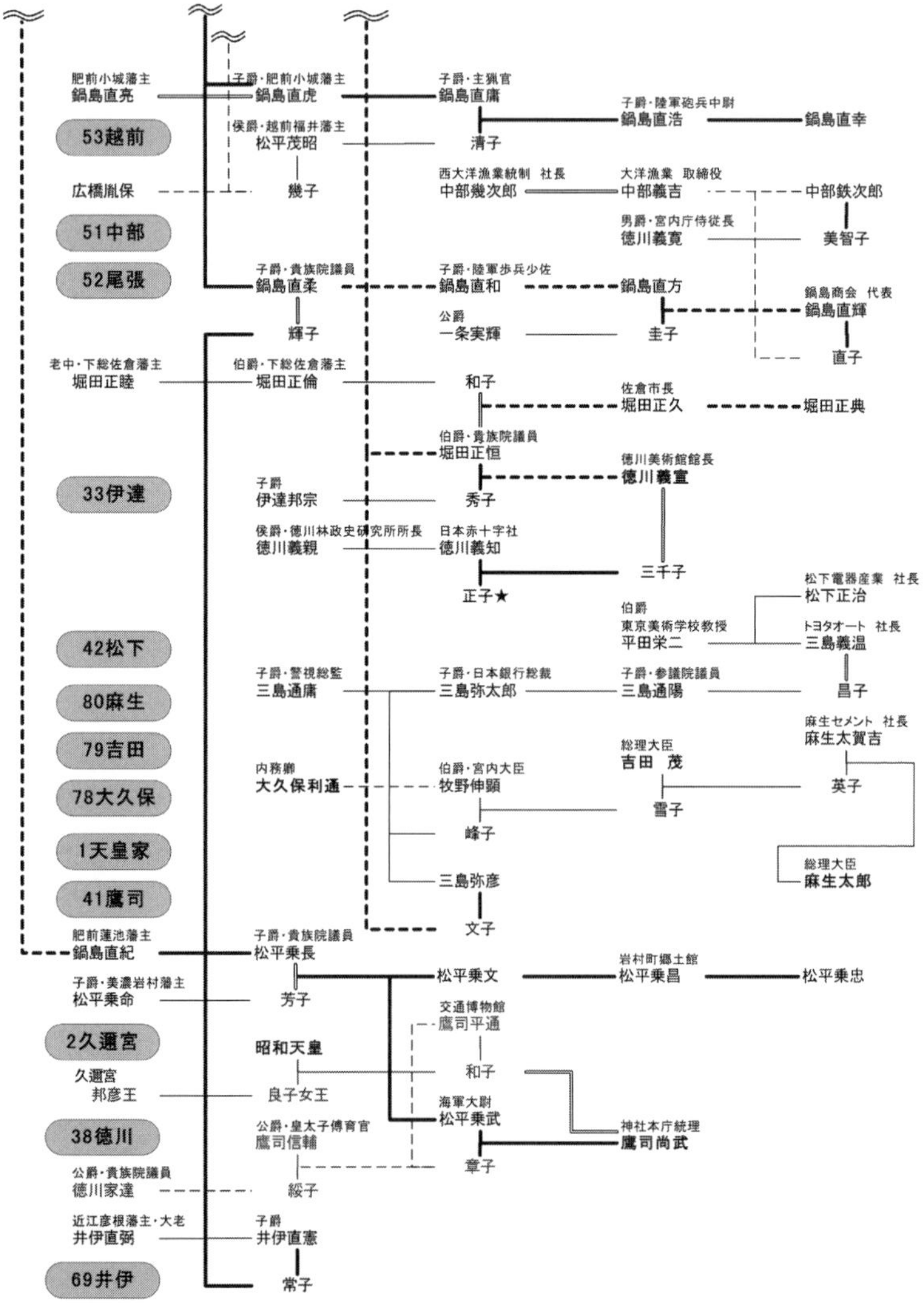
肥前小城藩主
鍋島直亮
子爵・肥前小城藩主
鍋島直虎
子爵・主猟官
鍋島直庸
子爵・陸軍砲兵中尉
鍋島直浩
鍋島直幸
53越前
侯爵・越前福井藩主
松平茂昭
清子
広橋胤保
幾子
西大洋漁業統制 社長
中部幾次郎
大洋漁業 取締役
中部義吉
中部鉄次郎
51中部
男爵・宮内庁侍従長
徳川義寛
美智子
52尾張
子爵・貴族院議員
鍋島直柔
子爵・陸軍歩兵少佐
鍋島直和
鍋島直方
鍋島商会 代表
鍋島直輝
輝子
公爵
一条実輝
圭子
直子
老中・下総佐倉藩主
堀田正睦
伯爵・下総佐倉藩主
堀田正倫
和子
佐倉市長
堀田正久
堀田正典
伯爵・貴族院議員
堀田正恒
徳川美術館館長
徳川義宣
33伊達
子爵
伊達邦宗
秀子
侯爵・徳川林政史研究所所長
徳川義親
日本赤十字社
徳川義知
三千子
正子★
松下電器産業 社長
松下正治
伯爵
東京美術学校教授
平田栄二
トヨタオート 社長
三島義温
42松下
子爵・警視総監
三島通庸
子爵・日本銀行総裁
三島弥太郎
子爵・参議院議員
三島通陽
昌子
80麻生
麻生セメント 社長
麻生太賀吉
79吉田
総理大臣
吉田 茂
内務卿
大久保利通
伯爵・宮内大臣
牧野伸顕
英子
78大久保
雪子
峰子
1天皇家
総理大臣
麻生太郎
41鷹司
三島弥彦
文子
肥前蓮池藩主
鍋島直紀
子爵・貴族院議員
松平乗長
子爵・美濃岩村藩主
松平乗命
芳子
松平乗文
岩村町郷土館
松平乗昌
松平乗忠
交通博物館
鷹司平通
2久邇宮
昭和天皇
和子
久邇宮
邦彦王
良子女王
海軍大尉
松平乗武
38徳川
公爵・皇太子傅育官
鷹司信輔
神社本庁統理
鷹司尚武
章子
公爵・貴族院議員
徳川家達
綏子
近江彦根藩主・大老
井伊直弼
子爵
井伊直憲
69井伊
常子

93 鍋島直正／肥前佐賀藩主／侯爵

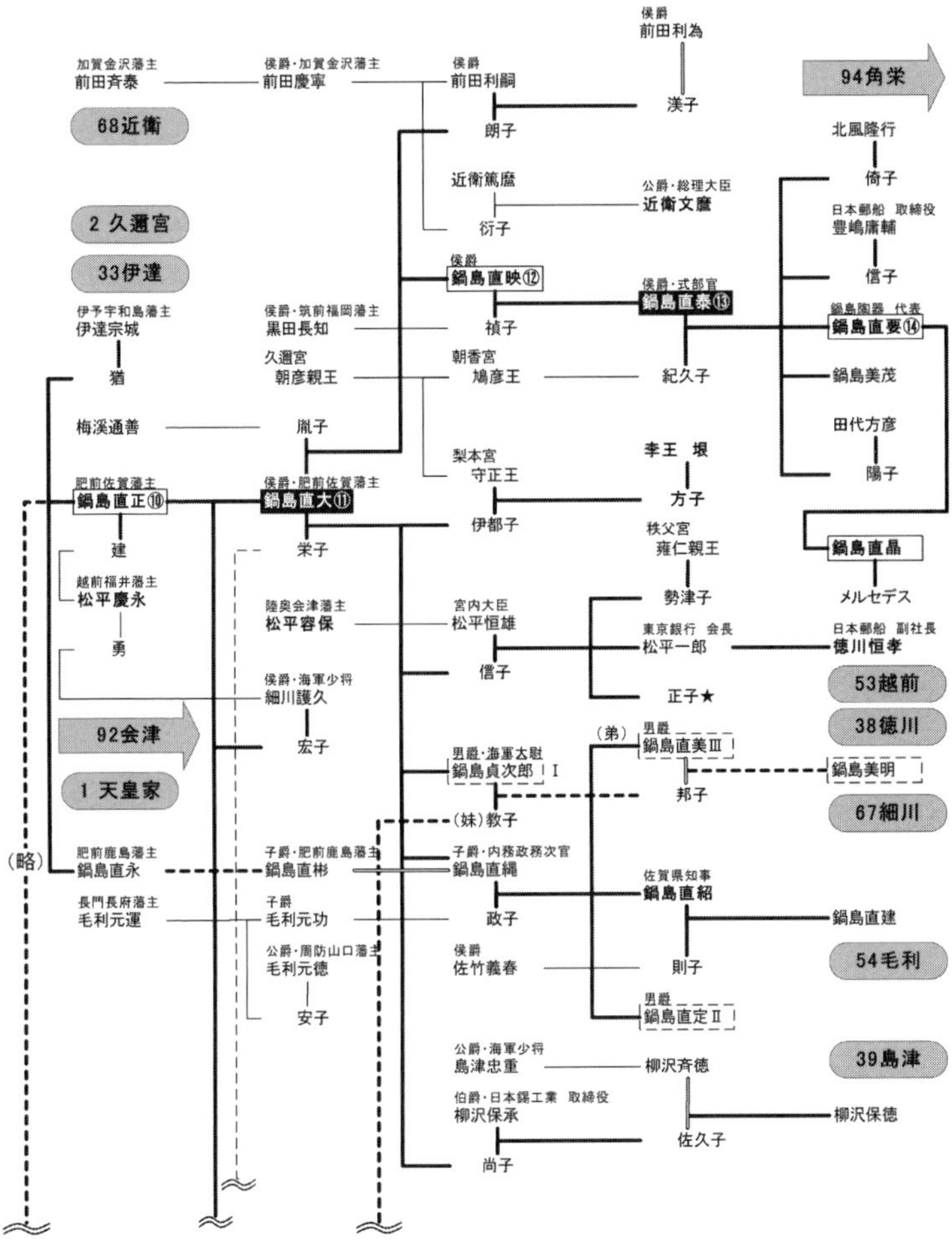

94. 田中角栄／閨閥はないっ！　娘婿以外は……

田中角栄《たなかかくえい》（一九一八～一九九三）は新潟県の競走馬業者の長男として生まれ、高等小学校を卒業すると中学進学を諦め、土木工事に従事。上京して様々な職を転々とし、一九歳で設計事務所を独立開業。理化学研究所理事長・大河内正敏《おおこうちまさとし》の知遇を得て、理研系の土建会社として軍需で急成長を遂げ、戦後に金権選挙を展開して衆議院議員に初当選。三九歳の若さで郵政大臣に就任。バツグンの記憶力・発想力に、行動力・決断力を兼ね備え「コンピューター附きのブルドーザー」とあだ名され、大蔵大臣、通産大臣を歴任。『日本列島改造論』を提唱し、総理大臣に上り詰めた。日中国交回復を果たし、一二世議員を当選させ、「数は力」と語って自民党派閥政治を牛耳った政治手法は後世に大きな影響を与えた。

――と言うわけで、田名角栄は閨閥とは無縁の人物である（田中真紀子の異父姉が池田勇人《はやと》の甥と結婚しているという情報があったが、具体的な姻戚関係が確認できなかった）。娘婿の**田中直紀**《なおき》（一九四〇～）から繋がる姻戚関係があるだけである。そこで、本書では探しに探して「例によって」鍋島家と伊藤博文が遠縁であることを突き止めた。もはや、ここまで来ると遠縁とも呼べないような――とは言ってはいけない。

94. 田中角栄／閨閥はないっ！　娘婿以外は……

94 田中角栄／総理大臣

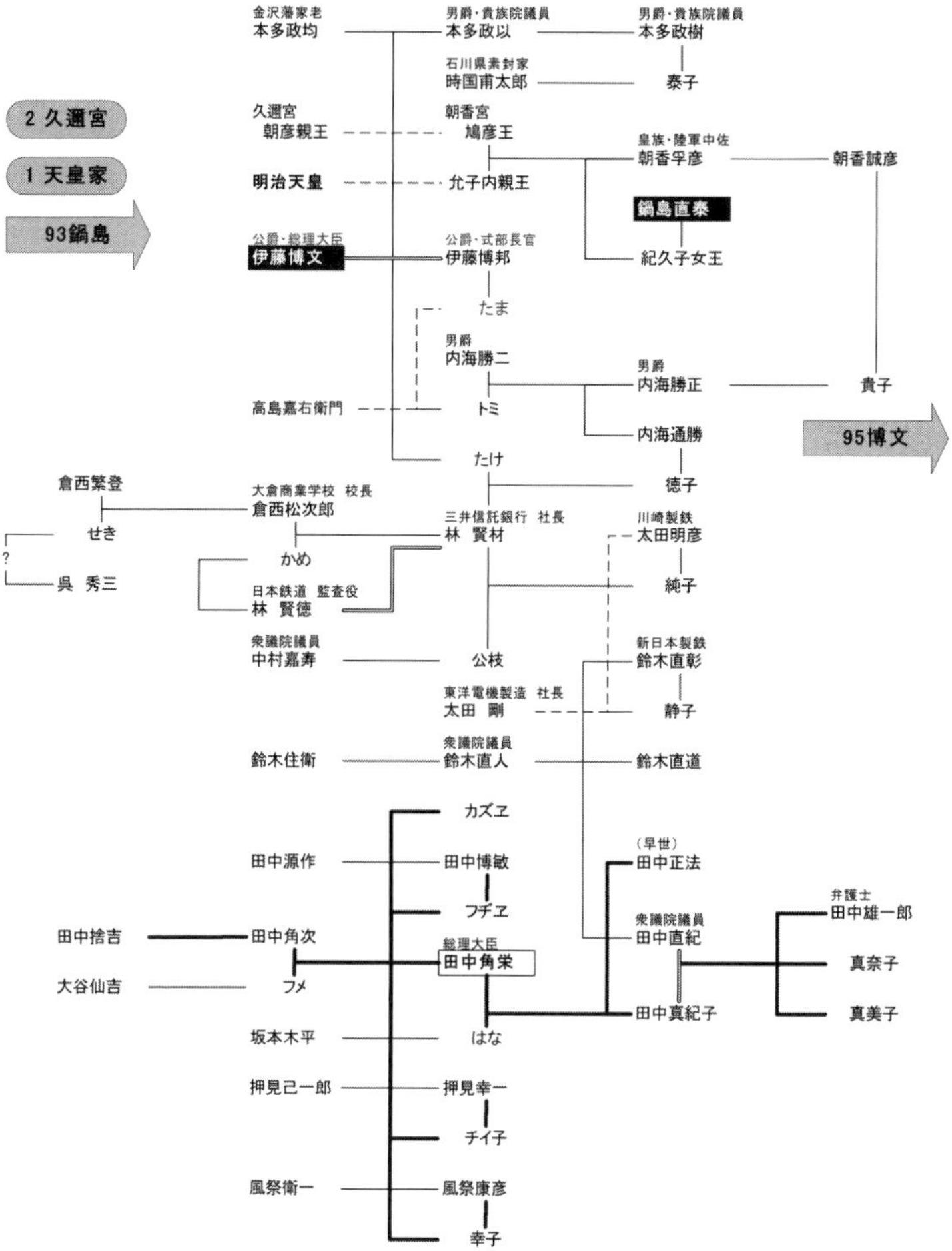

95. 伊藤博文／田中角栄とともに「今太閤」と呼ばれる

伊藤博文《いとうひろぶみ》（一八四一～一九〇九）は周防《すおう》の農家・林家に生まれ、父が長州藩の足軽・伊藤家の養子となり、武士身分を得た。吉田松陰《よしだしょういん》に学び、井上馨《いのうえかおる》ら五人（長州ファイブ）でイギリスへ密航。維新後は開明派官僚として頭角を現し、岩倉使節団に副使として随行。大久保利通が暗殺されると内務卿に就任、憲法調査のため渡欧してプロイセン憲法学説を学び、帰国後に憲法立案の中心となる。一八八五年に内閣制度を創設し、初代総理大臣となった。

低い身分から最高位の首相に登り詰めたため、豊臣秀吉になぞらえ、(田中角栄と同じく)「今太閤」と呼ばれた。本家の秀吉と同様、女性関係がハデだったが、実子は少なく、井上馨の甥・**伊藤博邦**《ひろくに》（一八七〇～一九三一）を養子に迎えた。

妻の甥・**伊藤文吉**《ぶんきち》（一八八五～一九五一）を養子にして男爵家の分家を創設しているが、実は博文の庶子を妻の実家・木田家に預けたともいわれる。なお、博邦の孫娘が、出雲大社の千家達彦《せんげみちひこ》に継いでいる。

95 伊藤博文／総理大臣・長州藩士／公爵

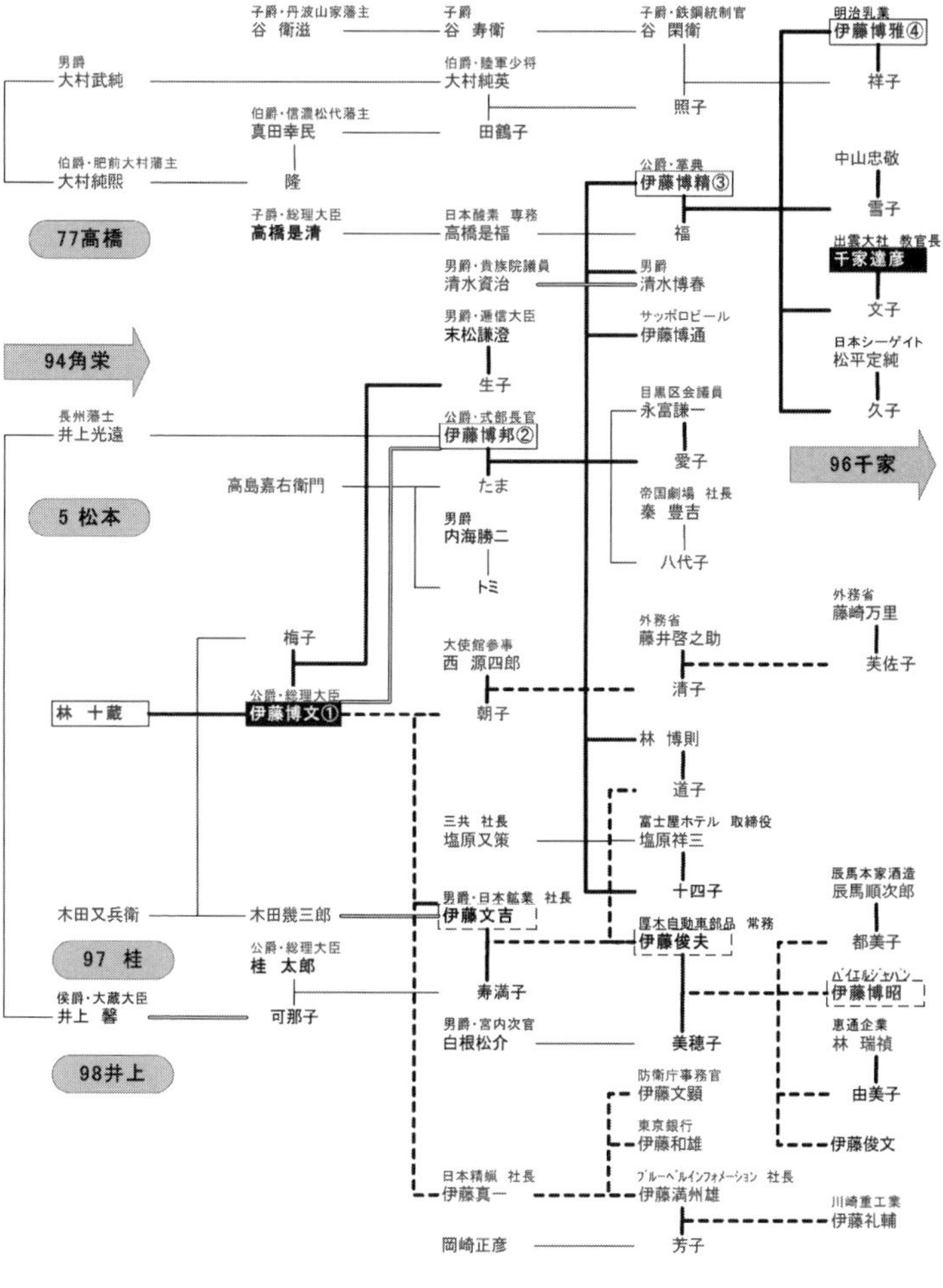

96. 千家／皇族との婚約に沸く

千家《せんげ》家は天照大御神《あまてらすおおみかみ》の第二子・天穂日命《あまのほひのみこと》の子孫と称し、出雲国 造《いずもくにのみやつこ》として出雲大社《いずもたいしゃ》の宮《ぐう》司《じ》を代々務めた。南北朝の頃、千家孝宗《たかむね》と異母弟の北島貞孝《さだのり》が家督を争い、千家家・北島家の二流に分かれた。以来、偶数月の神事を千家家、奇数月の神事を北島家が分掌《ぶんしょう》している。明治時代に八〇代・千家尊福《たかとみ》と七六世・北島脩孝《ながのり》がそれぞれ男爵に叙された。

千家尊福（一八四五〜一九一八）は明治時代に入って神道に対する論争が活発になると、出雲大社宮司と出雲国造職を弟・**千家尊紀**《たかのり》（一八六〇〜一九一一）に譲って教派神道の出雲大社《おおやしろ》教を開くなど、神道界に大きな影響を与えた。また、元老院議官、貴族院議員に列し、埼玉・静岡・東京府県知事を歴任。西園寺公望内閣で司法大臣を務めた。次男の**千家元麿**《もとまろ》は歌人として有名。

尊紀の高孫《こうそん》（孫の孫）にあたる**千家国麿**《せんげくにまろ》（一九七三〜）が高円宮憲仁親王《たかまどのみやのりひと》の遺児・典子女王と婚約したことで、出雲大社は「縁結びの神様」として再び注目を浴びた。尊福の長女の義姫が、総理大臣・桂太郎の長男と結婚している。

96 千家家／出雲大社宮司・出雲国造／男爵

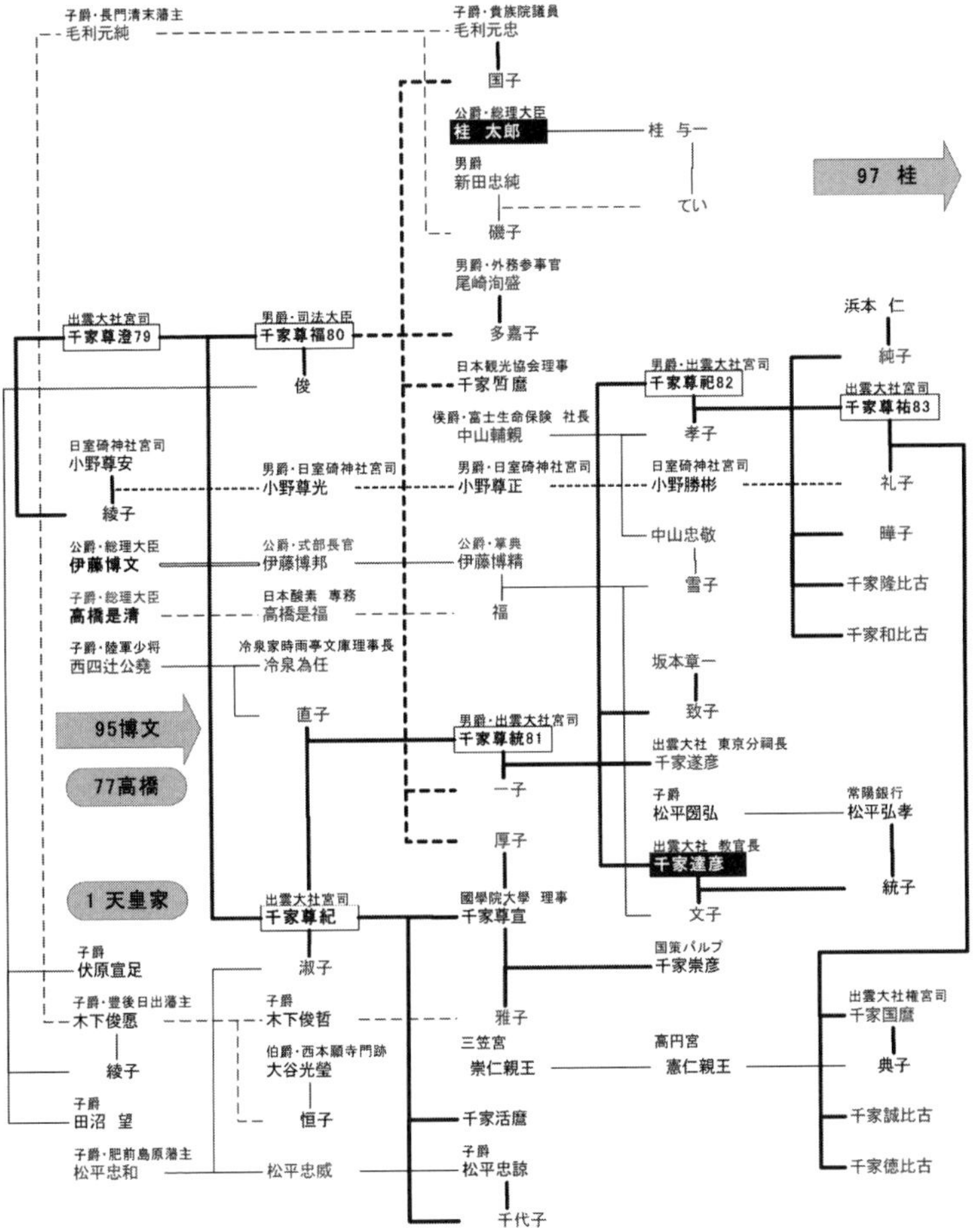

97．桂　太郎／山県有朋直系の子分だが、姻戚関係は井上馨直系

桂　太郎《かつらたろう》（一八四七～一九一三）は長州藩出身の軍人で、戊辰戦争で奥羽を転戦。維新後はドイツに渡り、軍政を調査。帰国後は陸軍の軍制改革を指揮。台湾総督・陸軍大臣などを歴任した後、総理大臣となった。一九〇一年以降、西園寺公望《さいおんじきんもち》と交互に総理大臣を務め、その時代は「桂園《けいえん》時代」と呼ばれている。あだ名は「ニコポン宰相」。ニコッと笑って、ポンと肩をたたき相手を懐柔する調整型・妥協を得意とする政治家だった。

長州軍閥・山県有朋《やまがたありとも》直系の子分として陸軍で昇進を重ねたが、姻戚関係は井上馨直系で伊藤博文にも繋がっている。

まず、芸姑《げいこ》出身の可那子を井上馨の養女として後妻に迎え、長男・**桂与一**《よいち》（父に先んじて死去）は井上馨夫人の姪と結婚。さらに次男の井上三郎（ややこしい）は井上家の婿養子になり、末娘は伊藤博文の庶子・伊藤文吉と結婚している。ここにもバランス感覚の取れた生き様がうかがえる。

97. 桂　太郎／山県有朋直系の子分だが、姻戚関係は井上馨直系

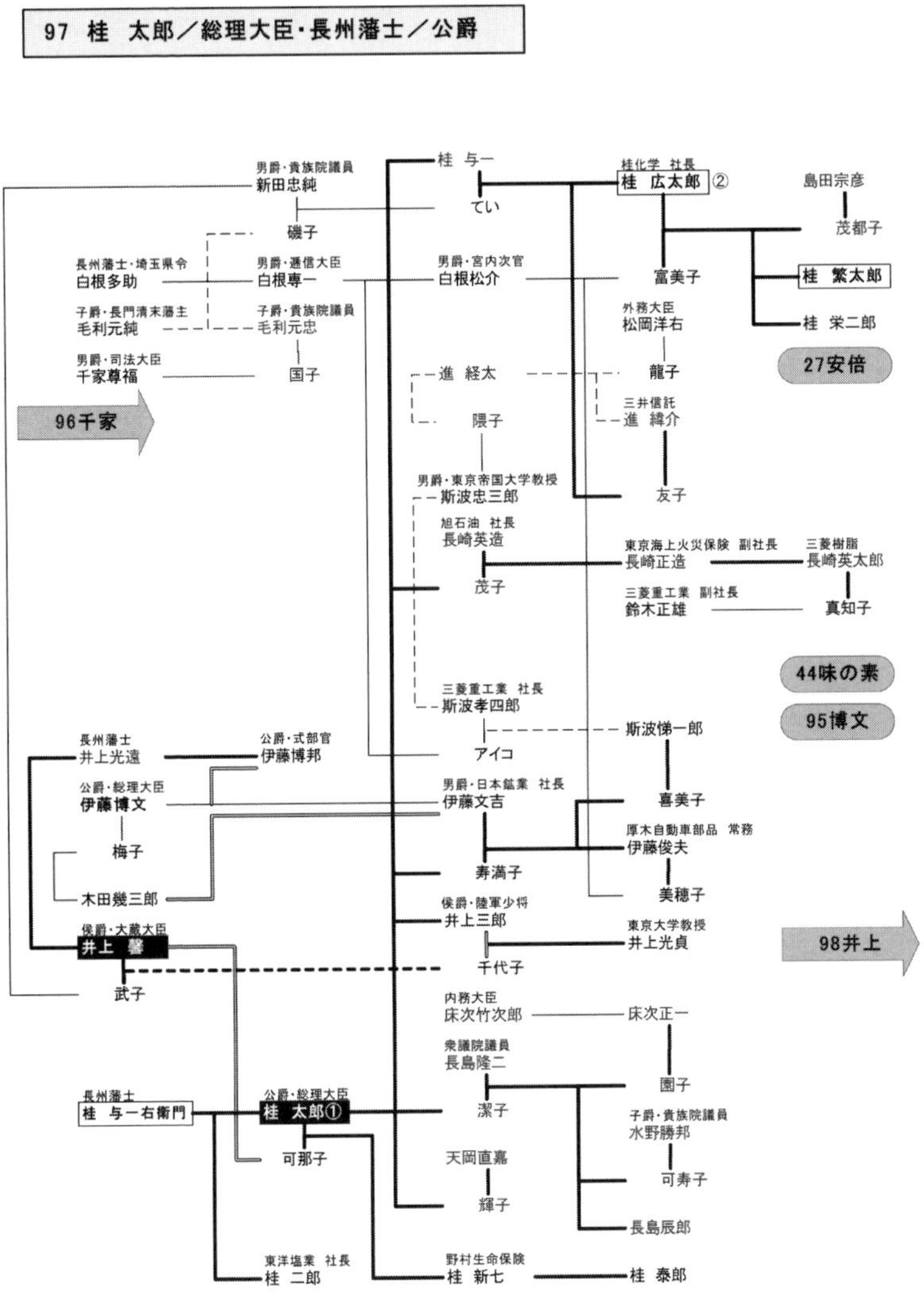

98. 井上　馨／三菱以外の財閥はすべてその影響下にある

井上馨《いのうえかおる》（一八三五〜一九一五）は長州藩の中流藩士・井上家に生まれた。旧名・志道聞多《しじもんた》。「長州ファイブ」の一人として、伊藤博文等とイギリスへ密航。開国論に転じ、下関での外国船砲撃事件では伊藤とともに急遽帰国して和平交渉に尽力した。

明治維新後は財政通の大蔵大輔として権勢を振るった。財界に影響力が大きく、三菱以外の財閥はすべてその影響下にあるといわれた。特に三井との関係が深く、西郷隆盛から「三井の大番頭」と揶揄《やゆ》された。

馨には一人娘しかいなかったので、兄の次男・**井上勝之助**《かつのすけ》（一八六一〜一九二九）を養子に迎えた。勝之助に子がないまま死去すると、桂太郎の三男・**井上三郎**《さぶろう》（一八八七〜一九五九）を婿養子に迎えた。三郎の長男・**井上光貞**《みつさだ》（一九一七〜一九八三）は日本古代史の権威として名高い。

自身は一人娘しかいなかったが、兄弟の子どもたちから華麗な閨閥を構成した。兄の四男・伊藤博精《ひろよし》が伊藤博文の養子となり、姉の孫に、日産コンツェルン・鮎川義介《あいかわよしすけ》がいる。

98. 井上　馨／三菱以外の財閥はすべてその影響下にある

98 井上　馨／大蔵大臣・長州藩士／侯爵

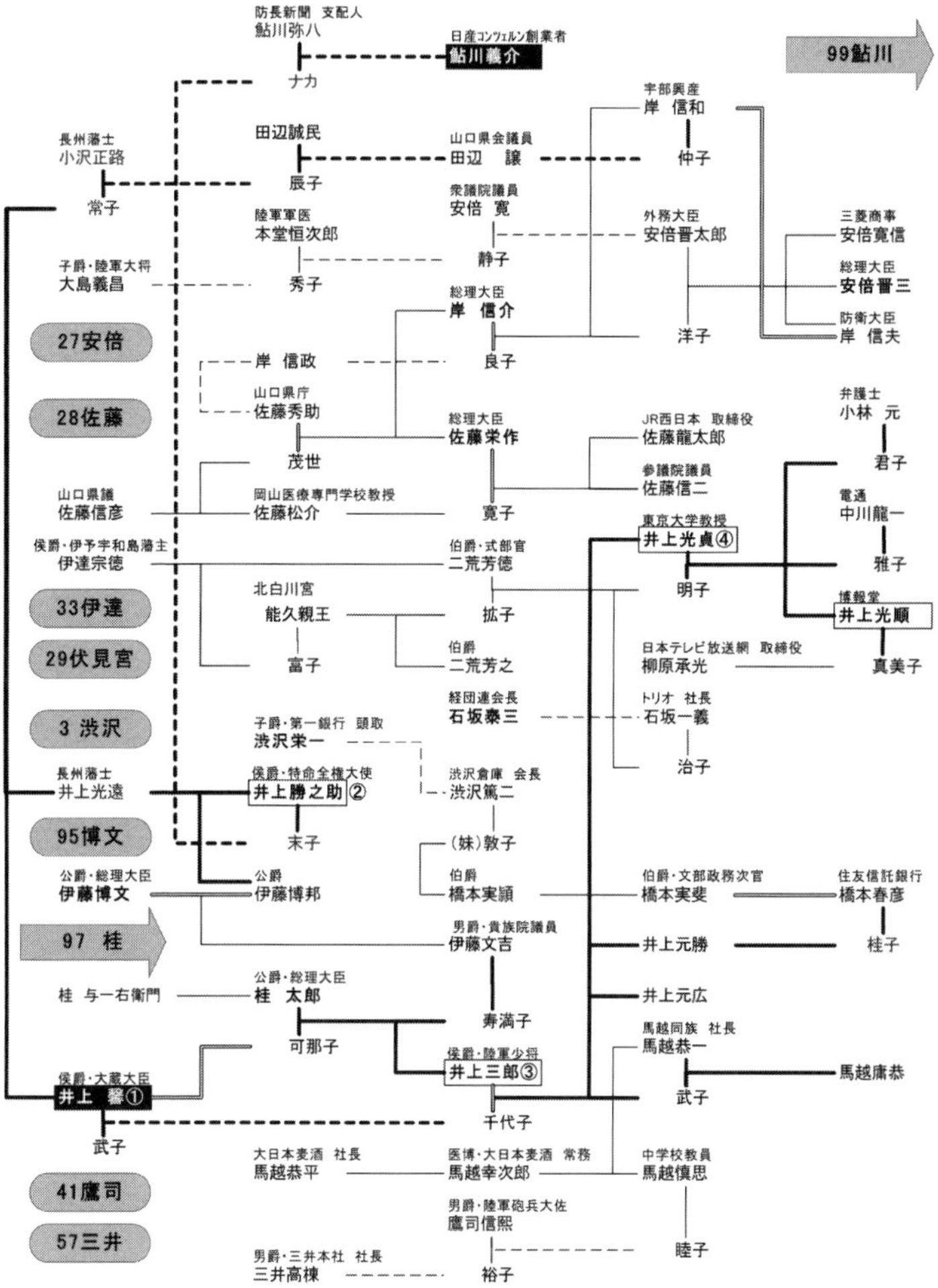

防長新聞 支配人
鮎川弥八
日産コンツェルン創業者
鮎川義介
99鮎川
ナカ
宇部興産
岸 信和
長州藩士
小沢正路
田辺誠民
山口県会議員
田辺 譲
仲子
辰子
常子
陸軍軍医
本堂恒次郎
衆議院議員
安倍 寛
外務大臣
安倍晋太郎
三菱商事
安倍寛信
静子
子爵・陸軍大将
大島義昌
秀子
総理大臣
安倍晋三
総理大臣
岸 信介
27安倍
洋子
防衛大臣
岸 信夫
岸 信政
良子
山口県庁
佐藤秀助
28佐藤
総理大臣
佐藤栄作
JR西日本 取締役
佐藤龍太郎
弁護士
小林 元
茂世
君子
参議院議員
佐藤信二
山口県議
佐藤信彦
岡山医療専門学校教授
佐藤松介
寛子
電通
中川龍一
東京大学教授
井上光貞④
侯爵・伊予宇和島藩主
伊達宗徳
伯爵・式部官
二荒芳徳
雅子
明子
北白川宮
能久親王
拡子
博報堂
井上光順
33伊達
29伏見宮
伯爵
二荒芳之
日本テレビ放送網 取締役
柳原承光
真美子
富子
経団連会長
石坂泰三
トリオ 社長
石坂一義
3 渋沢
子爵・第一銀行 頭取
渋沢栄一
治子
長州藩士
井上光遠
侯爵・特命全権大使
井上勝之助②
渋沢倉庫 会長
渋沢篤二
95博文
末子
(妹)敦子
公爵・総理大臣
伊藤博文
公爵
伊藤博邦
伯爵
橋本実頴
伯爵・文部政務次官
橋本実斐
住友信託銀行
橋本春彦
97 桂
男爵・貴族院議員
伊藤文吉
井上元勝
桂子
公爵・総理大臣
桂 与一右衛門
桂 太郎
井上元広
寿満子
可那子
馬越同族 社長
馬越恭一
侯爵・陸軍少将
井上三郎③
馬越庸恭
侯爵・大蔵大臣
井上 馨①
武子
千代子
武子
41鷹司
大日本麦酒 社長
馬越恭平
医博・大日本麦酒 常務
馬越幸次郎
中学校教員
馬越愼思
57三井
男爵・陸軍砲兵大佐
鷹司信熙
睦子
男爵・三井本社 社長
三井高棟
裕子

99. 鮎川義介／親族経営の企業を買収して急成長

鮎川義介《あいかわよしすけ》（一八八〇〜一九六七）は元長州藩士の子に生まれ、東京帝国大学機械工学科を卒業後、一職工として芝浦製作所（現・東芝）に入社。現場での経験でわが国機械工業の弱点が鋼管・可鍛鋳鉄《かたんちゅうてつ》の製造技術の未熟さと結論づけ、渡米して可鍛鋳鉄の技術を習得。帰国後、親族縁者の支援を受け、九州戸畑に戸畑《とばた》鋳物《いもの》（現・日産自動車）を設立した。

鮎川の義弟・**久原房之助**《くはらふさのすけ》（一八六九〜一九六五）は、長州出身の政商・藤田家の出身で、藤田家もまた「藤田財閥」といわれ、財を築いた。

房之助の叔父・藤田伝三郎《でんざぶろう》は藤田組（同和鉱業を経て、現・DOWA）を設立。政府から秋田県小坂《こさか》鉱山の払い下げを受けたが経営不振が続き、閉山を決意。閉山処理を任された房之助は、埋蔵量豊富な銅鉱石に着眼し、小坂鉱山を銅山として再建した。その後、藤田家は経営の主導権を巡って親族間でいさかいが起こり、房之助は藤田組を退社。茨城県日立村（日立市）の赤沢《あかざわ》銅山を買収、久原鉱業所日立鉱山事務所と名付け、経営に乗り出し、株式公開により巨万の富を得た（日立鉱山の工作機械修理工場を分離したのが日立製作所である）。房之助は積極的に事業を展開し、久原財閥と呼ばれたが、第一次世界大戦後の反動恐慌で経営危機に陥った。鮎川がその経営再建を託された。

鮎川は実弟・藤田政輔《まさすけ》の義母に資金援助を申し入れ、久原鉱業の債務整理に成功。久原鉱業社長に就任。久原鉱業を日本産業と改称し、大衆資本を動員した公開持株式会社を実現。日産コンツェルンを創設し、三大財閥を追随する規模にまで成長させた。

鮎川家は地方有数の資産家との婚姻関係を結んでおり、鮎川はこれら姻戚の事業を買収して日産コンツェルンに組み入れていった。鮎川の義弟・久原房之助の事業に日本鉱業（現・JXTGホールディングス）、日立製作所、日産化学工業、日本油脂（現・日油《にちゆ》）、日産生命保険があった。久原房之助の実兄・田村市郎《たむらいちろう》は母方・田村家を継いだが、田村家の事業に共同漁業（のち日本水産、現・ニッスイ）、同社の冷蔵販売部門を分離した日本冷蔵（現・ニチレイ）があり、海運・造船業へ進出、大阪鉄工所を買収して日立造船と改称した。鮎川義介の実弟・政輔の養子先である藤田家の経営する日本蓄音機商会《ちくおんきしょうかい》（現・日本コロムビア）、鮎川の義弟・貝島家が経営する中央火災海上傷害保険（日産火災海上保険を経て、現・損害保険ジャパン）も組み入れられた。閨閥が事業に影響した事例としてあげられよう。

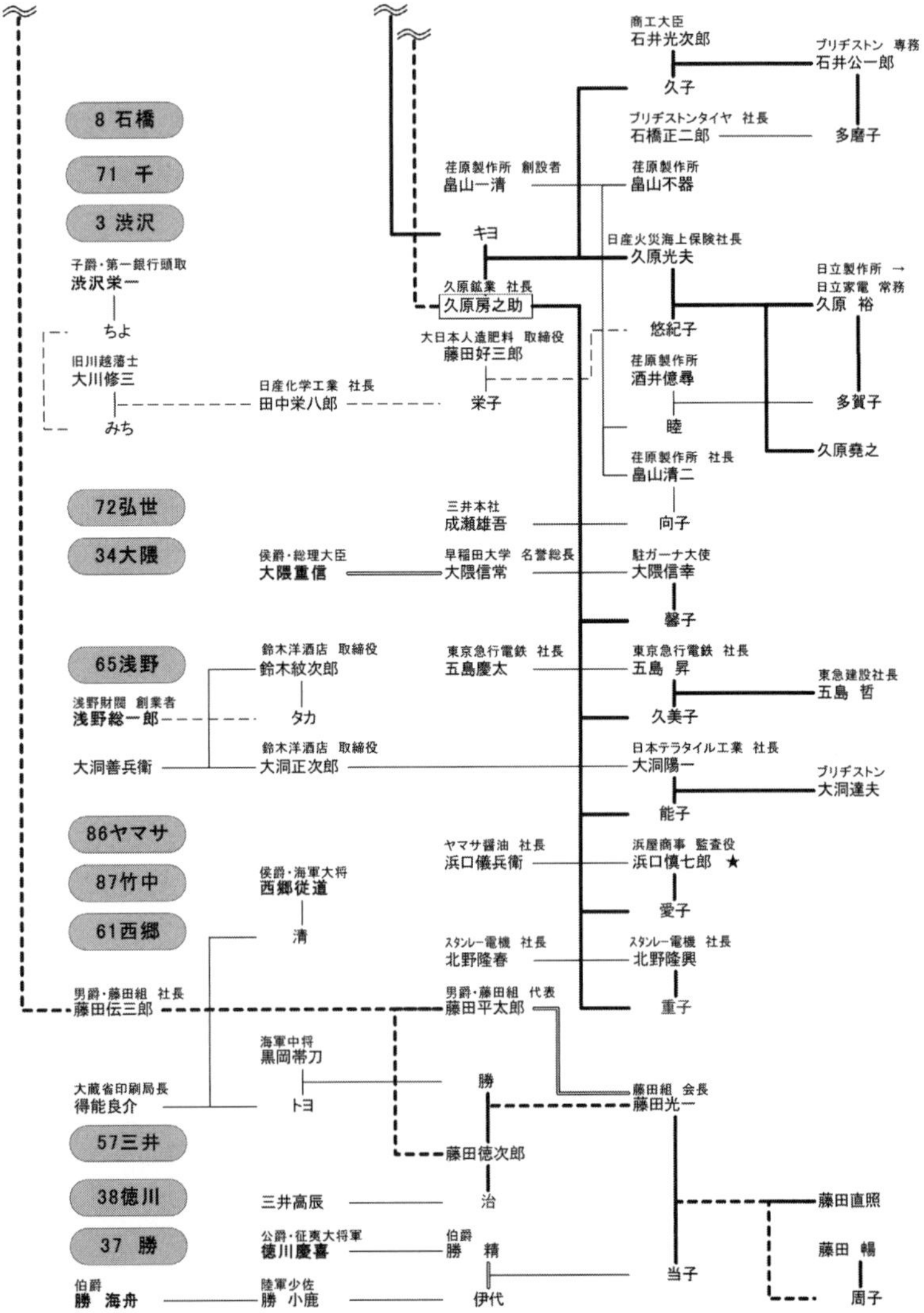

8 石橋
71 千
3 渋沢
子爵・第一銀行頭取
渋沢栄一
ちよ
旧川越藩士
大川修三
みち
72弘世
34大隈
65浅野
浅野財閥 創業者
浅野総一郎
大洞善兵衛
86ヤマサ
87竹中
61西郷
男爵・藤田組 社長
藤田伝三郎
大蔵省印刷局長
得能良介
57三井
38徳川
37 勝
伯爵
勝 海舟
日産化学工業 社長
田中栄八郎
侯爵・総理大臣
大隈重信
鈴木洋酒店 取締役
鈴木紋次郎
タカ
鈴木洋酒店 取締役
大洞正次郎
侯爵・海軍大将
西郷従道
清
海軍中将
黒岡帯刀
トヨ
三井高辰
公爵・征夷大将軍
徳川慶喜
陸軍少佐
勝 小鹿
荏原製作所 創設者
畠山一清
キヨ
久原鉱業 社長
久原房之助
大日本人造肥料 取締役
藤田好三郎
栄子
三井本社
成瀬雄吾
早稲田大学 名誉総長
大隈信常
東京急行電鉄 社長
五島慶太
ヤマサ醤油 社長
浜口儀兵衛
スタンレー電機 社長
北野隆春
男爵・藤田組 代表
藤田平太郎
勝
藤田徳次郎
治
伯爵
勝 精
伊代
商工大臣
石井光次郎
久子
ブリヂストンタイヤ 社長
石橋正二郎
荏原製作所
畠山不器
日産火災海上保険社長
久原光夫
悠紀子
荏原製作所
酒井億尋
睦
荏原製作所 社長
畠山清二
向子
駐ガーナ大使
大隈信幸
馨子
東京急行電鉄 社長
五島 昇
久美子
日本テラタイル工業 社長
大洞陽一
能子
浜屋商事 監査役
浜口慎七郎 ★
愛子
スタンレー電機 社長
北野隆興
重子
藤田組 会長
藤田光一
当子
ブリヂストン 専務
石井公一郎
多磨子
日立製作所 →
日立家電 常務
久原 裕
多賀子
久原堯之
東急建設社長
五島 哲
ブリヂストン
大洞達夫
藤田直照
藤田 暢
周子

99. 鮎川義介／親族経営の企業を買収して急成長

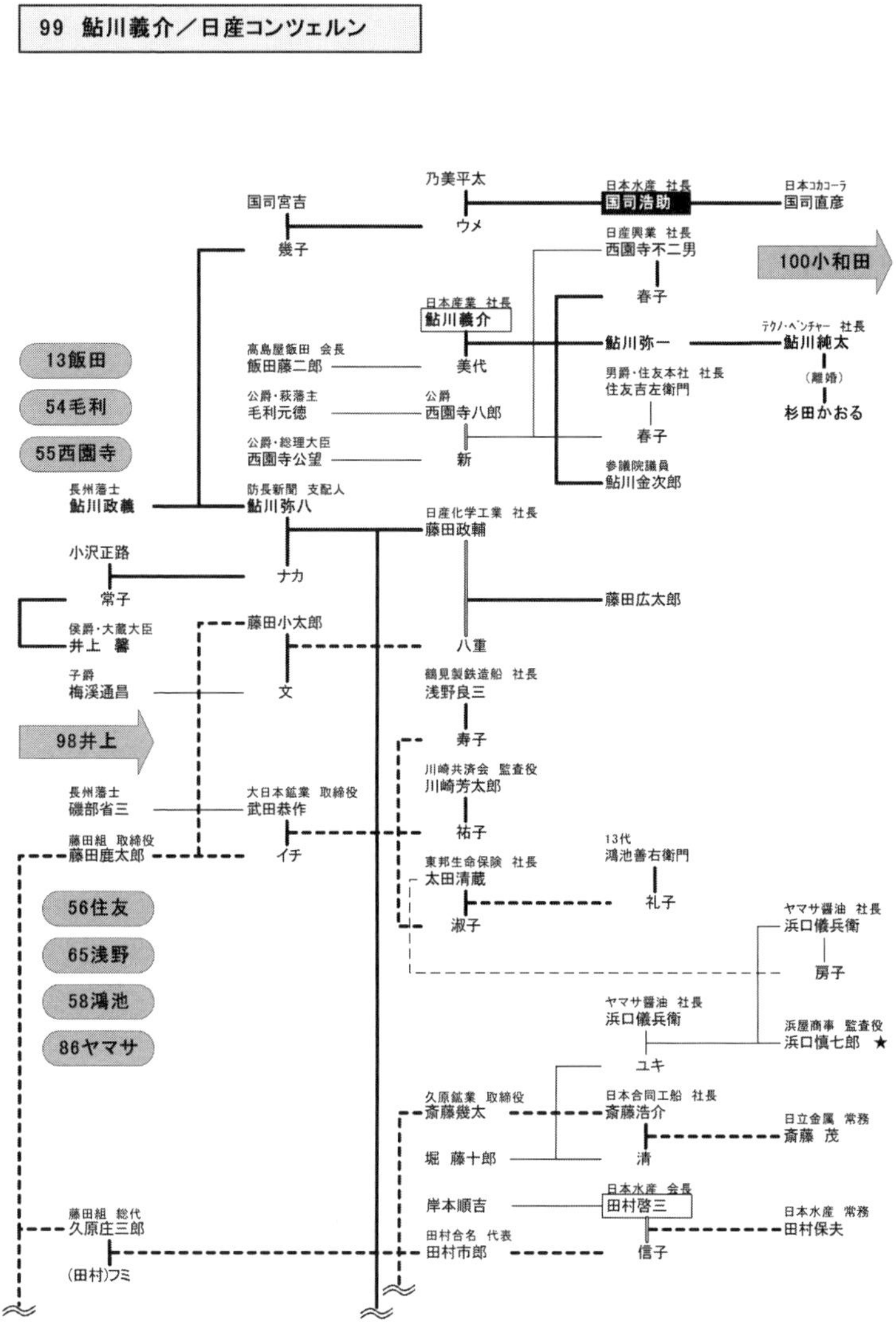
99 鮎川義介／日産コンツェルン
乃美平太
日本水産 社長
国司浩助
日本コカコーラ
国司直彦
国司宮吉
ウメ
幾子
日産興業 社長
西園寺不二男
100小和田
春子
日本産業 社長
鮎川義介
テクノ・ベンチャー 社長
鮎川純太
鮎川弥一
13飯田
高島屋飯田 会長
飯田藤二郎
美代
(離婚)
男爵・住友本社 社長
住友吉左衛門
杉田かおる
54毛利
公爵・萩藩主
毛利元徳
公爵
西園寺八郎
春子
55西園寺
公爵・総理大臣
西園寺公望
新
参議院議員
鮎川金次郎
長州藩士
鮎川政義
防長新聞 支配人
鮎川弥八
日産化学工業 社長
藤田政輔
小沢正路
ナカ
常子
藤田広太郎
侯爵・大蔵大臣
井上 馨
藤田小太郎
八重
子爵
梅渓通昌
文
鶴見製鉄造船 社長
浅野良三
98井上
寿子
川崎共済会 監査役
川崎芳太郎
長州藩士
磯部省三
大日本鉱業 取締役
武田恭作
祐子
藤田組 取締役
藤田鹿太郎
イチ
13代
鴻池善右衛門
東邦生命保険 社長
太田清蔵
礼子
56住友
淑子
ヤマサ醤油 社長
浜口儀兵衛
65浅野
房子
58鴻池
ヤマサ醤油 社長
浜口儀兵衛
86ヤマサ
浜屋商事 監査役
浜口慎七郎 ★
ユキ
久原鉱業 取締役
斎藤幾太
日本合同工船 社長
斎藤浩介
日立金属 常務
斎藤 茂
堀 藤十郎
清
日本水産 会長
田村啓三
岸本順吉
藤田組 総代
久原庄三郎
日本水産 常務
田村保夫
田村合名 代表
田村市郎
信子
(田村)フミ

100・小和田家／エリート家系には違いないが

例によって、鮎川義介の遠縁に**雅子皇后**（一九六三〜）の実家・小和田《おわだ》家がある。皇太子妃決定時に『週刊読売』が美智子妃の実家・正田家から何家か繋げていくと小和田家に行き着くという企画を発表していて、鼻で笑っていたのだが、筆者はそれができなかった……無念。

小和田家は越後村上藩士の家柄で、雅子妃の祖父・**小和田毅夫**《たけお》は広島高等師範学校を卒業し、地元新潟県で高校教員を務めた。雅子妃の父・**小和田恒**《ひさし》（一九三二〜）はその次男で、東京大学卒業後に外務省に入省。ケンブリッジ大学に留学、ソ連大使館一等書記官、福田赳夫内閣の総理大臣秘書官、外務事務次官、国連大使等を務めた。妻・優美子は、日本興業銀行（現・みずほ銀行）常務からチッソ社長となった**江頭豊**《えがしらゆたか》（一九〇八〜二〇〇六）の長女。豊の父は海軍中将、義父も海軍大将で、甥に作家・江藤淳がいる。エリート家系には違いないが、美智子上皇妃の実家・正田《しょうだ》家のように、そこかしこに企業経営者がいるような華麗な閨閥ではない。

100. 小和田家／エリート家系には違いないが

100 小和田家／外交官

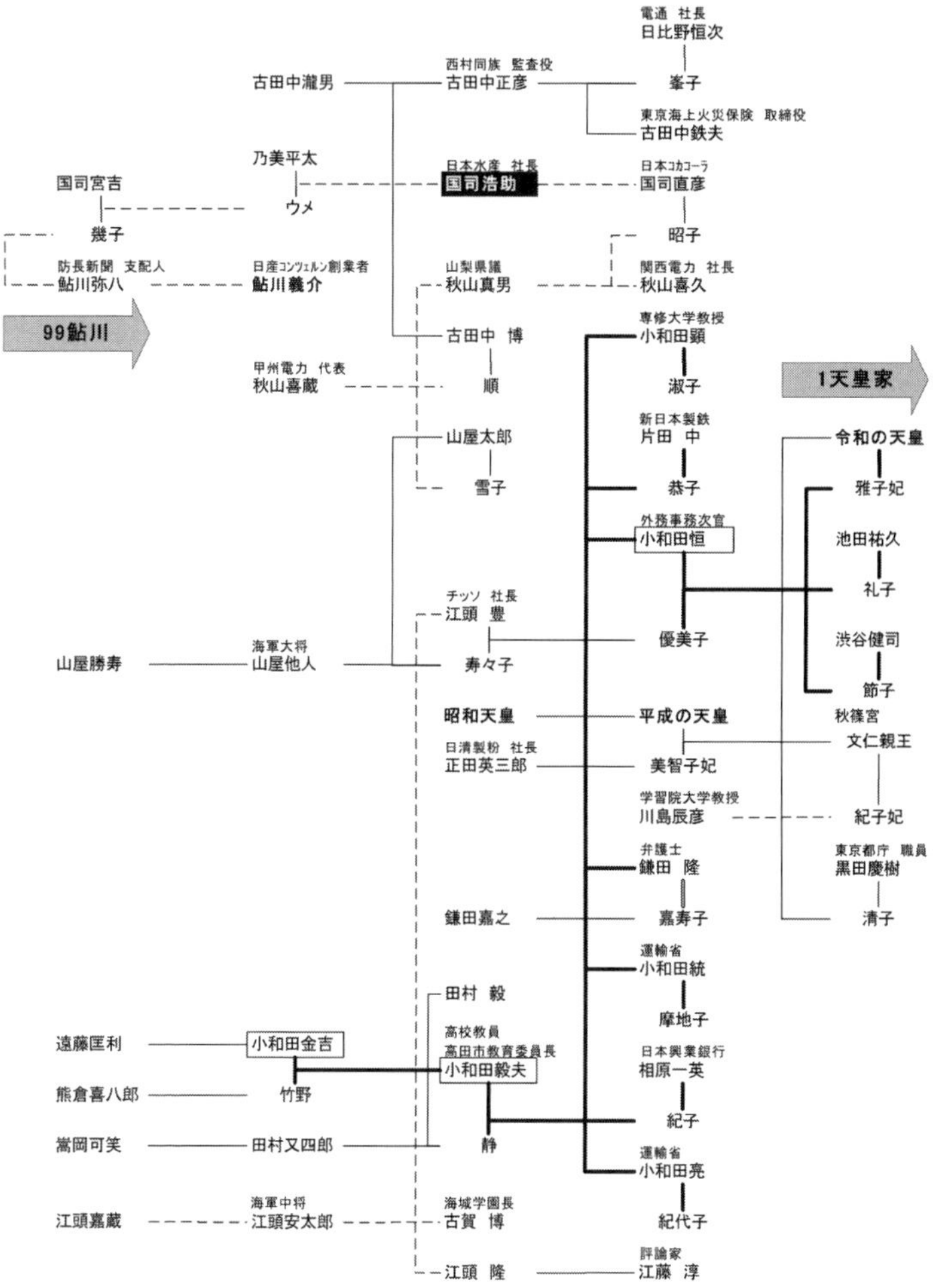

電通 社長
日比野恒次
峯子
西村同族 監査役
古田中正彦
古田中瀧男
東京海上火災保険 取締役
古田中鉄夫
乃美平太
ウメ
日本水産 社長
国司浩助
日本コカコーラ
国司直彦
国司宮吉
幾子
昭子
防長新聞 支配人
鮎川弥八
日産コンツェルン創業者
鮎川義介
山梨県議
秋山真男
関西電力 社長
秋山喜久
99鮎川
古田中 博
専修大学教授
小和田顕
甲州電力 代表
秋山喜蔵
順
淑子
1天皇家
山屋太郎
新日本製鉄
片田 中
令和の天皇
雪子
恭子
雅子妃
外務事務次官
小和田恒
池田祐久
礼子
チッソ 社長
江頭 豊
優美子
渋谷健司
山屋勝寿
海軍大将
山屋他人
寿々子
節子
昭和天皇
平成の天皇
秋篠宮
文仁親王
日清製粉 社長
正田英三郎
美智子妃
学習院大学教授
川島辰彦
紀子妃
弁護士
鎌田 隆
東京都庁 職員
黒田慶樹
鎌田嘉之
嘉寿子
清子
運輸省
小和田統
田村 毅
摩地子
遠藤匡利
小和田金吉
高校教員
高田市教育委員長
小和田毅夫
日本興業銀行
相原一英
熊倉喜八郎
竹野
紀子
嵩岡可笑
田村又四郎
静
運輸省
小和田亮
江頭嘉蔵
海軍中将
江頭安太郎
海城学園長
古賀 博
紀代子
江頭 隆
評論家
江藤 淳

あとがき

日本テレビ系列に『はじめまして！　一番遠い親戚さん』という非定期放送の番組がある。或る日、そのディレクターから協力を要請された。芸能人・著名人の家系図を横に繋げていく番組らしい。大好物の分野である。ただ、私は入社二年目から職場に隠れて研究・出版を重ね、四九歳の時に本業に関連する書籍を出版する際、やっと上司に報告したくらいなので、本業以外では目立ちたくない。「協力はするが、テレビ出演はしたくない」と回答した。「オレが出なかったら、誰が出るんだろう？」同業者・同好の士が思い当たらなかったので、興味津々だったのだが、やっぱりというか、他に見当たらない。時間が無いということで、やむなく出演することにした。以来、その番組には出演せざるを得ない状況になっている（出演した番組は一応録画してあるが、こっぱずかしくて見ていない）。

本書を出そうと思ったのは、トヨタ自動車の豊田章男社長のご子息と婚約を発表したタカラジェンヌが出光興産の創業者一族だというネットの噂を目にしたからだ。その系図を確認する過程で、『はじめまして！　一番遠い親戚さん』のように財界人・政治家、旧華族などの家系図を横に繋げていけば面白いんじゃないかと思いついた。

私の場合、出版の多くは持ち込み原稿で、未発表の企画が幾つかある。その一つが『華族一〇〇選』といって旧華族の系図を一〇〇家集めたものだ。この中で有名な家系を取り上げ、財閥関連で何冊か出版したストック、これに政治家の家系などを新たに加えれば、割と早くにできあがるだろう――と踏んで、ほぼ二〜三週間で原稿をまとめた（私は現役のシステム・エンジニアなので、原稿執筆はほぼ土日・休日のみである。原稿執筆だけでは喰っていけないので、本業を疎《おろそ》かにするような度胸のあるマネはしない）。

そこで、まず一〇〇家くらいの家系図をピックアップして、それを繋げていった。ムリヤリ繋げた箇所も何カ所かある。他とうまく繋げられなかったり、件数オーバーで落とした家系も幾つかある。公家の一条・二条・三条家、大名の前田家、紀伊・水戸徳川家、服部時計店、富国生命保険の小林家、東郷平八郎、乃木希典《まれすけ》、小泉純一郎・石原慎太郎などだ。

系図を作成する際に重要なことは、誰を載せて誰を載せないかの判断だ。どんな家でも親戚を辿っていけば、何ページにもなってしまう。それを一ページ（ないしは二ページ）に収めて、必要な情報を盛り込まなければならない。たとえば、拙著『日本の15大財閥』に載せている系図は、一族の多くが財閥経営に関与していることをメインに置いているが、本書では親戚が横に拡がっている様を目的にしているので、分家サンの掲載はバッサリ削除して、親戚部分を増やしている。つまり、同じ××家の系図でも、他書で掲載した系図と書き方が異なってくるのだ。

また、今回は索引も作成した（いつも作成したいとは思っているのだが、ページ数が足りないという理由でだいたいボツになってしまう）。ここで非常に問題なのが、名前の読み方だ。たとえば、倫子という名前は、ともこ、のりこ、みちこ、りんこ……。いろいろな読み方がある。ましてや、旧大名・公家は凝った読み方をするものが多い。『旧華族家系大成』などで読み方を調べたが、女性の名前は記述がない場合が多く、不明な場合は「えいやっ」で振った（が、むしろ、正しい読みの方が理解困難な場合が多い）。「なんで、この順番なの？」というケースが少なくないと思うが、ご容赦いただきたい。

当初、いつもお世話になっている大手出版社に持ち込んだのだが、結局、今回は自費出版とした。理由は二つあって、一つは編集者から違う方向性の提案を出され、それに沿って企画を練り直すことが難しかったから、もう一つは図版の問題だ。

通常、図版は著者が作成したものをデザイナーさんが作り直して出版する。当然再作成の過程で誤りが発生するし、今回は一〇〇枚以上の系図を作成したので、校正だけで一苦労だ。著者が作成する系図は手書きではなく、すべて図形作成ソフト（ＶＩＳＩＯ）で作成したものだから、そのまま出したいという思いが強かった。それなら自費出版にしようと考えたわけだ。

自費出版を考えるにあたり、ネットでいろいろ調べたところ、パブリック・ブレイン社が良心的だという記事にぶちあたった。

「山本さんのところかぁ！」

著者は一五年前に自費出版をしたことがある。その時、お世話になったのがパブリック・ブレインだった。そりゃあ、また頼むしかないよね。というわけで、パブリック・ブレインの山本和之氏には大変お世話になった。この場を借りて感謝したい。

主要参考文献

・有森　隆［二〇〇八］『創業家物語』講談社．
・有森　隆［二〇二〇］『創業家一族』エムディエヌコーポレーション．
・大森　映［一九八八］『日本の財界と閨閥――〝伝統と創造〟に生きる企業人の素顔』学芸書林．
・小田部雄次［二〇〇六］『中公新書1836　華族――近代日本貴族の虚像と実像』中央公論新社．
・小田部雄次［二〇〇九］『中公新書2011　皇族――天皇家の近現代史』中央公論新社．
・菊地浩之［二〇一〇］『平凡社新書516　日本の15大同族企業』平凡社．
・菊地浩之［二〇一二］『平凡社新書630　日本の地方財閥30家――知られざる経済名門』平凡社．
・菊地浩之［二〇一四］『平凡社新書718　47都道府県別　日本の地方財閥』平凡社．
・菊地浩之［二〇一五］『平凡社新書764　日本の長者番付――戦後億万長者の盛衰』平凡社．
・菊地浩之［二〇一九］『角川新書K-236　最新版　日本の15大財閥』KADOKAWA．
・小谷野敦［二〇〇七］『幻冬舎新書056　日本の有名一族――近代エスタブリッシュメントの系図集』幻冬舎．
・佐藤朝泰［一九八一］『閨閥――日本のニュー・エスタブリッシュメント』立風書房．
・佐藤朝泰［一九八七］『門閥――旧華族階層の復権』立風書房．
・佐藤朝泰［二〇〇一］『豪閥――地方豪族のネットワーク』立風書房．
・島津出版会編［一九七八］『しらゆき――島津忠重　伊楚子　追想禄』．

・神　一行［一九八九］『閨閥――新特権階級の系譜』毎日新聞社．
・竹内正浩［二〇一七］『「家系図」と「お屋敷」で読み解く歴代総理大臣　明治・大正編』実業之日本社．
・竹内正浩［二〇一七］『「家系図」と「お屋敷」で読み解く歴代総理大臣　昭和・平成編』実業之日本社．
・御厨　貴編［二〇一三］『増補新版　歴代首相物語』新書館．
・八幡和郎［二〇一五］『政界名門一族の査定表』宝島社．
・『歴史読本』編集部編［二〇一二］『日本の名家・名門人脈』新人物往来社．
・歴史の謎を探る会編［二〇一七］『家系図で読み解く　日本を動かす名門一族』河出書房新社．

・人事興信所編［各年版］『人事興信録』．
・人事興信所編［一九五六］『財界家系図』．
・常盤書院編［一九六七ほか］『財界家系譜大観』．
・霞会館華族家系大成編輯委員会編［一九九六］『平成新修　旧華族家系大成』霞会館．

大久保利通	薩摩	侯爵	192
木戸孝允	長州	侯爵	202
井上　馨	長州	侯爵	236
児玉源太郎	長州	伯爵	200
板垣退助	土佐	伯爵	168
後藤象二郎	土佐	伯爵	58
河野一郎・洋平	自民党		124

【十大財閥】

三井八郎右衛門	三井財閥	男爵	144
岩崎弥太郎	三菱財閥	男爵	24
住友吉左衛門	住友財閥	男爵	142
安田善次郎	安田財閥		188
浅野総一郎	浅野財閥		166
古河市兵衛	古河財閥	男爵	150
大倉喜八郎	大倉財閥	男爵	96
野村徳七	野村財閥		160
鮎川義介	日産コンツェルン		238

【その他財閥】

渋沢栄一	渋沢財閥	子爵	20
鴻池善右衛門	鴻池財閥	男爵	148
森村市左衛門	森村産業	男爵	60
鈴木三郎助	味の素		116
茂木七郎右衛門	キッコーマン		130
浜口儀兵衛	ヤマサ醤油		208
正田英三郎	日本製粉		52
根津嘉一郎	東武鉄道		186
伊藤次郎左衛門	松坂屋		204
豊田喜一郎	トヨタ自動車		46
飯田新七	髙島屋		44
伊藤忠兵衛	伊藤忠商事		122
弘世　現	日本生命保険		180
嘉納治郎右衛門	菊正宗・白鶴酒造		206
武田長兵衛	武田薬品工業		162
佐治・鳥井	サントリー		182
松下幸之助	パナソニック		112
大原孫三郎	クラレ		54
中部幾次郎	マルハ		132
安川敬一郎	安川電機	男爵	216
麻生太郎	麻生セメント		196
出光佐三	出光興産		214

【同族企業・経営者】

福原有信	資生堂	128
鹿島守之助	鹿島建設	42
上原正吉	大正製薬	48
森永太一郎	森永製菓	72
森　泰吉郎	森ビル	120
小林一三	阪急・東宝	184
竹中藤右衛門	竹中工務店	210
中内　㓛	ダイエー	164
石橋正二郎	ブリヂストン	34
正力松太郎	読売新聞社	84
村山龍平	朝日新聞社	86
野間省一	講談社	220
中上川彦次郎	三井財閥	68
朝吹英二	三井財閥	126
三村庸平	三菱財閥	70
安西　浩・邦夫	東京ガス	50

【その他】

箕作阮甫	学者	男爵	30
福沢諭吉	学者		66
松本幸四郎	芸能／歌舞伎		28
千　宗室	芸能／茶道		178
小和田家	官僚		242

家別属性別索引

家別五十音索引

系図索引

系図索引

し

〈著者紹介〉

菊地浩之（きくち・ひろゆき）

1963年北海道生まれ。國學院大學経済学部を卒業後、ソフトウェア会社に入社。勤務の傍ら、論文・著作を発表。専門は企業集団、企業系列の研究。2005～06年、明治学院大学経済学部非常勤講師を兼務。06年、國學院大學経済学博士号を取得。下記の著書がある。

2001	“「日本支配階層の再生産構造」『統計と社会経済分析Ⅲ　日本経済の分析と統計』（共著）” 北海道大学出版会
2005	『企業集団の形成と解体　－社長会の研究』日本経済評論社
2006	『役員ネットワークからみる企業相関図』日本経済評論社
2008	『六大企業集団の社長会組織』自費出版
2009	『日本の15大財閥　－現代企業のルーツをひもとく』平凡社
2010	『日本の15大同族企業』平凡社
2012	『日本の地方財閥30家　－知られざる経済名門』平凡社
2012	『図解　損害保険システムの基礎知識』保険毎日新聞社
2013	『日本100大企業の系譜』KADOKAWA
2014	『日本100大企業の系譜２』KADOKAWA
2014	『絶対内定！するための　企業研究日本の200社』KADOKAWA
2014	『47都道府県別日本の地方財閥』平凡社
2015	『図解合併・再編でわかる日本の金融業界 メガバンク・メガ生損保・3大証券の興亡』平凡社
2015	『日本の長者番付　－戦後億万長者の盛衰』平凡社
2016	『徳川家臣団の謎』KADOKAWA
2017	『三菱グループの研究　－最強組織の実像に迫る』洋泉社
2017	『三井グループの研究　－実力主義が支えた名門集団』洋泉社
2017	『住友グループの研究　－“結束力”を誇った企業集団』洋泉社
2017	『三井・三菱・住友・芙蓉・三和・一勧』KADOKAWA
2018	『織田家臣団の謎』KADOKAWA
2019	『最新版　日本の15大財閥』KADOKAWA
2019	『織田家臣団の系図』KADOKAWA
2019	『豊臣家臣団の系図』KADOKAWA
2020	『徳川家臣団の系図』KADOKAWA

日本のエリート家系　100家の系図を繋げてみました

2021年9月1日　初版発行

著　者　菊地浩之

発行人　山本和之

発行所　パブリック・ブレイン
〒183-0033　東京都府中市分梅町3-15-13 2F
tel.042-306-7381
http://www.publicbrain.net

発　売　星雲社（共同出版社・流通責任出版社）東京都文京区水道1-3-30

印　刷　モリモト印刷

ISBN978-4-434-29318-4 C0021